ARTE CONTEMPORÁNEO EN (SALA DE) GUARDIA

ARTE CONTEMPORÁNEO EN (SALA DE) GUARDIA

Dilemas y sistemas para la conservación de las obras de arte

Américo Castilla (comp.)

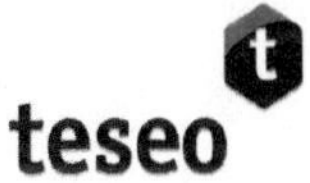

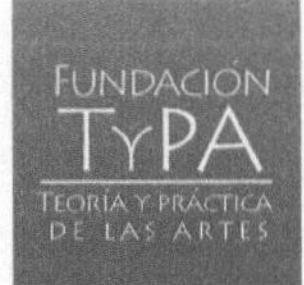

Castilla, Américo

Arte contemporáneo en sala de guardia: dilemas y sistemas para la conservación de las obras de arte / Américo Castilla; compilado por Américo Castilla. - 1a ed. - Ciudad Autónoma de Buenos Aires: Teseo, 2015.

292 p. ; 20×13 cm.

ISBN 978-987-723-029-1

1. Arte Contemporáneo. 2. Conservación. I. Castilla, Américo, comp.

CDD 708

Dirección de la publicación: Américo Castilla, Fundación TyPA

Edición: Carolina Sborovsky y Violeta Bronstein

Corrección y traducción de textos del inglés:

Fundación Telefónica

Imagen de tapa: Artur Barrio,

Nocturnos (Transportável) nº 4, 2001

Madera, tejido y panes. Colección João Sattamini, MAC/Niterói

Foto: Paulo Muniz

Los autores facilitaron las imágenes que ilustran cada uno de los artículos.

Compaginado desde TeseoPress (www.teseopress.com)

Índice

Palabras preliminares 9

PARTE I Aproximación al problema 13

1. Algunos recursos conceptuales de emergencia 15
Américo Castilla

2. Estrategias de difusión de la información y formación profesional en el GCI 21
Tom Learner

3. Observaciones acerca de la conservación del arte moderno y contemporáneo 57
Alberto Tagle

PARTE II El futuro y los límites del medio digital 75

4. Introducción al problema de la conservación de obras en formatos digitales 77
Fernando Boro

5. Conservación del arte creado con computadoras en el MoMA 93
Glenn Wharton

6. Recreación 107
Lino García Morales

PARTE III Estrategias de conservación en las colecciones de arte contemporáneo 133

7. Cambio de percepciones en la conservación 135
Carol Stringari

8. Del arte moderno al contemporáneo 151
Pino Monkes

9. Una metodología para la conservación y restauración de arte contemporáneo 179
Humberto Farias

PARTE IV Cómo adaptarse a los cambios. El enfoque institucional 197

10. Estrategias para la conservación de instalaciones de arte y obras complejas 199
Arianne Vanrell Vellosillo

11. ¿Qué se conserva en un museo de arte contemporáneo? 217
Gabriela Baldomá

12. La perdurabilidad de las obras al acecho. Los artistas tienen la palabra 231

13. La toma de decisiones en la conservación de obras de arte efímeras con alimentos 241
Julie Gilman

14. Refectum#1. 6 Dé-Coll/age de Wolf Vostell. Un caso de estudio 259
Lino García Morales

Los autores 279

Palabras preliminares

En 2009 participé, en representación de la Fundación TyPA, de una reunión clave en torno a la conservación patrimonial: *Connecting to the World's Collections: Making the Case for the Conservation and Preservation of Our Cultural Heritage*, un encuentro de discusión global del Salzburg Global Seminar, Austria, y del Institute of Museums and Library Services de los Estados Unidos. Las conclusiones derivadas de largas conversaciones al respecto incluyen la necesidad de alcanzar los siguientes objetivos:

- Integrar los proyectos de conservación con otros sectores para aportar al desarrollo social y económico.
- Comprometerse a lograr un mayor compromiso comunitario y elevar la conciencia pública sobre el patrimonio cultural en riesgo.
- Consolidar la inversión en investigación, redes de colaboración, oportunidades educativas y el intercambio de conocimientos y recursos de modo global.
- Promover una administración responsable de políticas nacionales/regionales sustentables y estrategias que incluyan la gestión de riesgo.

Algunos de los expertos más notables del mundo aportaron sus reflexiones, que excedieron en mucho a las escuetas conclusiones del congreso, y nos inspiraron para realizar el encuentro de Buenos Aires, dedicado a los más novedosos hallazgos conceptuales en torno a la conservación del arte contemporáneo. Menos de un año después, durante los días **16 y 17 de septiembre de 2010**, TyPA organizó las jornadas sobre investigación y nuevas prácticas en la conservación: *Arte contemporáneo en (sala de) guardia*. La cita –abierta al público en general– tuvo lugar en Espacio

Fundación Telefónica, a propósito de la restauración de la obra *Minuphone* (1967), de Marta Minujín, realizada por la misma Fundación. [1]

Los dilemas que plantean ésa y otras intervenciones resumen muchas de las discusiones con relación a la conservación y el registro del arte contemporáneo. ¿Es admisible emular una obra cuya restauración es muy azarosa o imposible? ¿Debemos conservar una obra que fue pensada como efímera por su autor o, si no, debemos reemplazar sus componentes consumibles –como los alimentos– o dejar que se advierta el faltante? ¿Es posible reinstalar una obra de arte de la que el autor solo ha transmitido las instrucciones para su reconstrucción (si tal obra existe)? ¿Cuáles son los nuevos desafíos en la formación profesional de este campo?

Como se podrá leer en este libro, ésas y otras preguntas fueron objeto de acaloradas discusiones durante las jornadas. El arte debe ponerse *en guardia* frente a las complejidades que antes parecían poder resolverse de un modo sistemático y seriado (los soportes de la pintura, los pinceles y los óleos no variaron sustancialmente durante siglos), y en muchísimos casos el arte contemporáneo, como lo atestiguan los artistas que expusieron en las jornadas, está en (sala de) guardia, y con pronóstico reservado.

Ya no es suficiente el conocimiento de los historiadores de arte y de los restauradores. Las redes de colaboración con otros sectores del conocimiento, la capacitación especializada y las políticas de preservación que han de generarse nos ponen en un nuevo punto de partida con relación al patrimonio transmisible. La realización de las jornadas y la publicación de las presentaciones que se ofrecieron en ese encuentro aportan una información indispensable e inédita en español para comprender estos nuevos problemas y sus vías de solución.

---

1. Las presentaciones de los diferentes expertos invitados a las jornadas están disponibles en el canal de videos TyPA/Museos: http://www.typa.org.ar/es/videos_museos.php

Agradecemos a la Fundación Telefónica, a la Embajada de los Estados Unidos de América, al Getty Conservation Institute, al Museo Reina Sofía y a los expertos extranjeros que no dudaron en viajar al país para ofrecer generosamente sus experiencias, y a los conservadores, teóricos y artistas locales que nos ofrecen ahora algunas herramientas adicionales e inteligentes recursos conceptuales para transmitir los valores de nuestro patrimonio a las siguientes generaciones.

Américo Castilla
Presidente de la Fundación TyPA

PARTE I
Aproximación al problema

1

Algunos recursos conceptuales de emergencia

Américo Castilla

El título de este libro alude a cierta fragilidad de las obras de arte en el presente. Una amenaza que excede la materialidad y se extiende al propio concepto de arte contemporáneo. Sería ingenuo dar por sentada cualquier propiedad del arte o insistir en el ensayo de sus definiciones cuando tanto unas como otras varían globalmente y con cada cultura en particular, a veces de modo simultáneo.

Los alcances del arte y la centralidad de sus connotaciones aportan tal sentido a la vida en sociedad que justifican todos los esfuerzos que hagamos por comprenderlos. Sus límites son cuestionados en cada uno de sus gestos. Las fronteras entre lo humano y lo animal, la naturaleza y la cultura, la máquina y el cuerpo, en el arte son enunciadas desde sus delgadísimos bordes, a menudo contradiciendo sus antecedentes históricos –que trataron de darle la autonomía que parecía requerir su estudio sistemático–. Si lo artístico desde siempre fue permeable a las influencias de la investigación científica y de la especulación filosófica, en la actualidad, los diques que contenían sus márgenes parecen haber colapsado.

Al hablar de conservación de arte contemporáneo debemos preocuparnos por comprender un campo interdisciplinario que excede al juicio estético, capaz de incorporar o negarles valor a las piezas en cuestión y de incidir en la necesidad de su resguardo. Las fuentes antropológicas de la creación artística, así como las razones sociales para su producción, colección, circulación y venta son también estudiadas y comprenden una serie de valores que operan sobre el juicio. Sorprende comprobar el desmedido precio de mercado que tienen algunas piezas, y ése también es un indicador de la dimensión económica del valor que está en juego, desde el inicio de las colecciones, en la consideración de las obras de arte.

La vertiente política y los usos que se hacen del arte para intentar comunicar contenidos comerciales e ideológicos también aportan su cuota de interpretación, así como los museos, esos templos contemporáneos capaces de asignar sentido tanto a las obras como a la fisonomía y al carácter de una ciudad en su conjunto.

Así de vasto es el contexto conceptual que el conservador contemporáneo observa antes de intervenir una obra de arte. La vieja imagen del restaurador en el proceso de reintegrar trocitos de materia a una pintura dañada, conforme a protocolos cuidadosamente experimentados, podrá continuar en el tiempo, como puede continuar la tarea del pintor de caballete, pero los soportes de la imagen, su materialidad y los conceptos espaciales que le dan cabida han variado en tal medida que parecen haber transcurrido siglos y no apenas décadas desde que comenzó a producirse el cambio.

Si nos atenemos solo al concepto de valor en los términos de mercado, nuestro juicio estará sujeto a mecanismos de oferta y demanda, posiblemente alejados de otros valores en juego. Estos valores comerciales, influyentes al punto de no tomar en cuenta la opinión de los conocedores, determinan incluso qué debe y qué no debe ser considerado *arte actual*. Como ejemplo, suelen citarse los catálogos de las dos casas de remate más influyentes y su modo de clasificar sus sesiones de ventas: el arte moderno finalizaría en los 60 para dar lugar al contemporáneo, reflejado en los lustrosos catálogos de la producción de los 70. Si aceptamos la opinión de Robert Hughes, las instituciones culturales líderes de los Estados Unidos son todas permeables al mercado, y posiblemente esto sea también cierto para Gran Bretaña, el otro punto de circulación de obras de arte más importante, junto con China, donde últimamente se producen ventas récord. Esto significa que en realidad todo el mundo está influenciado por ese criterio de valor. El de los historiadores y el de los *connaisseurs*, autoridades hasta hace poco indiscutibles, parecen haber perdido importancia. Coleccionistas paradigmáticos como Sir Richard Wallace, o más contemporáneos, como Dominique de Menil, si bien tenían asesoramiento profesional, hicieron valer su propio (y punzante) sentido del gusto por encima del valor especulativo. Tampoco esa corriente parece predominar hoy.

Como cualquier otro bien, el arte también se ofrece al intercambio, y la economía –a fin de cuentas, una ciencia social, que puede contribuir a entender el significado del patrimonio– permite juzgar valores de otro alcance al momento de tomar decisiones con respecto a la conservación de las obras. En ese sentido, no es equiparable una decisión comercial a una económica. La última necesariamente incluye el contexto social en que se llevan a cabo los intercambios a fin de exponer el proceso en su integridad.

En el ámbito del patrimonio cultural, mucha de la información a tener en cuenta proviene también de disciplinas como la antropología, la psicología y la filosofía, además de la historia o de la estética. Las decisiones sobre las intervenciones no están basadas solo en las características físicas del bien y, como campo del conocimiento, la conservación no progresará si no se integra con esas otras fuentes.

La noción de cultura excede a un mero conjunto de objetos y bienes simbólicos. Más bien, se la concibe dentro de una instancia en que cada grupo social –y son muchos y diferenciados– organiza su identidad, nutrido de repertorios híbridos. Grupos de orígenes e intereses diversos, las tribus urbanas o las comunidades electrónicas añaden otra dimensión a este mundo cultural demasiado seguro de sí, "haciendo vibrar la contingencia" –como diría Merleau Ponty–. Esos procesos sociales son determinantes para configurar el valor de la obra de arte.

En consecuencia, la conservación de la materialidad de una obra de arte no puede ser un fin en sí mismo, sino, en todo caso, un intento por estimular los valores incorporados a ese bien a fin de que pueda merecer la apreciación de las siguientes generaciones. Las respuestas a la pregunta acerca de cuáles bienes merecen esa perdurabilidad no pueden ser formuladas por una sola voz. Será el resultado de la negociación entre intereses a veces muy diferentes y relacionados con valores quizá muy apreciados por una comunidad determinada que poco tenga que ver con las cotizaciones del mercado. En ese sentido, la globalización debería significar la convivencia de criterios de valor disímiles o bien la disputa que ponga en evidencia factores desiguales –pero con igual aspiración de legitimidad–.

Esta publicación continúa una discusión internacional que ya comenzó en otras ciudades del mundo. En 1984, la Conferencia sobre Conservación y Arte Contemporáneo de Sydney fue una de las precursoras, así como la denominada *Responsabilidad compartida*, de 1989, en Ottawa. Otro hito importante fue la conferencia sobre la conservación de la escultura moderna titulada *Del mármol al chocolate* en la Tate Gallery de Londres en 1995, en la que Glenn Wharton –panelista de estas jornadas– expuso sobre el chocolate como medio artístico y fue terminante al decir, al comienzo de su trabajo: *"The conservation of chocolate is a messy business"*.

Si bien otras reuniones han tenido lugar en el mundo, ya en este siglo XXI se destaca *Inside Installations*, un proyecto de investigación que tuvo una duración de tres años (2004-2007) dirigido a trabajar sobre el cuidado y la administración de la conservación de formas innovadoras del arte como lo son las instalaciones. La importancia de la iniciativa se demuestra por el calibre de los socios comprometidos con el proyecto: el Instituto de Patrimonio de

Holanda, el Centro de Restauración de Dusseldorf, el ZKM, el Museo de Arte Moderno de Fráncfort, la Tate Gallery, el IVAM, el Museo Reina Sofía, el S.M.A.K. de Bélgica, el Guggenheim Bilbao, La Caixa y el Museo de Arte Contemporáneo de Barcelona, la Academia de Bellas Artes de Varsovia, o el Museo Tinguely de Suiza. La continuidad de esta red por medio del INCCA es tema de exposición de los siguientes artículos.

El papel que desempeña el criterio de los autores de las obras para su conservación es otro tema que despierta gran interés. Ya no puede eludirse su opinión, pero está en discusión si ésta debe ser la única fuente de información al momento de la toma de decisiones. De hecho, no hay mayor destructor de obras de arte que el propio artista, que en ocasiones, y con buen sentido crítico, prefiere ser recordado solo por su mejor producción. Por esa razón incluimos una mesa de artistas, algo poco usual en una conferencia sobre preservación del patrimonio, por lo general reservada a los técnicos y científicos de la conservación. Nos interesa evaluar la complejidad que implica la toma de decisiones. Un caso testigo, prácticamente único por su complejidad, el de la obra *Minuphone*, de Marta Minujín, restaurada y replicada por la Fundación Telefónica recientemente, nos permite agudizar la percepción de esta problemática en toda su extensión.

2

Estrategias de difusión de la información y formación profesional en el GCI

Tom Learner[1]

Programa de investigación en Arte Moderno y Contemporáneo del Getty Conservation Institute

Introducción

El Getty Conservation Institute (GCI) es una organización sin fines de lucro con sede en Los Ángeles, cuya misión es promover la conservación de las artes visuales. Sus actividades profesionales y de investigación están guiadas en gran medida por las necesidades que se expresan desde el campo mismo de la conservación. En 2006, el GCI reconoció que debía establecer una iniciativa importante para la investigación sobre los problemas puntuales de la conservación del arte moderno y contemporáneo, dado que en el ámbito de la conservación profesional se puso en evidencia que éste era tema que requería mayor atención.

---

1. El autor desea agradecer a todo el personal del Espacio Fundación Telefónica y la Fundación TyPA de Argentina, en particular a Américo Castilla, por su invitación a las jornadas que dieron origen a esta publicación y por su constante aliento para que escribiera este artículo. Un agradecimiento especial también a Emma Richardson (posdoctorado, GCI) por su ayuda en la elaboración del presente trabajo.

Aunque no se trata de una lista exhaustiva, a continuación se mencionan algunas de las muchas razones enumeradas por los conservadores –y otros custodios del patrimonio cultural– que requieren investigar y atender los problemas de conservación del arte moderno y contemporáneo:

- La variedad de materiales utilizados para crear arte moderno y contemporáneo es totalmente abrumadora. En realidad, no son muchos los materiales que *no* se han utilizado en obras de arte contemporáneo. Cada uno de esos materiales tiene características de envejecimiento y/o requisitos de tratamiento propios y muchas veces exclusivos, y es posible que precisen condiciones ambientales de exposición y almacenamiento diferentes.
- Con el fin de mantener todos estos materiales en el mejor estado posible durante el mayor período, sería ideal estudiar cada uno de ellos antes de que los signos de deterioro sean evidentes, lo que permitiría determinar cuáles son los mejores métodos para prevenir daños o alteraciones. En realidad, eso significa que es necesario encarar la difícil tarea de decidir cuáles materiales estudiar y establecer prioridades.
- Muchos materiales modernos son intrínsecamente inestables y enseguida muestran signos de deterioro que suelen ser catastróficos. Por ejemplo, los primeros plásticos de celulosa usados en las esculturas y objetos de diseño del siglo XX pueden degradarse súbita y rápidamente, y deformarse mucho (Fig. 1) o incluso desintegrarse, con lo cual sería imposible exhibirlos. Esto significa que algunos elementos del patrimonio cultural que cuentan con solo unas pocas décadas de antigüedad ya podrían necesitar tratamientos de conservación bastante drásticos.
- Toda forma de arte que emplee tecnologías modernas (por ejemplo, cintas de video, computadoras, instalaciones de luz, etc.) corre el grave riesgo de incluir com-

ponentes que puedan pronto volverse obsoletos o no estar disponibles en el mercado. Esto se profundiza especialmente en el caso de obras de arte de los mpo,[2] porque el desarrollo acelerado de nuevas tecnologías implica que los formatos de grabación más antiguos tendrán que migrar constantemente a nuevos formatos, o bien será necesario tomar medidas para extender la vida útil de los equipos más antiguos.

- También han surgido muchos dilemas éticos con relación a la conservación de obras contemporáneas, que causaron gran incertidumbre en el mundo del arte. Por ejemplo, el deseo de un artista de volver a fabricar una obra deteriorada con el fin de crear un nuevo objeto que se acerque más, al menos en apariencia, a la intención original podría desencadenar un grave conflicto con la ética de conservación establecida en materia de reversibilidad y preservación de los materiales originales.
- Estéticamente, suele haber poca tolerancia hacia cualquier signo de envejecimiento de muchas piezas modernas y contemporáneas, por lo que la intervención puede resultar necesaria mucho antes que en el arte tradicional (Fig. 2).
- Muchos materiales y procesos de conservación que se han puesto a prueba y que se utilizan habitualmente en las obras tradicionales suelen ser inadecuados para los materiales modernos. Por lo tanto, es común que los conservadores tengan que efectuar tratamientos correctivos que no han sido plenamente evaluados.

---

2. En inglés *time-based media artworks*. En el resto del artículo se utilizará el término en su idioma original. (Nota del editor).

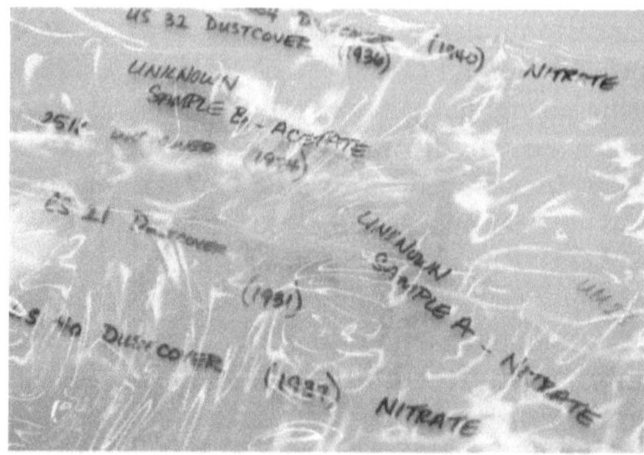

Figura 1. Selección de ensayos con hojas de acetato de celulosa y nitrato de celulosa que muestran diferentes grados de deformación y arrugas con el paso del tiempo. No se sabe a ciencia cierta qué es lo que desencadena esta reacción irreversible. Fotografía: Stacey Rain Strickler.

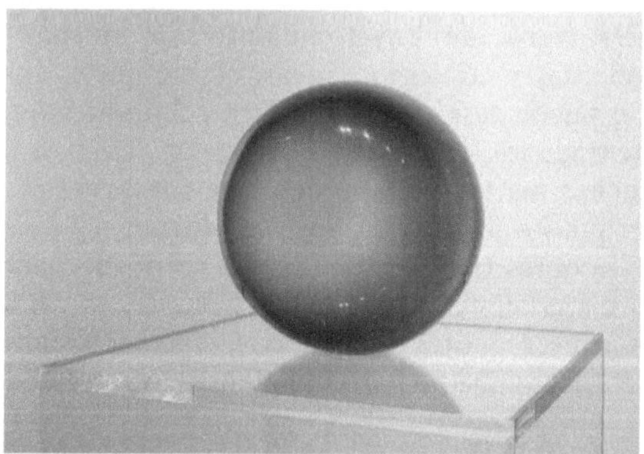

Figura 2. Untitled, 1969, de Helen Pashgian. Esfera fundida de resina de poliéster coloreado. Esta obra tiene muy poca tolerancia a alteraciones debidas al paso del tiempo o a daños, ya que la superficie prístoma es muy importante para el funcionamiento de l pieza. Fotografía: Brian Forrest. Gentileza de Helen Pashgian

El GCI participa en este ámbito con un amplio enfoque, que incluye una serie de proyectos de investigación científica sobre los polímeros sintéticos, ya sea que se usen como plásticos, resinas o pinturas sintéticas. Por lo general, estos proyectos constan de varios componentes: el desarrollo de métodos analíticos para identificar los materiales relativamente nuevos, el seguimiento y la evaluación de su estabilidad, la búsqueda de soluciones técnicas que reduzcan su índice de deterioro y la estimación de la eficacia y los posibles peligros de los tratamientos de conservación.[3]

Sin embargo, el presente artículo se centrará en las diversas actividades de divulgación e intercambio de información que el GCI está llevando a la práctica en el marco de su estrategia global, a las que se ha asignado una importancia particular para que la conservación profesional en todo el mundo pueda acceder a la investigación y al pensamiento sobre el tema. Entre las áreas de interés, cabe mencionar la promoción del debate entre los conservadores sobre ética y filosofía, el análisis de los modos en que han de adaptarse las escuelas de conservación, y la sensibilización sobre los problemas generales y la aplicación de métodos para aumentar la difusión. Esta estrategia incluye conferencias, reuniones de expertos, talleres, mesas redondas, publicaciones y una exposición; todas estas iniciativas cuentan con información que se puede ver o leer en el sitio web del GCI.[4]

Conferencias

Si bien representan iniciativas de gran envergadura, las conferencias y los simposios siguen resultando un componente esencial de toda estrategia para mejorar el intercambio y la divulgación de la información. Desde que se presentó el programa en 2006, el GCI ha organizado dos conferencias sobre los problemas de la conservación del arte moderno y contemporáneo:

---

3. Se dispone de información sobre cada uno de estos proyectos en la descripción principal del programa de investigación *Modern and Contemporary Art*, en http://goo.gl/lOQZos
4. http://goo.gl/dZ2EEx

Simposio Modern Paints Uncovered, Tate Modern, mayo de 2006

Del 16 al 19 de mayo de 2006, la Tate Modern de Londres fue sede de *Modern Paints Uncovered*, simposio organizado conjuntamente por la Tate, la National Gallery of Art de Washington D.C. y el GCI. Este encuentro fue el primero en centrarse exclusivamente en temas de conservación relativos a pinturas modernas y marcó un hito para las instituciones organizadoras. Las disertaciones abarcaron una amplia variedad de temas, desde los últimos avances acerca de las técnicas y protocolos analíticos hasta la experimentación con novedosos tratamientos prácticos. También se escucharon una serie de presentaciones centradas en la investigación de los efectos de la limpieza de las pinturas realizadas con emulsión de acrílico, que es la pintura sintética más utilizada desde principios de la década de 1960 (Fig. 3). El último día, se llevó a cabo una sesión con pósteres específicos de cada tema. Con la asistencia de más de doscientos cincuenta participantes de más de treinta y cinco países, entre ellos, científicos especialistas en conservación, conservadores, técnicos y fabricantes de pinturas, historiadores del arte, curadores de museos y artistas, *Modern Paints Uncovered* se constituyó en un foro único para debatir las últimas investigaciones analíticas, científicas, prácticas e históricas sobre el tema. Posteriormente, el GCI publicó las actas del simposio.[5]

---

5. Ver anexo al final de este artículo. (Nota del editor).

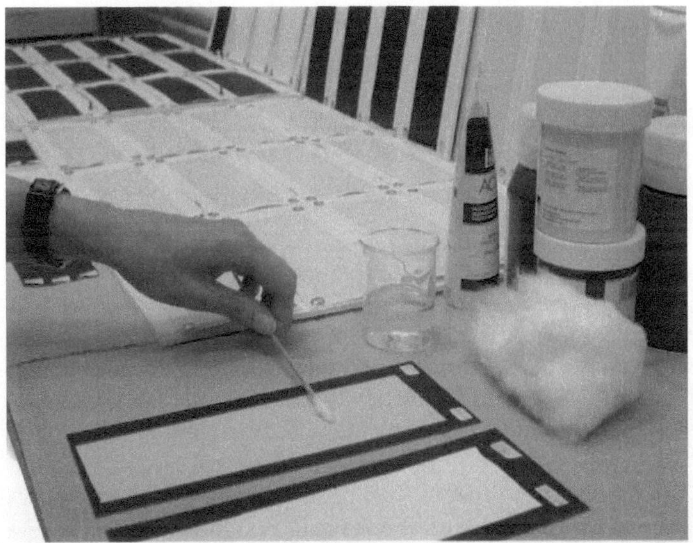

Figura 3. Muestras de pruebas de limpieza de pinturas de acrílico, uno de los ámbitos de investigación más importantes en el marco del proyecto Modern Paints. Fotografía: Tom Learner.

Conferencia The Object in Transition, Getty Center, enero de 2008

Los días 25 y 26 de enero de 2008, el GCI y el Getty Research Institute presentaron *The Object in Transition: A Cross Disciplinary Conference on the Preservation and Study of Modern and Contemporary Art*. La conferencia se centró en la conservación de esculturas, pinturas, y obras contemporáneas con materiales mixtos, y en las posibilidades de colaboración entre los conservadores, historiadores del arte y curadores. Esta conferencia tuvo como objetivo fomentar un mayor diálogo entre esos campos de trabajo, fundamentalmente a través de intensos debates profesionales sobre casos de estudio y mesas redondas generales.

Entre los temas que se discutieron figuran la importancia de la superficie de la obra, la forma de encarar un procedimiento, la voz y la intención del artista, la vida y la muerte de los objetos y los métodos para mejorar la colaboración interdisciplinaria. Con este fin se analizaron obras de los siguientes artistas: Eve Hesse, Sol LeWit, Roy Lichtenstein, Piet Mondrian, Bruce Nauman, Barnett Newman, David Novros y James Turrell. Además, se expuso una serie de obras emblemáticas en cuanto a las temáticas en discusión en el J. Paul Getty Museum, lo que permitió que los asistentes participaran más plenamente en el debate en torno a ellas. Entre esas piezas se incluyeron:

- Dos secciones de *Expanded Expansion* (1969), de Eva Hesse, obra hecha de resina de poliéster, bambula y látex, cuyo deterioro y condición endeble impiden que se la exhiba en la posición vertical original. Esas secciones estuvieron acompañadas de una maqueta de una de ellas, realizada por Doug Johns (asistente de Hesse) para mostrar el aspecto que posiblemente tenía y el modo en que funcionaba la obra original.[6]
- Dos pinturas de David Novros, *6:30* y *VI: XXXII* (ambas de 1966), obras de marco recortado rociadas con pintura acrílica blanca y luego cubiertas con varias capas de resina con un pigmento iridiscente a base de plomo. Debido a que se formaron demasiadas grietas en las capas de pintura y de resina, el artista volvió a pintar ambos cuadros. Sin embargo, en *VI: XXXII*, Novros lijó la capa superior original y volvió a aplicar una nueva, y en *6:30* se dejó de lado la pieza original y se hizo una versión totalmente nueva. Se colgaron las tres obras, una junto a la otra, para mostrar las diferencias visuales y físicas entre ellas.
- Una maqueta de bronce pintado de la escultura *Three Brushstrokes* (1984), de Roy Lichtenstein, donde se podían apreciar los colores y la superficie originales

6. Para más información sobre esta obra y las problemáticas de su conservación, ver el artículo "Cambio de percepciones en la conservación", de Carol Strignari, en este mismo volumen. (Nota del editor).

concebidos por Lichtenstein, que ya no están presentes en la escultura. Además, por primera vez en el GCI, toda la conferencia se documentó en video y todavía se puede ver en Internet.[7]

Reuniones de expertos

Las reuniones de expertos son pequeños encuentros de profesionales que suelen centrarse en un tema en particular y siempre requieren la participación activa de todos los asistentes. Normalmente los debates grupales se combinan con sesiones de grupos de trabajo más reducidos, donde se fomentan un diálogo más fluido y/o la elaboración de listas específicas de prioridades e ideas. Hasta la fecha, el GCI ha participado en tres reuniones de ese tipo, en las que se trataron distintos aspectos de la conservación del arte moderno y contemporáneo:

Reunión Conservation Issues of Modern and Contemporary Art (CIMCA), Museum of Modern Art, Nueva York, junio de 2008

En junio de 2008, el GCI organizó la reunión de expertos internacionales *Conservation Issues of Modern and Contemporary Art (CIMCA)* para analizar los problemas importantes y generalmente muy complejos que enfrentan los profesionales de la conservación del arte moderno y contemporáneo. Esta reunión tuvo un objetivo particular: discutir algunas de las cuestiones principales destacadas en la ya mencionada conferencia *The Object in Transition*. Dado que la cantidad de investigadores cada vez más activos en este campo aumenta en forma permanente, se pensó que se trataba del momento oportuno para hacer un balance de los intereses, las necesidades y las intenciones actuales en la materia, para lo cual se les solicitó a los asistentes que contestasen las siguientes tres preguntas:

---

7. http://goo.gl/AWb8xz

- ¿Cuáles son los principales problemas y/o necesidades relativos al arte moderno y contemporáneo que enfrenta actualmente la conservación profesional?
- ¿Cuál sería la mejor manera de actuar frente a estos problemas?
- ¿Qué cambios esperan los profesionales que se produzcan en los próximos cinco años, que puedan contribuir a una mejora significativa de la situación?

A pesar de que se reconocieron la dificultad y las limitaciones a la hora de establecer prioridades, se lograron identificar las siguientes para el corto y el largo plazo:

Investigación

- Concentrarse más en problemas de conservación preventiva; entre ellos, la evaluación de las condiciones ambientales óptimas para los materiales modernos.
- Desarrollar más instrumentos analíticos portátiles para la identificación de materiales, la evaluación del estado y la caracterización de las superficies.
- Continuar y ampliar los estudios sobre la limpieza de las superficies de las pinturas modernas, con la consideración específica de que los conservadores puedan acceder fácilmente a los resultados.
- Realizar más estudios sobre la conservación de los *time-based media artworks*.
- Brindar mayor acceso a las investigaciones existentes sobre cintas magnéticas y medios digitales.
- Llevar a cabo más investigaciones sobre revestimientos y adhesivos.
- Efectuar más estudios sobre los efectos de los climas tropicales en el arte moderno y contemporáneo (incluyendo una reevaluación de los microclimas).

Documentación

- Promover metodologías estándar y poner a prueba nuevas tecnologías para la documentación de las instalaciones artísticas.

Divulgación

- Organizar una serie de conferencias dedicadas a temas específicos.
- Apoyar a INCCA (Red Internacional para la Conservación del Arte Contemporáneo)[8] para que mejore la difusión de la información.
- Crear foros de debate en Internet.

Formación y educación

- Establecer un grupo de trabajo para analizar las ventajas y las desventajas de los diferentes modelos de programas de formación existentes y determinar si conviene promover un enfoque unificado o alentar la variedad.
- Establecer y supervisar becas de formación para quienes ya hayan finalizado estos programas.
- Generar oportunidades de intercambios profesionales.
- Fomentar que los estudiantes pasen cierto tiempo en estudios de artistas.

Las observaciones y conclusiones de esta reunión se resumen en el informe de la reunión CIMCA,[9] y constituyen la base de un marco estratégico para que el GCI y otras instituciones inicien, fomenten y coordinen una serie

---

8. http://goo.gl/UGWoD5
9. http://goo.gl/c94zWk

de actividades sobre conservación del arte moderno y contemporáneo, que incluyen investigación, educación, capacitación y difusión.

Reunión Conservation Issues of Modern and Contemporary Art-2 (CIMCA2), Universidade Federal de Minas Gerais, Belo Horizonte (Brasil), diciembre de 2010

En diciembre de 2010 se celebró la segunda reunión CIMCA en Belo Horizonte, con el fin de debatir el estado y las necesidades futuras de la investigación en materia de conservación del arte moderno y contemporáneo en América Latina. CIMCA2 fue organizado por la Escola de Belas Artes de la Universidade Federal de Minas Gerais, de Belo Horizonte, y el Instituto de Arte Contemporânea Inhotim de Brumadinho, municipio vecino.[10] Los treinta participantes contaban con formación en conservación y temas afines, y procedían de distintos países de América Latina: Argentina, Brasil, Chile, Cuba, México, Perú y Uruguay. También asistieron representantes de España, Estados Unidos y los Países Bajos, quienes llevan a cabo actividades en la región.

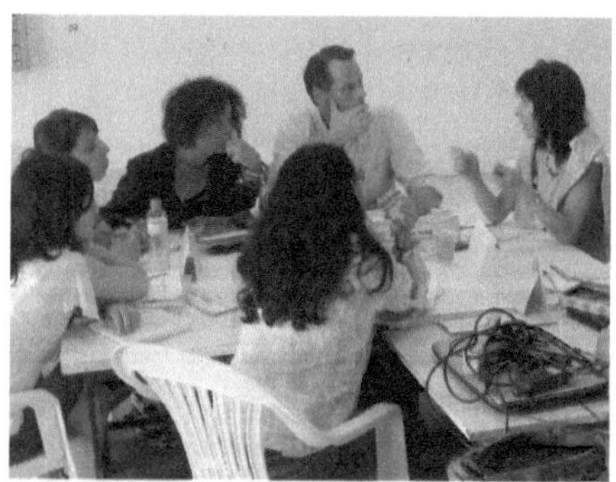

Figura 4. Mercedes de las Carreras (conservadora, Museo Nacional de Bellas Artes, Buenos Aires, derecha) dirige el debate en una sesión de grupos pequeños en la reunión CIMCA2 en Brasil. Fotografía: Tom Learner.

10. http://goo.gl/Xfjux9

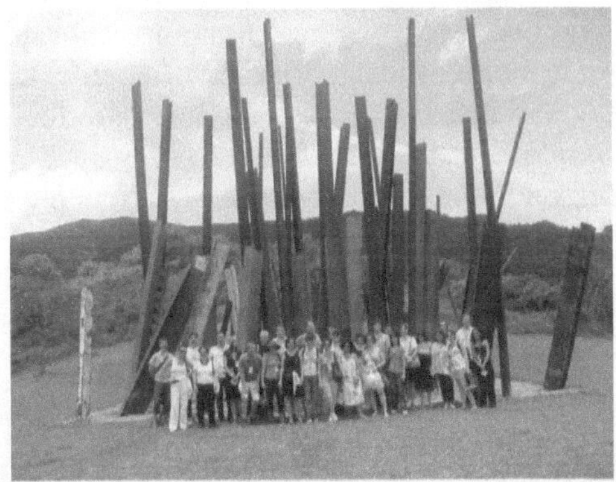

Figura 5. Los participantes de la reunión CIMCA2 celebrada en Inhotin (Brasil), en diciembre de 2010, de pie delante de la obra Beam Drop Inhotim (2008), de Chris Burden. Fotografía: Gary Mattison. Arte: Chris Burden

En CIMCA2, el debate se centró en la necesidad de perfeccionar las redes, mejorar el uso común de los recursos y construir asociaciones en la región. También se destacó la necesidad de organizar una serie de talleres y/o conferencias que se ocupen de diversos aspectos de la conservación del arte contemporáneo, y se expresó el deseo de contar con determinadas publicaciones clave sobre el tema, traducidas al español y al portugués.

Al igual que en el CIMCA de Nueva York, se confeccionó una lista de prioridades para el corto y largo plazo:

Redes

- Si bien el objetivo final sería la formación de una red profesional más amplia para la región y que estuviera totalmente integrada en el grupo internacional de INCCA, se consideró que la prioridad inmediata consistía en establecer y apoyar una serie de redes profesionales regionales y/o nacionales, fundamentalmente con el fin de facilitar el intercambio de información.

- Consideración por parte de los participantes de la posibilidad de formar parte de INCCA y análisis minucioso de los recursos que ya están disponibles en su página web, en especial el archivo de entrevistas a los artistas, las listas de investigaciones de doctorado, la bibliografía, etc.
- Las personas e instituciones también tienen que relevar y establecer asociaciones con las universidades, las colecciones de arte contemporáneo y/o instituciones de investigación con el fin de acceder a obras de arte, estudiantes de investigación, instalaciones de análisis, etcétera.

Formación/educación

- Mayor comunicación entre los programas de formación de la región con el fin de comparar los enfoques en la formación en conservación de arte moderno y contemporáneo, compartir recursos e intercambiar información, etc.
- Organización de una serie de talleres breves en América Latina sobre diversos aspectos puntuales de la conservación del arte contemporáneo. Entre los temas de más alta prioridad se incluyeron la documentación, el control del clima, las características de los materiales modernos, el transporte, la ética profesional y los asuntos legales.
- Fomento a los los intercambios estudiantiles y profesionales.

Divulgación

- Selección de artículos y publicaciones de gran interés sobre la conservación del arte contemporáneo para que sean traducidos al español y al portugués.

- Elaboración de un diccionario de sinónimos o glosario común de los términos relativos a la conservación del arte contemporáneo en inglés, español y portugués a partir de los glosarios existentes, etc.
- Necesidad de organizar una serie de conferencias internacionales para debatir sobre la conservación del arte contemporáneo.
- Importancia de prestar atención a la difusión de los resultados en las regiones.

Proyectos

- Necesidad de desarrollar un proyecto multinacional a gran escala en toda la región, que podría ser *Inside Installations Latin America II*, para documentar una serie de casos de estudio y comparar metodologías entre instituciones y países.
- Establecimiento de protocolos para las exposiciones y el transporte, la importación y la exportación de obras de arte.
- Creación de un foro sostenible y plurilingüe donde puedan reunirse artistas, curadores y conservadores e intercambiar información.

Reunión Training Needs for the Conservation of Modern and Contemporary Art, Maastricht, Países Bajos, junio de 2010

El GCI también patrocinó la reunión conjunta entre los grupos de trabajo Modern Materials and Contemporary Art y Training and Education del Comité de Conservación del Consejo Internacional de Museos (ICOM-CC). El objetivo principal de esta reunión de dos días fue evaluar y debatir de qué modo se adecuan los programas de formación en conservación existentes a los conocimientos y aptitudes nuevos necesarios para la conservación de obras de arte moderno y contemporáneo. Se formularon las siguientes preguntas fundamentales: ¿Cuáles de estas nuevas necesidades se pueden satisfacer mejor desde la formación? ¿Qué medidas están tomando los programas de formación para incorporar el arte moderno y contemporáneo en sus planes de estudio? ¿Cuáles son las medidas más apropiadas que se pueden adoptar?[11]

La primera jornada consistió en una serie de presentaciones y mesas redondas, donde se examinaron temas tales como las nuevas necesidades de la profesión y las ideas respecto del modo en que se están adaptando (o se está planeando adaptar) los programas de formación actuales a estas necesidades. En la segunda jornada, se organizaron una serie de sesiones con grupos más pequeños, para analizar las formas concretas en las que el campo de la conservación podría hacer progresos respecto de algunos de los problemas de formación y educación que se habían identificado en la primera jornada. Se enumeran a continuación los cinco aspectos de más alta prioridad para los años venideros.

Cinco necesidades de la profesión de conservación de arte contemporáneo que deben o pueden ser abordadas en los programas de formación (y cómo debería hacerse)

1. *Comprensión básica de los asuntos esenciales de la conservación del arte contemporáneo*, a saber: materiales modernos y contemporáneos, cuestiones éticas relacionadas con la comunicación con los creadores vivos y sus intenciones, nuevos medios de expresión (sobre todo en instalaciones), métodos y técnicas de documentación, etc. Los centros de formación podrían modificar sus programas y añadir estas temáticas a sus cur-

11. Sobre esta reunión, ver también el artículo "Observaciones acerca de la conservación del arte moderno y contemporáneo. Una visión desde América Latina", de Alberto Tagle, en este mismo volumen. (Nota del editor).

sos de formación para garantizar que los estudiantes partan con un conocimiento básico de estas nuevas necesidades.

2. *Una mejor comprensión de los conceptos mas teóricos y centrales al arte contemporáneo*, tales como autenticidad, significado, intención del creador, integridad, autoría, migración de tecnologías, réplicas, etc. Los centros de formación podrían organizar conferencias, talleres o invitar a restauradores/conservadores que trabajen en estos temas para ilustrar con ejemplos cómo considerar estos conceptos en la práctica.
3. *Mejorar significativamente las técnicas de comunicación*, especialmente aquellas dirigidas a la colaboración interdisciplinaria, la negociación y la toma de decisiones. Los centros de formación podrían incluir en sus currículos módulos básicos interactivos de comunicación.
4. *Facilitar activamente la transición de la escuela al trabajo profesional.* Aun cuando esto no es exclusivo del arte moderno y contemporáneo, se consideró importante recomendarlo para toda la profesión. Los centros de formación deben desarrollar mejores relaciones con los museos, colecciones, instituciones de investigación y restauradores/conservadores en práctica privada. Esto se puede hacer organizando visitas dirigidas, conferencias, etc., así como diálogo con egresados.
5. *Mejorar el intercambio de conocimientos entre los investigadores.* Los programas de formación deben estimular la utilización de los medios de comunicación (INCCA, Skype, Linkedin, etc.) para intercambiar conocimientos y experiencias con otros programas y estudiantes con el objetivo de mejorar la práctica profesional y la formación posterior a su graduación.

INCCA ha desarrollado recientemente un área específica para este campo de la educación e intercambio de conocimientos entre los estudiantes y los programas de formación.[12] Ya es una realidad que el medio puede utilizar este instrumento de comunicación, ahora también, como se recomendó en Maastricht, para asuntos relacionados con la educación y la formación profesional.

Cinco tipos de talleres vinculados con aspectos de la conservación de arte contemporáneo que podrían ser establecidos para complementar los currículos actuales vigentes en los programas de formación

1. *Una introducción general a los nuevos retos de la conservación del arte contemporáneo.* Por ejemplo introducir a los estudiantes en las técnicas de entrevistas de artistas; visión general de cuestiones de ética; temas legales y de derecho de autor; nuevas tecnologías de documentación; visión general de materiales modernos y contemporáneos y sus procesos de producción, etc. Estos talleres se podrían realizar para regiones y necesidades específicas y estar basados en estudios de casos tipo.
2. *Una visión panorámica de los materiales modernos* (más profunda y especializada que la inicialmente propuesta en el punto anterior). Este taller incluiría polímeros sintéticos; metales y aleaciones, pinturas modernas, compuestos de madera, componentes electrónicos, etc.
3. *Tratamientos de conservación y materiales adecuados a ellos.* Se trataría de un taller enfocado hacia la investigación de materiales y su comportamiento, experiencias con adhesivos y consolidantes, adhesivos estructurales, recubrimientos de protección, reconstrucciones, etc.
4. *Time-based media* (término en inglés no generalizado todavía en su traducción al español).[13] Se trataría de un taller que abarcase todos los aspectos tecnológicos

---

12. http://goo.gl/B2h1BC
13. En los textos de este volumen, cuando no se utilizó la lengua original, el término se tradujo como "obras de arte de los medios basadas en el tiempo". (Nota del editor).

y de conservación de esta temática que normalmente no están cubiertos por los programas de formación actuales.

5. *Capacidades profesionales.* Se propone la estructuración de un curso de corta duración para desarrollar capacidades reconocidas como esenciales para los profesionales de la temática, tales como comunicación interdisciplinaria, toma de decisiones complejas, técnicas de presentación, trabajo en equipos, etc.

Cinco formas a través de las cuales los programas de formación existentes puedan avanzar conjuntamente en la conservación del arte contemporáneo

1. *Aumentar la transparencia y visibilidad,* en cada programa, de los contenidos específicos de formación en la especialidad. En la actualidad no existe claridad acerca de qué se incluye y se estudia en cada programa específico.
2. *Promover la colaboración y el intercambio de especialistas* entre los programas existentes. Esto es particularmente importante para aquellos que solamente incluyen una corta introducción a la conservación de arte contemporáneo. Se puede tomar como ejemplo el programa interuniversitario ERASMUS IP, que contempla cursos de dos semanas en los cuales los estudiantes viajan a diferentes universidades para participar en cursos modulares.
3. *Desarrollar proyectos de investigación comunes,* con la finalidad de promover el desarrollo armónico, las publicaciones y la intercomunicación entre los programas. Es necesaria mucha más investigación en el campo, y la diseminación de los resultados puede efectuarse por vía electrónica. El contacto permanente con los diferentes grupos interesados en la temática permite la identificación de las áreas prioritarias de investigación.

4. *Experimentar con el uso de diferentes formas de diseminación de conocimientos* (informando los resultados al colectivo). Esto permite identificar modelos exitosos para estudiantes a diferentes niveles y promueve el empleo de módulos comunes para la formación y la práctica profesional.
5. *Discutir y acordar formatos electrónicos apropiados* para la diseminación de la información, utilizando las posibilidades de las variantes Web 2.0, juntamente con el intercambio de formatos DVD, etc.

Cinco ideas que podrían tener aceptación en las fuentes externas de financiamiento y un impacto en la formación de especialistas en conservación de arte moderno y contemporáneo

1. *Establecer en museos de arte moderno y contemporáneo pasantías de alto nivel* dedicadas a la conservación de este tipo de colecciones. Estas pasantías de formación estarían dirigidas a la especialización de graduados y podrían tomar como referencia el modelo del SFMOMA,[14] en el cual un restaurador/conservador profesional con un perfil específico recibe durante la pasantía en el museo experiencias en diversos otros perfiles, bajo la supervisión del equipo de conservación/restauración, con énfasis en el diálogo crítico.
2. *El desarrollo de series de módulos y/o talleres de formación* dirigidos específicamente a ciertos aspectos de la conservación de arte moderno y contemporáneo. Es necesaria la búsqueda del financiamiento para la creación de estos módulos y su inserción en los diferentes programas de formación.
3. *La creación de un comité internacional de estudio y análisis del estado del conocimiento,* algo así como un *think tank,* que identifique sistemáticamente las necesidades de

14. http://goo.gl/B2h1BC

investigación y formación en este campo y que además pueda ofrecer consulta y apoyo en la formulación de proyectos y en la búsqueda de financiamiento.

4. *Llevar a cabo más investigación en la conservación de nuevos medios electrónicos*, del modo que ejemplifica el INCCA.[15]
5. *Desarrollar un programa de divulgación/educación* dirigido al público en general para involucrar a la audiencia en la discusión de los asuntos relacionados con la conservación del arte moderno y contemporáneo.

En las páginas de MMCA del sitio web de ICOM-CC figura un informe completo donde se resumen los debates que tuvieron lugar en esta reunión. No se trata de una transcripción completa, sino de una descripción detallada de los temas planteados y debatidos. Se espera que este informe permita iniciar un diálogo más extenso y sostenido entre los programas de formación y dentro de la profesión en general.[16]

Talleres[17]

Aunque se investiga mucho en materia de conservación, no siempre se transfieren los conocimientos obtenidos de la investigación científica a los conservadores en ejercicio. Además, muchas veces los investigadores se ven tentados por seguir líneas de investigación interesantes que –no obstante– pueden desviarse de los planteos iniciales y las necesidades de los conservadores. Los talleres son una excelente manera de hacer un balance de las investigaciones efectuadas hasta la fecha y examinar la forma en que los conservadores las usan e interpretan. A modo de ejemplo, el GCI ha organizado talleres sobre limpieza de pinturas acrílicas.

15. http://goo.gl/zP2GaQ
16. http://goo.gl/M78ovd
17. Se dispone de una lista completa de participantes e información más detallada sobre los talleres en http://goo.gl/HYQrBn

Talleres Cleaning of Acrylic Painted Surfaces, Getty Center, Los Ángeles, julio de 2009 (CAPS) y Museum of Modern Art, Nueva York, mayo de 2011 (CAPS2)

Las superficies de las pinturas acrílicas y son muy delicadas, ya que se ven fácilmente alteradas por cualquier tratamiento líquido y, debido a su composición y sus propiedades físicas particulares, la suciedad se adhiere firmemente a ellas. Se ha demostrado que las pinturas acrílicas de la mayoría de las obras, incluso cuando se secan y envejecen, pueden ser muy sensibles a las soluciones acuosas: con este tipo de líquidos se corre el riesgo de provocar hinchazón, reblandecimiento y la consiguiente pérdida de pigmentos. Aunque por lo general los solventes orgánicos no polares son menos activos en estas pinturas, a menudo carecen de eficacia como agentes limpiadores. Algunas cuestiones que provocan especial incertidumbre en este campo se refieren al comportamiento de ciertos componentes de la pintura original, en particular los agentes tensioactivos, como consecuencia de la exposición a los líquidos de limpieza, y en suma, si la eliminación o redistribución de esos agentes resulta perjudicial para las obras.

En el campo de la conservación, los conocimientos prácticos colectivos relacionados con la limpieza de superficies pintadas con acrílico y los resultados de las investigaciones sobre este tema aún no se han traducido en metodologías coherentes para el diagnóstico y la resolución de problemas. Mediante una combinación entre la investigación científica y la evaluación práctica, se están analizando los posibles efectos de una variedad de métodos de limpieza sobre las capas de pintura acrílica, para contribuir al desarrollo de sistemas de limpieza eficaces que entrañen un riesgo mínimo de dañar las pinturas modernas en el corto o largo plazo. La forma más efectiva y directa de desarrollar esas metodologías es a través de la organización de talleres especializados de formación avanzada.

A la fecha, se han celebrado dos talleres CAPS (*Cleaning of Acrylic Painted Surfaces*). En ambos se reunieron grupos de profesionales de la conservación para evaluar los nuevos métodos aplicados a partir de la investigación del GCI sobre pintura acrílica; los profesionales aportaron sus observaciones sobre las casos, y resaltaron las áreas en las que se necesita investigar aun (Fig. 6). Para el primer taller, se invitó a un grupo internacional conformado por científicos de la conservación y conservadores de instituciones y estudios privados de Estados Unidos y Europa, que se encargaron de evaluar varias ideas para incluirlas en el trabajo del mismo taller. En el segundo encuentro (CAPS2), que tuvo lugar en Nueva York, solo participaron conservadores locales, tanto institucionales como privados. El objetivo fue consolidar la comunidad de profesionales existente, aprovechar la infraestructura local y facilitar el intercambio continuo de información y experiencias dentro del grupo una vez finalizado el taller.

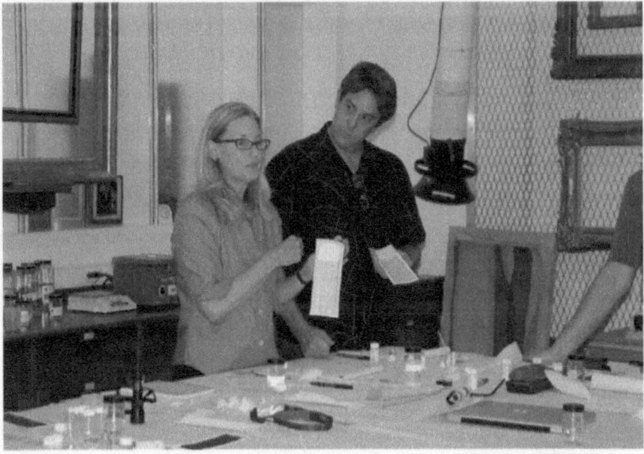

Figura 6. Los conservadores Tatyana Thompson (estudio privado de Los Ángeles, izquierda) y Jay Krueger (National Gallery of Art, Washington D.C., a la derecha) debaten sobre ensayos de limpieza de las capas de pintura acrílica en la primera reunión CAPS en el Getty, 2009. Fotografía: Tom Learner.

A través de estas actividades, el GCI espera estimular el desarrollo de protocolos para la toma de decisiones, facilitar el diálogo sobre la puesta en práctica, evaluar los nuevos tratamientos y guiar la investigación futura sobre superficies pintadas con acrílico.

Mesas redondas

Hasta el momento, el GCI ha organizado tres mesas redondas abiertas al público sobre temas de conservación del arte moderno y contemporáneo y se ha comprometido a organizar más. Todas ellas fueron filmadas para que puedan ser vistas en el mundo entero. Hasta la fecha, dos mesas redondas se centraron en las opiniones de artistas contemporáneos muy influyentes y la tercera consistió en un debate entre profesionales de museos.

Mesa redonda Conservation Matters: Object in Transition, Contemporary Voices, Getty Center, enero de 2008

Al observar una escultura contemporánea compleja, una de las primeras preguntas que uno se formula es: ¿cómo la hicieron? En esta mesa redonda, tres de los artistas más importantes de la actualidad –Rachel Harrison, Paul McCarthy y Doris Salcedo– analizaron la producción de sus obras con la curadora Elisabeth Sussman (Whitney Museum of Art, Nueva York) y el conservador Christian Scheidemann (director de Contemporary Conservation, Nueva York). Los artistas compartieron paso a paso su proceso creativo: desde los materiales que eligieron para trabajar y las decisiones sobre qué cosas hacer en el estudio y cuáles tercerizar, hasta los intrincados procesos de ensamblaje.

El debate no solo se centró en decisiones que tomaron en el pasado, sino también en sus objetivos para las obras futuras. ¿Qué consideran un envejecimiento aceptable? ¿Cuán dinámica quieren que sea la intervención de las instituciones en la conservación de sus obras? Además de las opiniones de los artistas, la mesa redonda brindó la oportunidad de conocer las diferentes perspectivas y los conocimientos específicos que aportan los restauradores y conservadores al analizar las obras de arte. Éstas son algunas de las líneas de trabajo que se trataron en la mesa redonda: dada la naturaleza efímera de muchos de los materiales modernos que se usan en la actualidad, ¿cómo afectan las decisiones que toman los artistas la supervivencia futura de sus propias obras? Y, dado que no existen métodos estándar para la conservación de obras en las que se emplean nuevos materiales, ¿qué desafíos enfrentan los conservadores e historiadores del arte que procuran estudiarlas y preservarlas para el futuro? [18]

Mesa redonda Ethical Dilemmas in the Conservation of Modern and Contemporary Art, Getty Center, abril de 2009

Muchas obras de arte moderno y contemporáneo se concibieron intencionalmente como efímeras o bien se hicieron con materiales nuevos que no se habían probado y luego resultaron sumamente inestables. El consiguiente deterioro de esos objetos plantea interrogantes difíciles respecto de su conservación. ¿La preservación de esas obras tiene que centrarse en la conservación de los materiales originales? ¿O es necesario hacer más hincapié en la apariencia original de la obra? ¿Hay que tratar de prolongar la vida útil de las piezas efímeras aun si posteriormente se ve comprometida la intención del artista? ¿Hay que remplazar los componentes de una obra que se deterioran hasta un punto determinado o sería mejor declarar la muerte de ésta? ¿Es la realización de una réplica una solución válida, en especial si el artista está vivo y puede recrear la obra? ¿Qué pasa si un artista o coleccionista cambia de opinión sobre

18. El debate está disponible en http://goo.gl/rCxCLV

el aspecto de una obra? Y ¿se corre el riesgo de que una intervención temprana elimine las posibilidades de interpretación de las obras?

Matthew Gale (director de colecciones, The Tate Modern, Londres), Susan Lake (directora de gestión de colecciones, Hirshhorn Museum and Sculpture Garden, Washington D.C.) y Jill Sterrett (directora de gestión de colecciones y conservación, San Francisco Museum of Modern Art) respondieron algunas de estas preguntas complejas.[19]

Modern Art in Los Angeles: The Industrialized Gesture: A Conversation with Peter Alexander, Helen Pashgian, and De Wain Valentine, Getty Center, mayo de 2010

A fines de 1950 y a comienzos de 1960, los artistas Peter Alexander, Helen Pashgian y De Wain Valentine, de Los Ángeles, iniciaron experimentos innovadores con procesos y materiales industriales. Durante ese período, los artistas del sur de California comenzaron a producir esculturas únicas en su especie utilizando tecnologías específicas de la región, en particular procesos de recubrimiento industrial y plástico. Sacando provecho de la relación entre el arte, la industria y la ciencia, los artistas de Los Ángeles crearon objetos precisos y hermosos, que exploran la mecánica de la percepción humana y la pureza de las formas.

En esta mesa redonda, Alexander, Pashgian y Valentine compartieron sus experiencias sobre este período fascinante y examinaron el legado de las innovaciones técnicas que ellos iniciaron. Hacia el final del debate se les unió el restaurador local Jack Brogan, quien ha restaurado obras de esos artistas durante décadas. Este evento formó parte de *Pacific Standard Time,* iniciativa de investigación del Getty Research Institute en colaboración con la Getty Founda-

19. El debate está disponible en http://goo.gl/xiXLFP

tion, destinada a documentar y preservar la historia del arte de posguerra en el sur de California. El debate fue organizado en colaboración con el Getty Conservation Institute.[20]

Publicaciones[21]

El GCI está iniciando una campaña para que se publiquen más investigaciones relativas a la conservación del arte moderno y contemporáneo. Ya hay una serie de trabajos disponibles y se prevé publicar muchos más. Entre las próximas publicaciones, cabe mencionar actas de simposios y conferencias importantes y proyectos individuales de investigación, aunque en la actualidad las dos áreas principales de actividad son: *a)* el desarrollo de una nueva serie de libros llamada *The Artist's Materials*, que analiza en profundidad los materiales y técnicas de una serie de artistas influyentes del siglo XX y las implicaciones para la conservación de sus obras de arte, y *b)* la traducción a diversos idiomas de obras claves ya existentes.

Luego del primer libro de la serie *The Artist's Materials* –sobre Willem de Kooning –, escrito por Susan Lake, hemos publicado en el otoño boreal de 2011 un libro de Marie-Claude Corbeil sobre Jean-Paul Riopelle. Luego publicamos el trabajo de Pia Gottschaller acerca de Lucio Fontana y en producción tenemos libros acerca de Clyfford Still, Roy Lichtenstein, Alexander Calder, Donald Judd y Hans Hofmann; También tradujimos al inglés dos libros italianos importantes:

- *Conservare l'arte contemporanea: problemi, metodi, materiali, ricerche,* de Oscar Chiantore y Antonio Rava, Milano, Electa, 2005.

20. Debate disponible en http://goo.gl/Xv1KTd
21. Ver todos los títulos disponibles al final de este artículo.

- *Monumenti effimeri: storia e conservazione delle installazioni*, de Barbara Ferriani y Marina Pugliese, Milano, Electa, 2009.[22]

Exposiciones

Con el fin de mejorar la llegada a un público más amplio, recientemente el GCI incluyó entre sus canales de difusión la organización de una exposición. Como los costos de organización de este tipo de eventos resultan muy elevados, es poco probable que en el futuro esta iniciativa se convierta en una de las actividades principales del programa, al menos no hasta conocer mejor su verdadero impacto.

From Start to Finish: De Wain Valentine's Gray Column

La obra del escultor De Wain Valentine, de Los Ángeles, fue una de las más influyentes en las décadas de 1960 y 1970. Es reconocida especialmente por las enormes esculturas de resina de poliéster llamativas, semitransparentes y de colores delicados, cuyas formas geométricas simples interactúan intensamente con la luz del entorno. Lo que no se conoce tanto son los desafíos que enfrentó Valentine para encontrar un material que le permitiera poner en práctica su visión artística. Como parte de la iniciativa *Pacific Standard Time*, llevada a cabo en todo Los Ángeles, el GCI organizó la exposición *From Start to Finish: De Wain Valentine's Gray Column*, enfocada en los materiales y procesos de fabricación aplicados por Valentine que le permitieron crear esas obras de gran tamaño. La exposición se centró en la escultura *Gray Column*, de 1975-1976, que, con cuatro metros de altura, dos de ancho y unos 1.500 kg, es una de las obras de arte más grandes hechas por Valentine con resina de poliéster y que nunca antes había sido exhibida al público (Fig. 7).

22. Ver bibliografía en el final del artículo

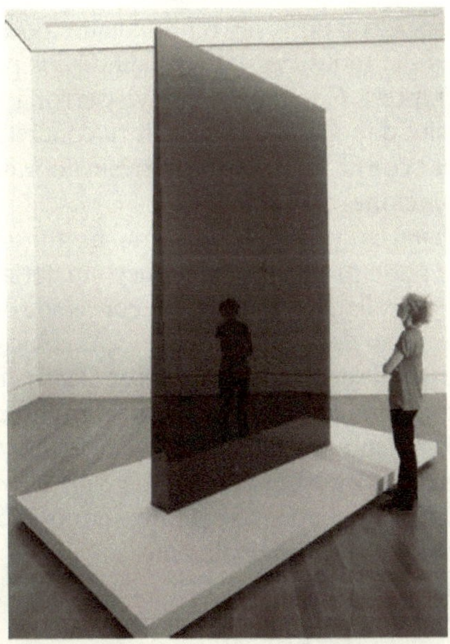

Figura 7. De Wain Valentine. Gray Column, 1975-1976. Exhibida en el Getty Center en la exposición From Start to Finish, organizada por el GCI en 2011. Fotografía: Rebecca Vera-Martínez.

Valentine fue uno de los artistas de la época de posguerra en Los Ángeles que adoptaron para sus obras nuevos materiales y procesos de fabricación sumamente innovadores, la mayoría de los cuales se estaban desarrollando en ese entonces para las industrias aeroespacial, naval, automovilística e incluso de tablas de surf. Al igual que varios de sus coetáneos, Valentine había decidido emplear la resina de poliéster, material que puede fundirse y pulirse para crear esculturas de superficie prístina e impresionante. Sin embargo, el factor más restrictivo para el uso de las resinas disponibles en el mercado era que ninguna de ellas podía utilizarse para crear grandes volúmenes de un solo vertido: todo lo que fuese mayor a una fina capa de resina se agrietaba mucho durante el proceso de fundición, por la gran temperatura que generaba la misma técnica. Por lo tanto, al principio solo se podían lograr esculturas pequeñas. Como no estaba dispuesto a aceptar esa limitación, Valentine se asoció con Ed Revay, representante local de la división de resinas de PPG Industries, para modificar los productos que fabricaba la empresa. Con mucho ensayo y error, lograron desarrollar una resina de poliéster que permitiría concretar la visión de Valentine: crear, con un único vertido de resina, obras de arte luminosas de proporciones muy grandes.

Gray Column es un ejemplo de la gran magnitud de las obras que Valentine pudo producir con el nuevo material que él mismo ayudó a desarrollar. La escultura fue concebida originalmente como parte de un par de columnas que se iban a colocar, una junto a otra, en la nueva sede de Baxter Travenol en Deerfield, Illinois. Sin embargo, por las modificaciones que hizo el arquitecto para bajar los cielorrasos, Valentine decidió cambiar el diseño y disponer las dos columnas en posición horizontal. *From Start to Finish* fue la primera presentación de una de esas columnas en posición vertical, tal como la concibió el artista originalmente.

Exhibida en el J. Paul Getty Museum del Getty Center, del 13 de septiembre de 2011 al 11 de marzo de 2012, *From Start to Finish* dirigió la atención del público a la importancia de los materiales y procesos de fabricación utilizados en la labor innovadora de Valentine e ilustró la historia de cómo se hizo *Gray Column*, esa extraordinaria obra de arte, desde la fundición de la resina hasta el intenso pulido necesario para lograr el acabado final, perfectamente liso (Fig. 8). En la exposición también se analizaron algunas de las cuestiones prácticas y éticas relacionadas con la conservación de la obra.

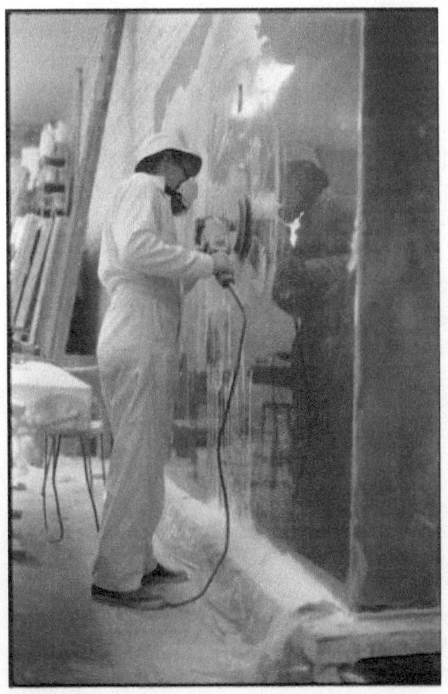

Figura 8. De Wain Valentine lija la superficie de Gray Column, en 1975. Luego de retirarlo del molde, el bloque de poliéster fundido necesitó semanas de lijado y pulido. Fotografía: gentileza de De Wain Valentine.

Conclusión

El GCI ha emprendido una importante iniciativa de investigación sobre la conservación del arte moderno y contemporáneo y está comprometido a mantener su nivel actual de actividad y recursos en el futuro cercano. En el marco de esa iniciativa, se lleva a cabo una considerable investigación científica, en especial sobre pinturas y plásticos, con numerosos asociados y colaboradores. Sin embargo, también reconocemos que el GCI debe además asegurarse de ser líder en los aspectos no científicos de ese ámbito.

Hasta el momento, hemos creado un sitio web activo que facilita la divulgación de información en todo el mundo y que abarca una gama de actividades, como conferencias, reuniones de expertos, talleres, mesas redondas, publicaciones y una exposición. Muchos de los problemas que enfrentan los conservadores y/o coleccionistas de arte moderno y contemporáneo son similares, independientemente del país donde se encuentren, aunque –sin duda– las diferencias culturales influyen. Se espera que la información brindada en este artículo sobre algunas de las actividades que ha realizado el GCI (a las que se puede acceder a través de Internet) sea un recurso valioso para los conservadores de la Argentina, América Latina y del resto del mundo.

Apéndice

Recursos disponibles en Internet en www.getty.edu

Modern and Contemporary Art Research Initiative at the GCI
Panorama general del proyecto y enlaces a distintos proyectos de investigación
http://www.getty.edu/conservation/science/about/macar.html

GCI Newsletter 2009: Focus on Modern and Contemporary Art
Estrategia del GCI para este ámbito
http://www.getty.edu/conservation/publications/newsletters/24_2/

The Object in Transition: A Cross-Disciplinary Conference on the Preservation and Study of Modern and Contemporary Art, Getty Center, Los Ángeles, enero de 2008
Presentaciones y mesas redondas de esta conferencia
http://www.getty.edu/conservation/publications_resources/videos/object_in_transition.html

Reunión de expertos Conservation Issues of Modern and Contemporary Art, Museum of Modern Art, Nueva York, junio de 2008
Informe completo de la reunión
http://www.getty.edu/conservation/science/modpaints/modpaints_cimca.html

Mesa redonda Conservation Matters: Object in Transition, Contemporary Voices, Getty Center, Los Ángeles, enero de 2008
Debate con los artistas Doris Salcedo, Paul McCarthy y Rachel Harrison
http://www.getty.edu/conservation/publications/videos/public_lecture_videos_audio/oit_contemp_voices.html

Mesa redonda Ethical Dilemmas in the Conservation of Modern and Contemporary Art, Getty Center, Los Ángeles, 2009
Debate con el curador Matthew Gale de la Tate, Londres, y las conservadoras Susan Lake, del Hirshhorn Museum, Washington D.C., y Jill Sterrett (SFMOMA)
http://www.getty.edu/conservation/publications/videos/public_lecture_videos_audio/ethical_dilemmas.html

Modern Art in Los Angeles: The Industrialized Gesture: A Conversation with Peter Alexander, Helen Pashgian, and De Wain Valentine, Getty Center, mayo de 2010
Debate entre estos tres artistas influyentes de Los Ángeles sobre los materiales y procesos de cada uno y su postura ante la conservación
http://www.getty.edu/research/exhibitions_events/events/industrialized_gesture/index.html

Descripción de los talleres Cleaning of Acrylic Painted Surfaces, Getty Center, Los Ángeles, julio de 2009, y MoMA, Nueva York, mayo de 2011
Información sobre el taller
http://www.getty.edu/conservation/education/sci_series/caps.html

Video breve del proyecto Modern Paints
Panorama general del proyecto
http://www.getty.edu/conservation/publications/videos/modern_paints.html

Video breve del proyecto Outdoor Painted Sculpture
Panorama general del proyecto
http://www.getty.edu/conservation/publications/videos/project_videos.html

Exposición From Start to Finish: De Wain Valentine's Gray Column
Información, fotografías y videos de esta exposición en el contexto de toda la iniciativa *Pacific Standard Time*
http://www.getty.edu/pacificstandardtime/

Publicaciones del GCI

Modern Paints Uncovered: Proceedings from the Symposium,May 16-19, 2006, Tate Modern, London, editada por Tom Learner *et al.*, 2008
http://shop.getty.edu/product396.html

Willem de Kooning: The Artist's Materials, de Susan Lake, 2010
http://shop.getty.edu/product224.html

Lucio Fontana: The Artist's Materials, de Pia Gottschaller, 2012
http://shop.getty.edu/collections/conservation/products/lucio-fontana-978-1606061145

Jean-Paul Riopelle: The Artist's Materials, de Marie-Claude Corbeil *et al.*, 2011
http://shop.getty.edu/product957.html

Conserving Outdoor Sculpture: The Stark Collection at the Getty Center, editado por Brian Considine *et al.*, 2010
http://shop.getty.edu/product436.html

Mortality Immortality: The Legacy of 20th Century Art, editado por M. Corzo, 1999
http://shop.getty.edu/product398.html

Analysis of Modern Paints: Research in Conservation, de Tom Learner, 2004
http://shop.getty.edu/product172.html
Housepaints, 1900-1960: History and Use, de H. Standeven, 2011
http://shop.getty.edu/product885.html
Conserving Contemporary Art. Issues, Methods, Materials, and Research, de Oscar Chiantore y Antonio Rava, 2013
http://shop.getty.edu/products/conserving-contemporary-art-978-1606061046
Ephemeral Monuments: History and Conservation of Installation Art, de Barbara Ferriani y Marina Pugliese, 2013
http://shop.getty.edu/products/ephemeral-monuments-history-and-conservation-of-installation-art-978-1606061343

3

Observaciones acerca de la conservación del arte moderno y contemporáneo

ALBERTO TAGLE

Una visión desde América Latina

La tarea de ofrecer en un artículo una panorámica del origen, la presencia y las tendencias futuras de la investigación científico-técnica aplicada a la conservación del arte moderno y contemporáneo, en América Latina y el mundo, es difícil, y sería extraordinariamente audaz pretender agotar aquí la presentación de esta problemática. Creo honestamente que la temática amerita una reunión latinoamericana futura –aún más exhaustiva que la que originó esta publicación– para evaluar la situación con mayor profundidad, al estilo de las reuniones que el Getty Conservation Institute (GCI) ha realizado en el pasado para analizar la materia.

Sistematización de los estudios de investigación en conservación

Los primeros estudios científicos y sistemáticos acerca de los materiales y la conservación de arte moderno y contemporáneo, más allá del análisis casuístico de una obra o grupo de obras, se efectuó, a mi entender, en el departamento científico del GCI. Michael Schilling comenzó a trabajar en 1998, apoyando las investigaciones de Susan Lake acerca de la pintura de Willem de Kooning en la colección Hirshhorn de la Fundación Smithsonian, cuyos resultados se publicaron en 1999.[1] Posteriormente, esa misma división del GCI, con Michael Schilling también al frente de los estudios, realizó un trabajo básico para elaborar el catálogo integral de la obra del pintor norteamericano Jacob Lawrence, que apareció en 2000.[2] Paralelamente, en la Tate Gallery de Londres, Thomas Learner estaba desarrollando estudios acerca de la conservación de pintura contemporánea en acrílico, que culminaron con su libro *The Impact of Modern Paints* en 2000,[3] y Thea van Oosten trabajaba en el Instituut Collectie Nederland (ICN) , ya desde 1989, en una serie de investigaciones relativas a la degradación y conservación de polímeros sintéticos empleados en el arte contemporáneo.[4]

El ICN y el GCI organizan, en la década de los 90, congresos y simposios enfocados en la situación y conservación del arte moderno y contemporáneo. El ICN llevó a cabo el congreso "Modern Art, Who Cares" en septiembre de 1997, en Ámsterdam,[5] y produjo una influyente publicación homónima. Asimismo, el ICN comenzó en 1999 los trabajos orientados hacia el establecimiento de la red INCCA, de información y colaboración en conservación de arte moderno y contemporáneo, proyecto financiado por la Comisión Europea y liderado por Ysbrand Hummelen y

1. Lake, S.; De, K.W. y Schilling, M., *Willem de Kooning: The Artist's Materials*, Los Angeles, Getty Conservation Institute, 2010.
2. Schilling, Michael R.; Khandekar, Narayan; Keeney, Joy y Khanjian, Herant P. [2000], "Identification of Binding Media and Pigments in the Paintings of Jacob Lawrence", en Nesbett, Peter T. y DuBois, Michelle (eds.), *Over the Line: The Art and Life of Jacob Lawrence*, Seattle, University of Washington Press, 2001.
3. Learner,Tom, *The Impact of Modern Paints*, Watson-Guptill, 2000.
4. Van Oosten,Thea, *PUR Facts: Conservation of Polyurethane Foam in Art and Design*, Amsterdam, Amsterdam University Press, 2011.
5. http://www.incca.org/news/114-news-2000/290-symposium-modern-art-who-cares

Tatja Scholte.[6] A su vez, el GCI realizó en marzo de 1998 el simposio "Mortality Immortality? The Legacy of 20th-Century Art" en su sede de Los Ángeles, California.[7]

Como vemos, los finales de la década de los 90 inauguran un interés marcado y sistemático, apoyado por instituciones de investigación en conservación, en estudiar los materiales modernos y contemporáneos en el arte. A partir de 2000, y como resultado de los estudios que se llevan a cabo en estas instituciones, el GCI tomó la iniciativa de estructurar un proyecto internacional, invitando a la National Gallery de Washington D.C., la Tate Gallery de Londres y el ICN de Ámsterdam a unir esfuerzos en un proyecto de conservación de materiales propios del arte contemporáneo, particularmente las pinturas en acrílico. Investigadores de los primeros tres institutos trabajaron en conjunto en ese proyecto que comenzó en 2002 y culminó en 2006, con el simposio "Modern Paints Uncovered (MPU)", realizado en mayo de ese año en la Tate Gallery.[8]

Ya a partir de la primera década de 2000 comienzan múltiples proyectos de investigación sobre conservación apoyados por instituciones de investigación en bienes culturales, fundamentalmente en Europa y Norteamérica. La información sobre ellos se puede encontrar en la base de datos de la red INCCA.[9]

El grupo especializado en conservación de arte moderno y contemporáneo de la división de conservación del ICOM, ICOM-CC, se reestructura a partir de 2003,

---

6. http://www.incca.org/about-incca/63-networkhistory
7. http://www.getty.edu/conservation/public_programs/conferences/20thart.html
8. Learner, Thomas; Smithen, Patricia; Krueger, Jay W. y Schilling, Michael R. (eds.), *Modern Paints Uncovered: Proceedings from the Modern Paints Uncovered Symposium* (2006), London, Tate Modern (Symposium Proceedings), Getty Conservation Institute, 2008.
9. http://www.incca.org/

durante el congreso de Río de Janeiro, sumando al existente grupo de "materiales modernos" a los especialistas pertenecientes al grupo de "arte moderno y contemporáneo".[10]

En junio de 2008 se lleva a cabo, en el Museum of Modern Art (MoMA) de Nueva York, la reunión llamada CIMCA 1, como continuación de una primera realizada en mayo de 2001, también en Nueva York y organizada por el GCI. Esta reunión internacional, por invitación, convocó durante tres días a un nutrido grupo de especialistas en la materia, desde restauradores institucionales o privados hasta coleccionistas, educadores, historiadores de arte y científicos de la conservación, con el objetivo de hacer un balance de la situación e identificar nuevas fronteras y direcciones para seguir a mediano o largo plazo. Concluyó con un documento que se ha difundido en diferentes fórums y tiene el objetivo de ser un material de discusión y referencia para el campo.[11]

La situación actual se caracteriza por el establecimiento de una nueva especialización en el GCI para la conservación de los materiales de arte moderno y contemporáneo, con el paso a esta institución, en 2007, de Tom Learner,[12] hoy al frente de ese campo de trabajo.

Como resultado de las conclusiones del CIMCA 1, el GCI decidió realizar, en diciembre de 2010, una segunda reunión CIMCA 2, en el Brasil, con apoyo de la fundación Inhotim y de la Universidade Federal de Minas Gerais, para discutir y evaluar las condiciones específicas para este tipo de conservación en condiciones climáticas fuera de las de regiones de clima templado, en donde hasta ahora se han llevado a cabo los estudios anteriores. Este encuentro, al

10. http://www.icom-cc.org/32/working-groups/modern-materials-and-contemporary-art-/

11. CIMCA 1 http://getty.edu/conservation/science/modpaints/modpaints_cimca.html

12. Para más información, ver el artículo "Investigación sobre arte moderno y contemporáneo en el Getty Conservation Institute. Estrategias de difusión de la información", de Tom Learner, en este volumen. (Nota del editor).

igual que el anterior de Nueva York, permitió identificar asuntos generales y específicos para la conservación en el medio latinoamericano.

Aprovechando la presencia de muchos especialistas de la región y de otros invitados, el Rijksdienst voor het Cultureel Erfgoed (RCE, antiguo ICN) organizó una reunión al final del CIMCA 2, durante la cual se propuso la creación de la subred INCCA-Iberoamérica, que integra a los especialistas de América Latina con los de España y Portugal, con la finalidad de establecer un sistema regional compatible internacionalmente para apoyar y promover el intercambio de ideas, información y concreción de proyectos con carácter regional y teniendo al portugués y al español como idiomas de trabajo.

Situación de la información y del intercambio de profesionales. INCCA

El proyecto original de INCCA, financiado por la Comisión Europea, fue gestionado por el ICN y contó con la participación de las siguientes instituciones fundadoras:

- Netherlands Institute for Cultural Heritage / ICN, Ámsterdam (coordinador)
- Tate Gallery, Londres
- Stedelijk Museum voor Actuele Kunst, Gante
- Restaurierungszentrum der Landeshauptstadt Düsseldorf
- Solomon Guggenheim Museum, NuevaYork/Bilbao
- Det Kongelige Danske Kunstakademi/ Konservatorskolen, Copenhague
- Fundaciò "La Caixa" / Centre Cultural de Barcelona
- Galeria d'Arte Moderna, Turín
- Academy of Fine Art / Faculty of Conservation and Restoration of Works of Art, Varsovia
- Museum Moderner Kunst / Stiftung Ludwig, Viena

- Foundation for the Conservation of Contemporary Art / SBMK, Países Bajos

El financiamiento europeo del proyecto culminó en 2002, y a partir de ese momento el ICN decidió adoptar la red INCCA (International Network for the Conservation of Contemporary Art) como parte orgánica de la función de la institución, y contrató a un especialista para el mantenimiento, desarrollo y coordinación del sistema de información. INCCA comenzó a expandirse más allá de los miembros originales, incorporando a Norteamérica, España y demás países europeos en redes regionales, todas adscritas a la red matriz de Ámsterdam y bajo la coordinación técnica de un comité electivo. La historia de este desarrollo puede verse en la página web del proyecto.[13]

La función de INCCA, originalmente concebida como un sistema de colección de información no publicada acerca de la conservación del arte moderno y contemporáneo, va mucho más allá que una base de datos, que forma parte del cuerpo principal de la red. INCCA es un instrumento de coordinación de acciones, de creación de nuevos proyectos, de intercambio de especialistas y profesionales y de información especializada acerca de la actualidad en la conservación de estas manifestaciones artísticas. Prueba de ello es la creación y desarrollo de proyectos multinacionales de investigación, también financiados por la Comisión Europea y que han tenido como gestor inicial a grupos formados a través de su participación en INCCA. Éstos han sido, hasta ahora y a escala de la Comisión Europea, los proyectos *Inside Installations*[14] y *PRACTICs*.[15] El primero, *Inside Installations. Preservation and Presentation of Installation Art*, tuvo una duración de tres años, de 2004 a 2007, y estuvo enfocado a la conservación y el manejo de este tipo particular de manifestación artística: las instalaciones. Las cuestiones fundamen-

13. http://www.incca.org/about-incca/63-networkhistory
14. http://www.inside-installations.org/home/index.php
15. http://www.incca.org/projects/64-current-projects/475-practics; http://www.incca.org/news/181-2011/805-access2ca-porto

tales que se trataron fueron cómo conservar y documentar estas expresiones para garantizar su vigencia para las generaciones futuras. La complejidad específica de las instalaciones requiere de una mayor interdisciplinaridad en los procesos de documentación, conservación, producción e instalación/reinstalación. El objetivo alcanzado fue la elaboración de una guía y un modelo de trabajo basados en el estudio de varios casos tipo. La publicación final de los resultados recién se presentó en marzo de 2011, como producto del siguiente proyecto europeo, *PRACTICs*. Su título parte de las palabras en inglés *practices, research, access, collaboration, teaching in conservation of contemporary art.*[16]

Este último proyecto comenzó en 2009 y terminó en el verano de 2011. Se basó en el desarrollo de investigaciones colectivas e interdisciplinarias en este campo, con el objetivo de intercambiar y actualizar conocimientos y experiencias en torno a la conservación del arte contemporáneo, incluyendo la celebración del congreso "Contemporary Art, Who Cares" en Ámsterdam, en 2010. El proyecto contempló igualmente la realización de talleres y la producción de publicaciones. Se trabajó en el desarrollo de la excelencia y la innovación en la investigación para la conservación y se ahondó en los conocimientos, en el intercambio de experiencias y en la profundización de la colaboración en el desarrollo y la formación de los especialistas.

Luego de la propuesta de establecimiento de INCCA Iberoamérica, en diciembre de 2010, se trabajó durante 2011 en el proceso de estructuración de los grupos nacionales y las definiciones de planes de trabajo. Del 14 al 17 de junio de 2011 se efectuó en Ciudad de México la reunión definitivamente formativa de la subred INCCA Iberoamérica, con participación esta vez de grupos nacionales de Brasil, Uruguay, Argentina, Perú, España, Portugal y México. Este encuentro sirvió para definir las estructuras de los grupos nacionales establecidos hasta el momento, y para promover la subred en México. En él se expusieron los resultados –muy alentadores teniendo en cuenta el corto período transcurrido desde la

16. http://www.incca.org/projects/64-current-projects/475-practics; http://www.incca.org/news/181-2011/805-access2ca-porto

propuesta hecha en Belo Horizonte, seis meses–, y los grupos por países presentaron sus estructuras, sus logros hasta el momento, sus planes nacionales y sus aspiraciones dentro de la red.

En el caso del Brasil, por su complejidad y extensión, se estructuraron los grupos por estados federales con sus coordinaciones estatales: Minas Gerais, Río de Janeiro, San Pablo, que además mantienen contacto fuerte con otros grupos del país como, por ejemplo, Curitiba, Salvador, etc. México contará con una coordinación nacional, con varios grupos de trabajo bien definidos.

Durante la reunión se decidió, asimismo, la estructura de la subred, quedando en esta primera etapa la coordinación general en manos del Museo Nacional Centro de Arte Reina Sofía de Madrid, España, representado por Arianne Vanrell, el cual cuenta con una trayectoria más amplia de trabajo dentro del INCCA general, así como con una presencia activa en el área latinoamericana.

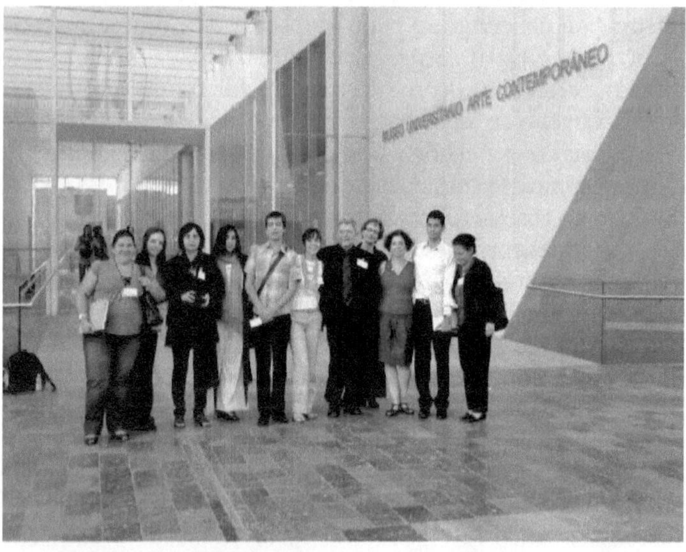

Reunión de formación del INCCA Iberoamérica en Ciudad de México, junio de 2011. Foto: Alberto Tagle.

Durante el verano de 2011 se formalizó la subred y se elaboró el plan inicial de trabajo para los próximos años. Se confirmó la necesidad y el interés de trabajar en el glosario-vocabulario español-portugués y en la selección de textos básicos para su traducción. Otras propuestas, como las dirigidas a técnicas y métodos de documentación, investigación de materiales, formación profesional y técnica de entrevistas se están valorando actualmente.

Una característica muy importante de los grupos que se están constituyendo en la región es su carácter amplio y democrático, ya que, a diferencia de muchos de los de otras regiones, integrados fundamentalmente por conservadores/restauradores, los latinoamericanos cuentan entre sus miembros con una amplia gama de los profesionales relacionados de una manera u otra con el estudio y la preservación del arte moderno y contemporáneo. La subred INCCA Iberoamérica incluye a educadores, directores de museos, galeristas e investigadores científicos, además del grueso de restauradores de arte moderno y contemporáneo, lo que permite una visión más integral de la problemática que la de los grupos tradicionales, compuestos fundamentalmente de restauradores y de algunos investigadores vinculados a la materia.

Situación de la educación y formación de especialistas

Conceptualmente e incluso formalmente, las manifestaciones artísticas contemporáneas se salen del marco "tradicional" de la creación artística y, por ende, de los programas tradicionales de formación de restauradores. Con mucho, las características del arte moderno y contemporáneo, con su particular énfasis en el mensaje y el lenguaje de los símbolos, combinan en su esencia aspectos fundamentales del arte trascendente proveniente de polos tan diversos como las manifestaciones de arte rupestre o las colecciones etnográficas y, por otro lado, el empleo sistemático de componentes y materiales de tecnologías de punta. Eso requiere del profesional restaurador/conservador una formación y una actitud muy diferentes de las que se tiene en el resto de las especialidades de conservación del patrimonio cultural.

Con esta particularidad en evidencia, y el papel cada vez más importante de los campos de la informática aplicada y de la investigación científica en este tema, los profesionales que analizan el presente y el futuro de la especialización en conservación de arte moderno y contemporáneo han estado evaluando la formación específica necesaria para conservadores y restauradores especializados. La discusión se mantiene abierta, con algunos documentos producidos en trabajo conjunto, que tratan de la temática CIMCA 1.[17]

Los grupos de trabajo de ICOM-CC de educación y entrenamiento y el de conservación de materiales modernos y contemporáneos realizaron un encuentro en junio de 2010 en Maastricht, Países Bajos, a continuación del simposio "Contemporary Art, Who Cares". Esta reunión tuvo como objetivo el estudio y la evaluación del estado de la formación profesional de restauradores de arte moderno y contemporáneo. Previamente, estos grupos habían elaborado un documento informativo, básico, para luego efectuar la discusión en Maastricht titulada "Traning Needs for the Conservation of Modern and Contemporary Art".[18] Este material preliminar analiza el estado de la formación profesional en cuanto a los programas que la contemplan y actualiza la información preparativa para proceder a las discusiones de junio en Maastricht. La reunión mencionada produjo un documento, "Training Needs for the Conservation of Modern and Contemporary Art – Interim Meeting

17. CIMCA 1 http://getty.edu/conservation/science/modpaints/modpaints_cimca.html

18. "Traning Needs for the Conservation of Modern and Contemporary Art" (http://elp.northumbria.ac.uk/bbcswebdav/users/hcjb1/Training_Needs/media/E-Newsletter%20Main%20Template4.pdf).

Report",[19] que es también una contribución profesional al conocimiento de la situación actual y una guía de acciones futuras.

Como se discute exhaustivamente en los documentos anteriormente mencionados, esta especialidad requiere un restaurador (o conservador, según la nomenclatura anglosajona) que difiere sustancialmente de aquellos egresados de las escuelas y centros de formación tradicionales y actuales. Hoy se debate intensamente acerca de la nueva concepción del especialista dedicado a este campo, ya que, a diferencia del restaurador "tradicional", que trabaja intensivamente y solo en su estudio y toma las decisiones de conservación que le dictan su experiencia, los estudios hechos a la obra y sus conocimientos, el "nuevo tipo" de restaurador de arte y materiales contemporáneos es un coordinador de un equipo interdisciplinario. Este profesional necesita de este equipo para poder avanzar y tomar decisiones en su tarea.

A la hora de formar y entrenar a estos nuevos especialistas, hace falta introducir en el currículo de estudios el concepto y las técnicas de análisis de riesgos, lo que permitirá reconocer los aspectos esenciales para considerar en la tarea específica, así como discutir sobre los posibles acuerdos de opiniones a los se tendrá que llegar durante el proceso de conservación. Al evaluar y tomar decisiones a partir de un análisis de riesgos, el restaurador necesita tener la facultad de balancear las consideraciones estéticas, la integridad histórica, la intención del artista y la condición de los elementos materiales integrantes de la obra. Esta característica es todavía deficiente en la formación tradicional de los restauradores que luego, al graduarse, se ocuparán del arte moderno y contemporáneo.

19. "Training Needs for the Conservation of Modern and Contemporary Art - Interim Meeting Report" (http://www.icom-cc.org/54/document/training-needs-for-the-conservation-of-modern-and-contemporary-art--interim-meeting-report/?id=960).

Este nuevo tipo de conservador/restaurador debe desarrollar una habilidad diferente a la de los restauradores tradicionales, y particularmente para el trabajo en equipo y la comunicación con especialistas de áreas del conocimiento ajenas a la suya, pero fuertemente vinculadas a la obra y a su proceso de creación. Este especialista funcionaría, entre otras cosas, menos como un clásico "interventor" en la actividad de restauración material y más como creador de un equipo interdisciplinario y como facilitador del proceso de conservación, documentación, toma de decisiones, etc., en el que participan el artista vivo, el curador, el museo o el dueño, y los profesionales con conocimientos en áreas tales como polímeros y materiales modernos, alimentos, técnicas de informática, video y sonido, etc. El papel del restaurador en este ámbito es diferente. Su campo se amplía al área que tradicionalmente estaba en las exclusivas manos del curador: la interpretación de la esencia de la obra y las decisiones de conservación que de ellas se derivan.

Un resultado interesante de la reunión de junio de 2010 en Maastricht fueron los aspectos para desarrollar en el futuro, seleccionados por los participantes y que forman parte del documento mencionado. Se propuso, como ejercicio, la selección de cinco temas de alta prioridad para los años venideros.[20]

Como ejemplo del papel cada vez más efectivo de la red de intercambio INCCA en nuestro campo, se anunció también durante la reunión de Maastricht la creación del apartado para la formación profesional dentro de la página web de INCCA.[21]

---

20. Ver transcripción completa de las conclusiones alcanzadas en el artículo "Investigación sobre arte moderno y contemporáneo en el Getty Conservation Institute. Estrategias de difusión de la información", de Tom Learner, en este mismo volumen, y en inglés en http://www.icom-cc.org/54/document/training-needs-for-the-conservation-of-modern-and-contemporary-art--interim-meeting-report/?id=960

21. http://www.incca.org

Esta sección contempla información acerca de los programas existentes, incluyendo el currículo, y al ser de formato abierto promueve la discusión interactiva y el crecimiento de la información a través del diálogo.

Evolución y cambios actuales

La situación en la última década ha cambiado radicalmente. De unos pocos trabajos hechos por instituciones precisas hemos pasado a un grupo relativamente amplio de museos, establecimientos de investigaciones en conservación, universidades, etc., que actúan sistemáticamente en el campo.

Una simple visita al área de información de INCCA acerca de las actividades en la actualidad y el futuro cercano sorprende por la variedad y cantidad de proyectos, talleres, cursos, simposios, conferencias dedicados a la temática de conservación y al estudio de estas manifestaciones artísticas.

El empleo de la informática también ha modificado no solo la cantidad de especialistas dedicados a la temática sino también la variedad de éstos. Se observa una tendencia creciente que va de los trabajos individuales y profundos sobre una obra específica hacia estudios sistemáticos complejos de un período, un artista, tecnologías de documentación, una problemática de conservación específica, etc.

En el arte contemporáneo la necesidad de investigar sobre las tecnologías de fabricación son menos frecuentes, ya que la entrevista con el creador es una opción vigente para recabar la información necesaria. Por lo tanto, el enfoque está más dirigido a la interpretación de la/s obra/s, la conservación, la documentación y la identificación de los productos de cambio y alteración, y su tratamiento. Eso ha permitido que, a diferencia del arte "tradicional", los trabajos de estudio del arte moderno y contemporáneo estén más ligados al conocimiento de las tecnologías empleadas o que se emplearán en el futuro y a la conservación tanto de una obra como de un género de obras.

La actitud en este nuevo tipo de especialistas es más abierta, a diferencia de la de los restauradores y conservadores tradicionales. Se promueven el trabajo en equipo, la amplia consulta y el intercambio de conocimientos, de experiencias e información. La interdisciplinariedad ha irrumpido en el campo, por la necesidad de involucrar a técnicos y especialistas de áreas hasta el momento externos a la creación artística (ingenieros electrónicos, físicos, químicos, biólogos, informáticos, etc.), se han incrementado los sistemas de estudio, la participación y el número de reuniones, foros, simposios, conferencias, entrenamientos y cursos que se ofrecen. Éstos eran casi nulos hace diez años, mientras que ahora pueden resultar múltiples durante un solo año.

El restaurador que trabaja solo, con recetas celosamente guardadas, haciendo y tomando decisiones en la protegida soledad de su estudio, es cada vez menos frecuente. El campo ha roto esa tradición clásica y se ha abierto de manera más profesional hacia una forma inclusiva.

América Latina, las perspectivas futuras. ¿Qué hacer y cómo?

Resultaría tremendamente pretencioso hacer un análisis exhaustivo y una predicción acerca de la situación actual en Latinoamérica; entre otras cosas, como sabemos, por la alta heterogeneidad de la región. Aun así, creo útil identificar caminos que, de emprenderse, pueden ser de gran utilidad. Las páginas anteriores –que describen una cronología de los estudios de investigaciones en conservación de la especialidad, fundamentalmente en las áreas de experiencia del autor en Norteamérica y Europa– pueden ayudar a identificar, por países o regiones, el estado en que se encuentra la especialidad en América Latina, a tomar decisiones y establecer un programa a corto, mediano y largo plazo para avanzar en el campo.

El arte moderno y contemporáneo es, en esencia, fundamental para la región, ya que es a partir de esos movimientos, si los definimos desde finales del siglo XIX en adelante, que los avances tienen una identidad global definida. La creación artística desde el primer cuarto del siglo XX en adelante permite a los países de la región una universalización de sus formas, insertándose y definiéndose dentro y a la par de los movimientos de avanzada de Europa occidental y de Norteamérica. En la actualidad, la creación artística contemporánea latinoamericana se encuentra entre las más prolíficas del mundo. La región se destaca también como vanguardia en el establecimiento de instituciones nacionales y regionales, tales como museos, fundaciones, galerías, etc., dedicadas a este tipo de arte.

Éste es el arte de la actualidad en un momento de despegue general de este "Nuevo Mundo", que define a la América Latina como puente reinterpretativo del arte occidental dentro de sus raíces y realidades muy propias.

El arte contemporáneo es el más globalizado de todos y sus producciones y expresiones unen regiones del mundo con mensajes, materiales, técnicas y lenguajes de alta complejidad y de problemáticas de preservación e interpretación similares. De ahí que este momento sea decisivo para que América Latina se comunique entre sí, problema persistente en la región, que todavía mira más hacia Europa y Norteamérica que a sus vecinos, y participe y aprenda de las riquísimas fuentes de la región y de las problemáticas de génesis de su creación, comunes a muchos de los países.

América Latina comparte premisas genéticas comunes debido a orígenes históricos, políticos, geográficos, tipos de museos y de colecciones, condiciones de conservación, etc., que solo pueden beneficiarse de un intercambio de experiencias y conocimientos más eficiente que el existente hasta la actualidad. Éste es el momento para hacerlo, y es esencial concretarlo. El reto mayor que tiene la conservación del arte moderno y contemporáneo en la región es el trabajo conjunto y la comunicación interdisciplinaria dentro de y entre los países. La creación reciente de una subred de intercambio e investigaciones como el INCCA Iberoamérica no debe desaprovecharse, pues permite a la región intercambiar y crecer en su idiosincrasia, sin aislarse del resto del mundo, a través de la pertenencia al INCCA mundial.

Las discusiones del CIMCA 2 permitieron comenzar a identificar lo específico del lenguaje, la creación y las colecciones de la región y buscar conjuntamente soluciones comunes. El trabajo internacional hace posible el avance al mismo nivel del resto del mundo.

Las colecciones, en América Latina, se caracterizan, en general, por una inmensa riqueza en dos áreas específicas, aquellas de vocación etnográfica y arqueológica y aquellas de arte moderno y contemporáneo. Ambos tipos de colecciones presentan problemáticas de conservación muy similares –significado, materiales complejos, documentación–, así como condiciones museográficas a menudo lejos de las ideales, dentro de zonas climáticas semejantes. Un trabajo integral de estudio y conservación de las colecciones de ambos tipos redundará en un beneficio significativo para el patrimonio cultural latinoamericano. Éste es otro campo en el que el enfoque de conservación de arte contemporáneo debe tomar un papel significativo.

Otra área de trabajo importante para la región es la estructuración de la formación profesional de los conservadores/restauradores de arte moderno y contemporáneo. Como fue dicho anteriormente, las recomendaciones del grupo internacional reunido en Maastricht en 2010 constituyen un aporte analítico muy valioso para avanzar en este ámbito. Asimismo, el trabajo en el grupo de educación dentro de INCCA Iberoamérica permitirá intercambiar y unificar criterios en aquellos países o regiones en los cuales exista ya la especialización de conservación/restauración en arte contemporáneo y asimismo crear las bases para la formación profesional en donde no exista, o las condiciones para el intercambio de alumnos y profesionales que puedan ir a formarse en centros de la región, más cercanos a su problemática que otros de Norteamérica o Europa.

La profesionalización, dependiente muchas veces de la formación académica, es una frontera en la que la región debe trabajar en el futuro. Luchar por que los conservadores/restauradores de arte moderno y contemporáneo tengan una base de formación académica es la vía. Para esto no es necesario esperar a crear una escuela de alta especialización; bastaría con desarrollar un perfil particular dentro de las escuelas existentes. Y para esto es importante que se utilicen los recursos de que ya se dispone en la región y que, por medio del intercambio de estudiantes y de especialistas, de cursos, ciclos de conferencias, etc., se vaya avanzando en el ascenso del nivel académico de los profesionales involucrados en la problemática. Las recomendaciones de Maastricht, de nuevo, pueden servir de punto de partida, y las discusiones dentro del grupo de educación de INCCA Iberoamérica, indicar las vías tanto para identificación problemáticas más propias y características a la región como para organizar esos cursos, talleres, ciclos profesionales, etc.

Como última recomendación para el presente y futuro de la conservación del arte moderno y contemporáneo en América Latina, creo necesario que se establezcan un mecanismo y un calendario de reuniones periódicas, regionales, enfocadas en las problemáticas del área, en los idiomas de ésta –español y portugués–, y con la finalidad de intercambiar experiencias, especialistas, puntos de vista, discusiones, y así hacer avanzar con paso seguro la especialidad en esta parte del mundo.

Estas páginas han sido un resumen de la situación de la conservación del arte moderno y contemporáneo en general, con unas reflexiones acerca de qué y cómo encararlo en América Latina, teniendo en cuenta la actualidad del tema y el momento específico. Espero sinceramente que puedan servir de punto de partida para un debate y una discusión más profundos en la región y para el desarrollo de la especialidad en ella.

PARTE II
El futuro y los límites del medio digital

4

Introducción al problema de la conservación de obras en formatos digitales

FERNANDO BORO

Un caso particular de lo efímero

Aunque no soy especialista en conservación de obras de arte, trabajo desde hace muchos años en preservación a largo plazo de materiales digitales en archivos históricos, bibliotecas y museos, las llamadas instituciones de la memoria. Esto me ha permitido no solo estar en íntimo contacto con las nuevas posibilidades que, en forma creciente, la tecnología digital brinda a las instituciones culturales, sino también familiarizarme con los riesgos, mucho menos conocidos, que aquejan a toda información guardada en formatos binarios.

Para interiorizarme del tema entrevisté a artistas visuales que usan la tecnología digital, con el fin de conocer su punto de vista sobre el problema de la conservación de sus "originales digitales"[1] y averiguar si toman alguna medida para asegurarse de que esos archivos sean accesibles en el futuro, en nuevos entornos de hardware y software hoy desconocidos. La información que recabé resulta muy ilustrativa. En primer lugar, descubrí que ya se han perdido

1. En este punto el autor hace referencia a obras digitales creadas para ser impresas sobre papel. (Nota del editor).

una buena parte de las obras digitales más antiguas, bien porque estaban en formatos que ya no se pueden abrir con el software de hoy, o bien por problemas con los discos que fueron usados para guardar los archivos digitales.

Constaté que existe en los artistas una preocupación por la conservación de los originales digitales. El objetivo básico de su esfuerzo está orientado en no perder, como es lógico, los trabajos nuevos, estáticos y dinámicos, que están realizando ahora. Algunos consideran que sus obras virtuales estáticas –sus cuadros– solo cobran realidad cuando aparece un comprador, y entonces realizan la única impresión que están dispuestos a hacer –su modo particular de resolver el problema del original en este mundo infinitamente replicable–. Pero como no todas las obras se venden, muchos de sus trabajos virtuales no se imprimirán hoy, ni tampoco en el futuro cercano. ¿Qué pasaría si apareciera un hipotético comprador dentro de 15 o 20 años? ¿Se podrá reproducir el cuadro u obra con el software futuro? ¿Qué pasaría si un museo de arte decidiera adquirir alguna de sus obras dinámicas, como una animación con video y sonido digital, porque la juzga como un ejemplar valioso del artista o una rica expresión de una corriente artística de inicios del siglo XXI? ¿Puede confiar el museo en que el software futuro reproducirá adecuadamente lo que quiso hacer el autor con esa creación, tal como se reproducía originalmente?[2]

Hay que afrontar con resignación el hecho de que muchas de las obras digitales "antiguas" –es decir, desde mediados de la década de 1980 hasta fines de la de 1990– se perdieron. Y nadie está muy seguro, ni tiene mucha información, sobre qué pasará en el futuro con esos archivos digitales maestros, ya sea dentro de 25 o 70 años.

---

2. Para más información sobre esta problemática, consultar los artículos "Cambio de percepciones en la conservación", de Carol Strignari, y "Conservación del arte creado con computadoras en el Museo de Arte Moderno de Nueva York", de Glenn Wharton, en este mismo volumen. (Nota del editor).

En las instituciones de la memoria en la Argentina existen –frente a la cuestión de la preservación digital– un marcado interés y una conciencia crecientes, pero muy pocos ejemplos de proyectos concretos orientados a dar alguna respuesta o solución. Con toda imprudencia, dado que no me especializo en la problemática particular de los museos de arte, considero que puede ser de utilidad hacer un planteo general del problema de la preservación digital, poniendo énfasis en el concepto de lo efímero desde un lugar que no remite a objetos orgánicos y degradables, sino en lo efímero que es propio de la "naturaleza" de los objetos digitales y del entorno de hardware y software en el que se crean y se conservan. Si ayudara con esto a movilizar y disparar discusiones entre creadores, curadores e instituciones del mundo del arte, a tomar conciencia de los riesgos que son inseparables de toda información nacida digital o digitalizada, mi objetivo estaría cumplido.

Debido a la particular "naturaleza" de la tecnología digital, caracterizada por ciclos rápidos de cambio en el hardware y el software,[3] cualquier archivo codificado binariamente se ve en riesgo de perder su calidad de accesible, una vez que esa evolución tecnológica suponga la dificultad –o directamente la imposibilidad– de reproducirlo –abrirlo, verlo, imprimirlo– respetando las características únicas que su autor quiso darle.

En el mundo de la creación artística, como en todos los ámbitos de la vida social, el impacto de la tecnología digital ha sido profundo. Desde una mirada optimista, esto supuso disponer de nuevas herramientas y posibilidades para la creación y la manifestación de la actividad artística. Pero nuestra estrecha relación cotidiana con las computadoras, el e-mail, los escáneres, las cámaras digitales y las aplicaciones informáticas que habitualmente usamos, más el eviden-

3. Decimos "rápidos" desde la perspectiva temporal de conservación de obras en museos y archivos, la que excede largamente el lapso durante el cual una tecnología digital dada puede considerarse como estable y sin cambios sustantivos.

te avance de la tecnología –reflejado profusamente en los medios de comunicación–, generan una ilusión riesgosa: la información "está ahí, y siempre va a estar ahí" porque es digital y casi ubicua, aunque nadie se ocupe de ella.

En unas jornadas, realizadas en Barcelona,[4] sobre el futuro de las instituciones de archivo en la era digital, una participante autora de blogs manifestaba con absoluta confianza que a ella no le preocupaba la preservación de los archivos digitales "porque... es software. Siempre vamos a encontrar un programa por Internet que sea capaz de abrir archivos en formatos antiguos". Luego de lo cual relativizaba el papel que los archivos y museos iban a desempeñar en el futuro, imaginando que la interacción digital distribuida, descentralizada y virtuosamente anárquica de ciudadanos virtuales llegaría a reemplazar las funciones de aquellas instituciones.

Esa confianza suele encontrarse también en la creencia generalizada de que digitalizar materiales antiguos y valiosos de archivos históricos, museos y bibliotecas automáticamente pone a salvo esas copias electrónicas de la degradación y eventual desaparición a las que están condenados, con el tiempo, los originales analógicos. Desde esa confianza parecería que los bits y los bytes, por no presentar la desventaja de verse afectados por los factores ambientales que amenazan la integridad de los originales físicos, sostienen la promesa de una disponibilidad y supervivencia prácticamente infinitas, gracias a su pertenencia a un mundo virtual, intangible.

Lamentablemente, éste no es el caso. Una de las paradojas de la revolución digital consiste en que se ha logrado la hazaña de crear soportes de información codificada capaces de contener desde decenas de miles de páginas de textos,

---

4. La mesa redonda "El futuro de los archivos" se llevó a cabo el 1º de julio de 2010 en el Centre de Cultura Contemporània de Barcelona. (Más información en http://www.cccb.org/icionline/el-futuro-de-los-archivos/).

fotografías y mapas hasta películas en alta definición,[5] pero, al mismo tiempo, con una esperanza de vida tan corta que desafía y relativiza todo lo que aprendimos sobre conservación de los soportes tradicionales.[6] El aumento exponencial en la densidad de información inscrita en los soportes digitales se ha visto acompañado por una reducción igualmente impactante del ciclo de vida útil de esos contenedores de información.

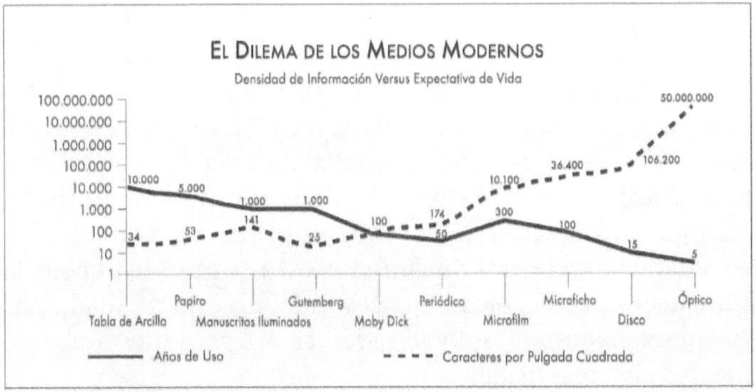

Paul Conway, Preservation in the Digital World, Council on Library and Information Resources, marzo de 1996. Traducción al español por el Centro Nacional de Conservación y Restauración, Santiago de Chile, 2000. [Consultar artículo completo de Paul Conway en el que se incluye este gráfico (en español) en http://dglab.cult.gva.es/Archivos/Pdf/DIBAM-preser.digit.pdf.]

Este gráfico, tomado de Paul Conway, un pionero de la preservación digital, ilustra esta situación: las primeras tabletas de barro cocido o los papiros contenían pocos

---

5. Piénsese, por ejemplo, en la evolución de los simples discos ópticos de 12 cm de diámetro (CD, DVD, Blu-ray), baratos, de uso masivo y cada vez con mayor capacidad de almacenamiento.

6. Desafortunadamente, el comprensible deslumbramiento de nuestra época por la "revolución digital" y sus impactantes novedades no nos ayuda a tomar conciencia de estos nuevos riesgos, y a su vez opaca la necesidad de desarrollar nuevas estrategias para enfrentarlos, en favor de la preservación de la memoria histórica y cultural de nuestras actuales sociedades.

caracteres, pero algunos de ellos llegaron hasta nosotros, miles de años después de su creación, encontrados en cuevas o excavaciones arqueológicas, y su información todavía es accesible a simple vista. Más adelante, desde la invención de la imprenta, el mundo tuvo una disponibilidad creciente de libros capaces de sobrevivir por centurias, pese a los factores de degradación del papel y las tintas. O, si se quiere, pensemos en manifestaciones pictóricas como las pinturas rupestres, que pudieron sobrevivir hasta hoy, aunque durante siglos nadie se ocupó de preservarlas. Esta generosidad en la "perduración no asistida" es una característica propia del mundo analógico. Incluso cuando la degradación existe, la parte sana del papel escrito, de la pintura rupestre o de la tableta de arcilla todavía tiene información accesible a simple vista. Los objetos del mundo físico, analógico, como contenedores de información, son tolerantes a daños parciales. Obviamente, esto es posible porque la información es visible al ojo desnudo, no está mediada por tecnología alguna, y solo se requiere luz para que funcione nuestro sistema visual.[7]

Lamentablemente, los objetos digitales no comparten estas características: alcanza con que unos pocos bytes estén corruptos para que un archivo de texto o una imagen digital ya no se pueda abrir con el software habitual. Los modernos soportes informáticos como los DVD o los dispositivos USB[8] pueden contener una cifra astronómicamente superior de caracteres sobre la misma unidad de superficie que la utilizada por una hoja de un libro, pero su durabilidad se mide en muy pocos años.

---

7. También existen casos de información en soportes analógicos que requieren mediación tecnológica para su acceso, tales como las grabaciones magnetofónicas en discos o casetes, y los materiales en video como el VHS, por ejemplo. Y presentan otro serio problema de preservación, por la obsolescencia y desaparición de los equipos grabadores/reproductores y la degradación de los soportes. Paradójicamente, la digitalización podría ser la última esperanza de mantener con vida las grabaciones analógicas sobre cintas magnéticas.

8. Y para el caso, también los discos rígidos de nuestras computadoras, así como los discos rígidos externos.

Y éste es solo el inicio del problema. Aunque estos nuevos soportes digitales durasen dos mil años, como algunas tabletas de arcilla, eso no significaría que sus datos resultasen accesibles para los usuarios futuros. No solo por durar conseguirían presentarnos algo que pudiéramos considerar como información inteligible. Para apreciar en su totalidad en qué consiste el problema, es necesario volver a hablar de la "naturaleza" del mundo digital.

La información en formato digital, sea cual fuere, nunca es visible ni accesible como tal. Cuando vemos una foto digital en nuestro monitor, o una obra de arte, leemos un texto electrónico o un e-mail, escuchamos música en MP3 o disfrutamos de una película en DVD, estamos accediendo a una representación analógica del archivo digital, y lo mismo ocurre cuando imprimimos o proyectamos ese archivo.

Dado que los humanos somos seres analógicos, nuestro sistema perceptivo necesita representaciones analógicas para poder entender de qué se trata la información a la que estamos accediendo. El monitor de la computadora, el proyector digital, la impresora y el reproductor de CD de música nos proveen de una salida analógica de los archivos digitales, única forma en que para nosotros esos archivos se convierten en algo apreciable, inteligible.

Y para que esto ocurra, necesitamos que exista hardware y software que, por medio de una serie de procesos, logren que los archivos binarios formados por cadenas de ceros y unos se nos representen como una foto, un texto en cierto idioma, música, etc.

En suma, si la información digital se forma y se guarda como ceros y unos –y hoy en día se trata de millones de ceros y unos en un video, archivo de música o una foto digital–, en ese estado "natural" son puros datos opacos, incomprensibles para nosotros; no son información en el sentido habitual del término. Solo cuando tenemos la combinación adecuada de hardware y software podemos "abrir", "visualizar" o "reproducir" esos archivos digitales, traducidos a una representación analógica capaz de portar un sentido o mensaje.

Tanto es así que cuando intenté mostrar los famosos ceros y unos de un archivo digital en el monitor, para un ejemplo didáctico, tuve que buscar software especial para lograrlo: los ingenieros informáticos saben que necesitamos de esa traducción y, con toda razón, no se les ocurre que un usuario normal quiera "ver" los datos crudos binarios que son la "esencia" de los archivos digitales.

Es como si dijéramos que los datos binarios de los archivos digitales necesitan de un traductor para que se conviertan en información, en música, texto, una película o lo que fuere. Pero resulta que ese traductor, que es la combinación compleja del hardware, el sistema operativo y la aplicación en particular capaz de entender ese archivo digital y abrirlo, se muere con relativa rapidez, y las nuevas generaciones de traductores que lo remplazan no siempre saben cómo leer los archivos creados por sus antecesores –las generaciones tecnológicas anteriores–, o solo los leen parcialmente, con resultados imprecisos o directamente incorrectos. Y es seguro que, si dejamos pasar un período lo suficientemente largo,[9] los traductores futuros ya no serán capaces de entender el código original con el que se crearon los archivos.

En rigor de verdad, cada vez que encendemos una computadora y la pantalla nos muestra algo inteligible como el simple mensaje de que el sistema operativo está arrancando, en vez de los ceros y unos de los datos digitales que se están procesando realmente, es porque ya hay algún software que está realizando esa traducción para nosotros. Cuando chateamos en Internet, las palabras que leemos y escribimos no son lo que se trafica por la red, sino códigos

9. Período que se ha revelado notablemente corto, no solo desde la "larga perspectiva" propia de las instituciones de la memoria, sino desde la simple expectativa de vida de cualquier ser humano.

de ceros y unos que los distintos programas y protocolos de Internet saben finalmente entregar al usuario como un texto legible: otra vez, el resultado de una operación de traducción, aunque no nos demos cuenta.

Por consiguiente, si para acceder y reproducir cualquier archivo digital necesitamos de esos "traductores tecnológicos", eso significa que dependemos absolutamente de ellos para asegurar el acceso liso y llano a la información, sea cual fuere. Tal situación de dependencia para el acceso no sería problemática si la tecnología que crea esos traductores se mantuviera estable y pudiéramos usar tranquilamente el mismo traductor dentro de cien años. Pero, debido al veloz cambio tecnológico, eso no ocurre, y, así, la rápida obsolescencia de hardware y software amenaza la posibilidad de acceder a la información digital si no tomamos medidas hoy, cuando se crea la información. El acceso puede perderse y ya hay muchos ejemplos de esto.

Si eso ocurre, habremos perdido el acceso a la información digital, no por problemas del estado de salud de los soportes, sino por algo más grave, que es la pérdida de la capacidad de "traducción" del código original. Esa pérdida del acceso, en el mundo digital, puede compararse a los efectos de un incendio devastador en un museo o un archivo que conserva materiales físicos. Pensemos en los datos guardados en las antiguas tarjetas perforadas de la década de 1960, o en los disquetes de 5 ¼ en uso hasta hace poco más de diez años: aunque no tengan problemas de conservación física, sería muy difícil acceder a la información allí guardada, ya sea por falta de los dispositivos de lectura, hoy obsoletos, como por la dificultad de encontrar software actual capaz de "leer" y "traducir" esos datos codificados con programas ya en desuso.

Habituados como estamos a pensar la preservación y la conservación desde el paradigma de los eventos físicos, analógicos, podríamos estar tentados de creer que la sola preservación física del soporte basta para preservar también la información contenida, algo que es cierto con los antiguos manuscritos o impresos de los archivos y bibliotecas –y sus versiones en microfilm–,[10] pero no con los objetos del mundo digital, donde la conexión íntima, propia del mundo físico, entre el soporte y el contenido se ha escindido. Y, mientras existe, esa conexión es eventual, temporaria, cambiable, no una característica intrínseca del objeto digital, ya sea una obra de arte o una foto digital casual.[11]

Para resumir estos nuevos problemas, derivados de las nuevas tecnologías, podríamos decir, citando a Paul Conway, que *la preservación digital es la preservación del acceso*, o, mejor dicho, la preservación del carácter "accesible" de la información digital, a través de los ciclos de cambio tecnológico del hardware y el software, nuestros "traductores".

Algunos piensan que todas las estrategias de preservación digital disponibles consisten en aplicar soluciones de corto plazo a un problema de largo plazo. Y es que la incertidumbre frente a los cambios tecnológicos del futuro –que impactarán sobre los archivos digitales que se crean hoy en modos difíciles de anticipar– significa que tenemos que prepararnos para cambiar de un modo controlado, aunque no se sepa bien cómo va a ser ese cambio. Y esto a veces nos puede llevar a situaciones un poco "paranoicas", tratando de prever aquello que todavía no nos es dado a conocer.

---

10. En las primeras épocas de los proyectos de digitalización en bibliotecas y archivos, era habitual escuchar comparaciones sobre la durabilidad de los microfilms frente a la de los discos ópticos WORM con imágenes digitales, lo que de hecho significaba aceptar que el problema principal residía en el ciclo de vida útil de los soportes físicos de la información. Hoy sabemos que esa forma de ver las cosas deja en sombras problemas más serios en lo que hace a la preservación de información digital.

11. Los trazos o tipos de tinta que forman las letras de un manuscrito o impreso original han penetrado en el papel, son inseparables de su soporte. La emulsion (portadora de la imagen) del microfilm está unida física y químicamente al soporte. En cambio, el código binario de un archivo digital puede separarse de su soporte y copiarse idéntico en otros soportes: el problema es contar con el software adecuado (y su hardware requerido) para "traducir" ese código original.

Frente al reto de la preservación digital, dos grandes líneas de pensamiento, de formación de estrategias, se van delineando entre los profesionales y las instituciones involucradas. Las palabras clave aquí son las de *migración* y *emulación*. La principal diferencia entre ambas estrategias radica en la decisión de modificar, o bien dejar intacto, el código binario original del archivo digital a preservar.

Desde la perspectiva de la *migración*,[12] mantener el acceso significa hacer todo lo necesario y estar bien preparados, desde hoy, para recodificar el archivo digital "A" bajo un nuevo formato "B" del futuro, que lo remplace fielmente y tenga la capacidad de ser bien entendido por las combinaciones de hardware y software que vendrán más adelante. Y, además, hacerlo antes de que el formato inicial "A" se haya vuelto del todo obsoleto. De ese modo, se mantendrían accesibles y en valor las colecciones de objetos digitales que se crean hoy, adaptándolas a las tecnologías futuras.

Los defensores de la *emulación*, por su parte, confían en otro tipo de solución. Si la tecnología cambia, nos dicen, y nosotros convertimos los archivos a nuevos formatos, se corre el riesgo de incompatibilidades o inadecuaciones entre el formato A y el B, y luego entre el B y el C, y así sucesivamente, lo que puede llegar a provocar que luego de varias migraciones ya no se conserve el archivo original, que pierda demasiados elementos que le eran propios como para considerarlo una copia de preservación. Con lo cual ya no se cumpliría con uno de los objetivos básicos de la preservación: mantener una copia fiel al original.

Por ejemplo, si un artista digital creó una animación de video y sonido con un determinado software y la guardó en cierto formato, propio de ese software, ¿qué pasará cuando, en el futuro, nos veamos obligados a migrar esa animación

---

12. Entiéndase *migración* como cambio o conversión de formato, tal como ocurre si abrimos un archivo TIFF y lo guardamos en formato PNG, sin modificar ninguna otra variable de la imagen. Se supone que la imagen debería quedar y lucir exactamente igual al "original" en formato TIFF, aunque se haya cambiado su codificación.

a otro formato, para preservar la obra, porque aquél tiende a desaparecer y ya no habrá software capaz de reproducirla? Se corre el riesgo de que el nuevo formato/programa no sea capaz de reproducir todas las características de la animación original; que la interacción entre el público y la obra no pueda mantenerse tal como la pensó el autor. Las instituciones podrían decidir que cierto grado de pérdida o alteración es aceptable mientras se conserven las características esenciales de la obra.[13]

Con el tiempo y las recurrentes migraciones, el problema podría agravarse, llegando a un punto en el que ya no se guarde correspondencia con la intención original del autor y las características esenciales de la obra –¿y quién decide cuáles serían esas características para preservar, si se acepta que no hay más remedio que tolerar alguna pérdida o alteración?–. Es por estas razones que una parte de los involucrados en preservación de materiales digitales confían en la otra vía propuesta: la emulación por medio de software.

Dado que es imposible mantener las computadoras y el software de una época determinada indefinidamente en uso, algunos proponen desarrollar software que emule el funcionamiento de antiguas combinaciones de hardware y sistemas operativos. Es decir, unas máquinas virtuales que se comporten como lo hacía el hardware y software del pasado, permitiéndonos abrir los archivos en sus formatos originales, sin modificarlos en absoluto. En ese caso, el esfuerzo se reduciría a preservar con buena salud los archivos originales y los soportes donde se guardan, limitándose a refrescar y copiar los archivos a los nuevos que van apareciendo (de disquete a CD, y de CD a DVD, de un servidor a otro de nueva tecnología, por ejemplo) para evitar la obsolescencia de los soportes. Pero, para tener éxito, tendríamos

13. Así como en las bibliotecas se aceptó la conversión a microfilm de alto contraste para materiales impresos, aunque este medio no conserve todas las características visibles del ítem original, como el color amarillento del papel antiguo o la tonalidad de las anotaciones manuscritas.

que asegurarnos de que esas máquinas virtuales se sigan desarrollando sin cesar para abarcar a las actuales y futuras generaciones de hardware y software, a medida que dejan de usarse y se vuelven obsoletas. Todavía no existe hoy ninguna institución o asociación de instituciones que garantice tal cosa, pero podría ocurrir en el futuro si este campo de trabajo logra apoyo técnico y financiero sostenido, tal vez con ayuda de los gobiernos y de las grandes instituciones.

Por ahora, solo tenemos los casos de los *emuladores* de los juegos de consolas electrónicas de las décadas de 1980 y 1990, y una máquina virtual desarrollada por el equipo de preservación de la Biblioteca Nacional de Holanda con apoyo de IBM, llamada Dioscuri, que emula antiguas PC XT con sistema operativo DOS. Como la mayoría de las herramientas para preservación digital, se trata de software libre que se puede bajar de Internet. Si bien muy interesante y prometedora, es todavía una prueba de concepto a la que le falta mucho trabajo y casos de aplicación real.

Para no dar una falsa impresión, se debe decir que la estrategia de la *migración* o *conversión de formato* ya está siendo sido utilizada por muchas instituciones que intentan preservar archivos digitales, por lo menos en casos de colecciones de imágenes fijas como las producidas por escáneres o cámaras fotográficas digitales. Las objeciones que se plantean a la estrategia de la migración recurrente, por los efectos adversos de la acumulación de errores o pérdidas de información o de conductas, puede que sean más preocupantes cuando se trata de archivos digitales cuya reproducción implica interacción en tiempo real con el usuario, o donde la información cambia con la variable tiempo, como ocurre con las animaciones o ciertos eventos de las páginas web. En todo caso, es posible que se terminen utilizando ambas estrategias, en función del tipo de archivo digital que se quiera preservar.

Por supuesto, buena parte de esta discusión no se vincula directamente con los autores de las obras digitales, ni se les podría pedir que realicen un trabajo tan costoso y complejo para preservar sus obras. Se trata de la clase de discusión que se da entre las instituciones que tienen la misión de preservar las obras para las futuras generaciones. El esfuerzo requiere una amplia colaboración, estándares y políticas en común, y modos de financiar esas actividades nuevas, además de seguir investigando las mejores opciones a medida que la tecnología evoluciona y cambia.

Ésta es una nueva área de trabajo y de profesionalización en el mundo de la preservación, y tiene el atractivo de enfrentar uno de los grandes desafíos de nuestra época. Ya existen programas institucionales para preservar todo tipo de información digital: desde sitios web considerados valiosos culturalmente, hasta producciones científicas y técnicas y diversas manifestaciones artísticas. La lista es larga y va más allá de los materiales más típicos y obvios conservados en las instituciones de la memoria. Por otro lado, es un área muy activa, que ha producido muchos avances en los últimos años: desde un marco de referencia teórico para la preservación digital con un alto grado de abstracción,[14] hasta el surgimiento de nuevos esquemas de documentación y descripción de colecciones digitales orientados a las necesidades de la preservación de largo plazo.[15]

En paralelo con la migración y la emulación como estrategias de preservación de los archivos, se está realizando un gran esfuerzo para la definición y aplicación de *esquemas de metadatos*, especie de contenedores de información normalizada y estructurada –generalmente en lenguaje XML– que ayuda de muchas formas en la preservación digital.[16] Y hay un muy fuerte

---

14. Nos referimos al Marco de Referencia OAIS (Open Archival Information System), norma ISO 14721:2003, muy influyente para el diseño de repositorios institucionales confiables.

15. Metadata Encoding and Transmission Standard (METS) y Preservation Metadata: Implementation Strategies (PREMIS), mantenidos por la Library of Congress de los Estados Unidos.

16. Se espera que esa información normalizada permitirá a los "conservadores digitales" del futuro conocer la "historia curatorial" de las colecciones electrónicas preservadas, para proseguir con la tarea de manera segura e informada.

consenso internacional acerca de la importancia de utilizarlos bajo normas en común, permitiendo la interoperabilidad entre repositorios institucionales.

Si algo va quedando claro, por las líneas de evolución de los saberes y prácticas del campo de la preservación digital, es que la tarea es exigente, reclama calificación, recursos y una escala de trabajo sustantiva. Preservar para el largo plazo.

5

Conservación del arte creado con computadoras en el MoMA

Glenn Wharton

Muchos artistas contemporáneos producen obras con componentes digitales, desde videos hasta instalaciones complejas controladas por una computadora, las cuales se presentan a las instituciones que coleccionan arte en una amplia gama de formatos de archivo y de códecs, con el código fuente o software comercial correspondiente para mostrarlas. El futuro de esos trabajos no sólo depende de la perdurabilidad de los activos digitales, sino también del conocimiento de los requisitos para su instalación y su relación con los dispositivos de visualización y otros hardwares asociados. La información que brinden los artistas guiará las decisiones que se tomen en el futuro respecto de las intervenciones técnicas para su conservación y reinstalación. En este artículo se describen los protocolos diseñados para la adquisición y gestión de las obras creadas con computadoras en el Museum of Modern Art (MoMA) de Nueva York.

Este museo comenzó a coleccionar arte digital en 1991, cuando adquirió una imagen .tiff para la impresión de fotolitografías de Félix González-Torres, *Untitled (Death by Gun)*, 1990. En aquellos días se trataba de imágenes fijas y videos digitales de un solo canal; y ahora, en cambio, el museo colecciona obras e instalaciones de gran complejidad creadas por computadora. Algunas de ellas se ejecutan con aplicaciones informáticas que, de manera dinámica, recaban información de Internet, almacenan datos de sensores instalados en las salas o se transforman continuamente a través de la interacción con los visitantes.

Un análisis reciente de la colección reveló la existencia de 404 trabajos de este tipo. La mayoría se encuentra en los departamentos de curaduría de Media & Performance Art, y Architecture & Design, pero todos los departamentos coleccionan obras digitales (tal como se observa en el gráfico). Los curadores prevén un aumento notable de ese tipo de piezas a futuro, a medida que los artistas creen imágenes, videos y obras interactivas de origen digital directamente en sus computadoras. Además, el personal del museo produce, con fines de exhibición y conservación, sus propios archivos, digitalizando gran parte de las colecciones de obras creadas en audio analógico y cintas de video.

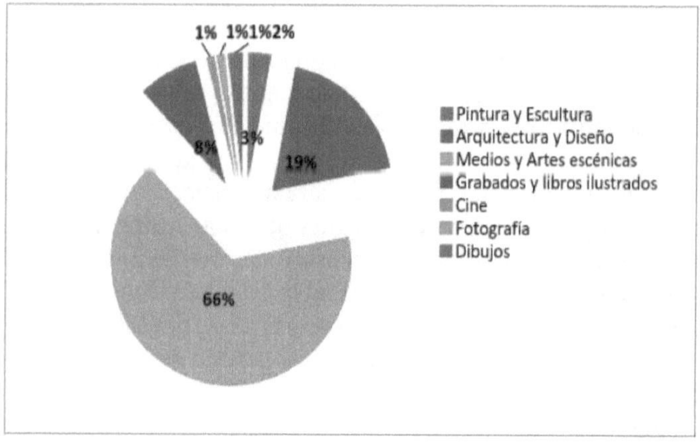

Distribución de las colecciones digitales en los distintos departamentos curatoriales del MoMA. Un ejemplo de una instalación controlada por computadora en el MoMA es 33 Questions per Minute (33 preguntas por minuto), de Rafael Lozano-Hemmer. Consiste en un programa de computadora que emplea reglas gramaticales para combinar palabras de un diccionario y generar 55.000 millones de preguntas únicas y fortuitas. Se muestran 33 por minuto, que es el límite de legibilidad, en 21 pantallas de LCD diminutas instaladas en las paredes de la galería. En la sala hay un teclado para que los participantes se conecten y formulen sus propias preguntas, que ingresan en el flujo automático.

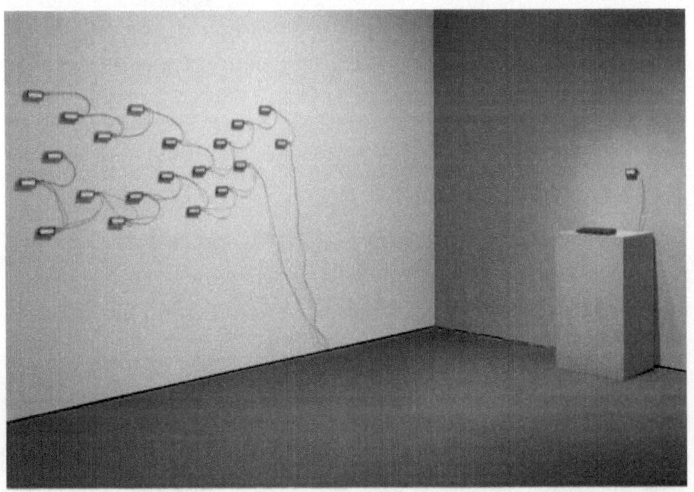

Rafael Lozano-Hemmer, 33 Questions Per Minute, 2000. Museo de Arte Moderno, Nueva York. Fund for the Twenty-First Century © 2011 Rafael Lozano-Hemmer / Sociedad de Derechos de los Artistas (ARS), Nueva York / VEGAP, España.

Lozano-Hemmer entregó al museo las pantallas de LCD, un controlador y una computadora con el software y los archivos de datos. También incluyó el código fuente que escribió para el programa. Además, preparó varios documentos con instrucciones detalladas sobre la configuración, un diagrama de las conexiones y manuales de uso del equipo. Luego, el MoMA le hizo una entrevista relativa a la conservación en la que se le preguntó sobre el desarrollo técnico de la obra, la función de todos sus componentes, las relaciones entre ellos, y el modo en que le gustaría que se la instalara. El artista sorprendió al conservador y al curador al declarar que, en instalaciones futuras, el MoMA podía variar el tamaño y la cantidad de pantallas de LCD. De ese modo, concedió cierta autoridad al museo para futuras interpretaciones curatoriales.

Otra instalación que el MoMA adquirió recientemente es una obra del artista chino Feng Mengbo: *Long March: Restart*. El autor se valió de la tecnología de los videojuegos para crear una instalación con ocho pantallas grandes donde el avatar de un soldado chino salta de una pantalla a otra y arroja latas de Coca-Cola a sus contrincantes. El público activa el avatar con un dispositivo de mando de un videojuego.

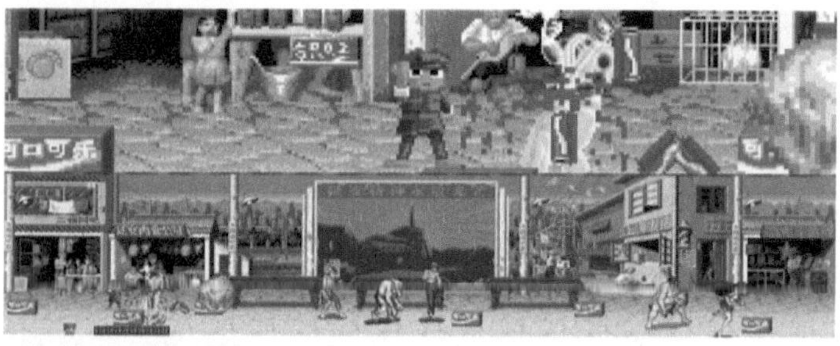

Feng Mengbo, Long March: Restart, 2009. Foto: gentileza del artista y de Chambers Fine Art.

En este caso, Feng Mengbo entregó la obra en una computadora diseñada especialmente y un dispositivo de mando. El MoMA utilizó proyectores y pantallas de su propiedad, en vez de recibir equipos específicos de aquél, y compró dispositivos de mando de repuesto, ya que era inevitable que el público los dañase con el uso. El artista no proporcionó el código fuente de la obra argumentando que la preservación futura podía realizarse mediante emulación o simulando el entorno informático original para ejecutar el software.

El desafío de las obras creadas con computadora

La adquisición y gestión de las obras de arte con componentes digitales plantean nuevos desafíos de conservación a las instituciones que las coleccionan, puesto que exigen la adopción de nuevas políticas y procedimientos para las tecnologías transitorias, que quizá no sobrevivan de una exposición a otra. Es posible que dependan de hardware y software basados en tecnologías que se vuelven obsoletas con la innovación constante del mercado. Por eso, no solo es necesario entender las tecnologías, sino también los valores asignados por el artista y los valores de la profesión del conservador para preservar la integridad histórica de la obra.

El problema central, desde el punto de vista técnico, radica en que las piezas de arte digital dependen de una tecnología inestable, que cambia rápidamente. Los equipos de reproducción, las computadoras y otros tipos de hardware comercial se tornan obsoletos con el paso del tiempo. Además, éstas incluyen códigos personalizados y software protegido por derechos de autor que necesitan sistemas operativos y/o procesadores específicos, y también archivos de video que dependen de códecs específicos para su reproducción.

Para conservar el arte creado por computadora, no solo hay que preservar los bits y bytes en un servidor fiable, sino también conocer a fondo las intenciones del artista respecto de la presentación, y la información y las relaciones técnicas entre los archivos digitales, el software y el hardware.

El proceso de adquisición

El proceso de adquisición de obras abarca mucho más que los objetos que se exhiben. Por lo general, supone extensas comunicaciones con el artista y su representante, que inician los curadores y continúan los conservadores. En el departamento de curaduría de Media & Performance Art del MoMA, el proceso comienza con la determinación de lo que el museo va a obtener del artista, ya sea software, hardware, archivos digitales, guías de instalación u otros materiales relacionados. Luego, el departamento legal prepara los documentos contractuales, donde se especifican las cuestiones relacionadas con los derechos de propiedad y de autor. El artista también completa un cuestionario donde se describen la historia técnica, la tecnología de visualización y los parámetros para la futura exposición de su trabajo. El responsable del registro organiza la evaluación del estado de la obra cuando ésta llega al museo y, con los curadores y conservadores, analiza dicho estado. El MoMA trabaja con personal de tecnología del museo y, de ser necesario, también consultores externos, para estudiar en detalle las posibilidades operativas de la obra. Si se necesita obtener más información del artista, el conservador establece con él una entrevista relativa a la conservación para analizar más en detalle la producción, la historia técnica, la instalación y las intenciones del autor con respecto al futuro de la pieza. Después de recopilar toda la documentación, se detallan las especificaciones técnicas para describir exhaustivamente la obra de arte.

<table>
<tr><td rowspan="8">Software:</td><td>Sistema operativo y versión</td></tr>
<tr><td>Hardware necesario para ejecutar la obra</td></tr>
<tr><td>Software personalizado de aplicación</td></tr>
<tr><td>Software protegido por derechos de autor</td></tr>
<tr><td>Sistemas de bases de datos</td></tr>
<tr><td>Entornos, interfaces de programación de aplicaciones, bibliotecas, etc.</td></tr>
<tr><td>Navegadores de Internet y plug-ins</td></tr>
<tr><td>Otros requisitos</td></tr>
<tr><td rowspan="4">Hardware:</td><td>Computadoras y otros dispositivos</td></tr>
<tr><td>Visualización</td></tr>
<tr><td>Periféricos</td></tr>
<tr><td>Otros requisitos</td></tr>
<tr><td rowspan="3">Especificaciones de montaje:</td><td>Especificaciones de la sala</td></tr>
<tr><td>Especificaciones para la instalación de equipos</td></tr>
<tr><td>Mantenimiento de la instalación</td></tr>
<tr><td rowspan="4">Conexión en red:</td><td>¿Interactúa la obra de arte con otros sistemas?</td></tr>
<tr><td>¿Necesita recursos de conexión en red?</td></tr>
<tr><td>De ser así, ¿la red es autónoma o necesita recursos ajenos al museo?</td></tr>
<tr><td>¿Cuáles son los requisitos de la conexión en red?</td></tr>
</table>

Algunas categorías de información extraídas del cuestionario del MoMA a los artistas sobre obras las creadas con computadora.

Gestión de la información y almacenamiento de los activos digitales

La documentación sobre la obra se recopila en todas las etapas del proceso de adquisición. Una vez que el curador identifica aquella cuya incorporación se ha propuesto, el responsable de registro le asigna un número temporal de acceso y crea un registro en la base de datos de gestión de las colecciones. Después de la adquisición, los departamentos de curaduría y registro la incluyen en el catálogo y la describen en detalle. Luego, el departamento de conservación prepara informes completos sobre las especificaciones técnicas de las piezas más complejas.

En la base de datos de gestión de las colecciones del MoMA se almacena la información descriptiva, que incluye número de acceso, artista, título, medios, dimensiones, duración y todo otro dato esencial, tal como las observaciones sobre el estado de la obra y su historia técnica. Toda intervención de conservación o reinstalación depende de esa documentación recopilada. Deben describirse meticulosamente las características de cada componente y las relaciones entre ellos, así como entre el total de los componentes y la obra. Por ejemplo, los informes, los cuestionarios a los artistas, las transcripciones de las entrevistas relativas a la conservación y las instrucciones de instalación se ingresan como archivos pdf adjuntos en la base de datos de gestión de las colecciones. Las respectivas imágenes y su montaje se almacenan y gestionan en otra base de datos, destinada a los activos digitales.

Durante la permanencia de la obra en el museo, por cada préstamo, exposición e intervención de conservación se recopila nueva documentación. El MoMA trabaja con especialistas en ciencias de la computación para ampliar su documentación inicial e incluso registrar los códigos fuente generados por los artistas. Este avance ayudará a los programadores que en el futuro intenten modificar el código para que sea compatible con nuevos entornos operativos.

Los archivos electrónicos que conforman las obras de arte, tales como videos digitales, datos, archivos ejecutables y códigos fuente se trasladan de los dispositivos que los contienen (CD, DVD, memorias USB y discos rígidos) a un servidor de colecciones digitales Unix. Cada tanto se hacen copias de seguridad de ese servidor y se almacenan fuera del edificio como medida de seguridad adicional. Dado que los archivos digitales pueden dañarse con el tiempo, se controla sistemáticamente su integridad con una "suma de verificación", un algoritmo de verificación que indica si han variado (por ejemplo, si los bits cambiaron de unos a ceros, y viceversa).

En la actualidad, el MoMA está diseñando una nueva base de datos macro que estará alojada en el servidor de colecciones digitales. Ella albergará información técnica detallada que se recopilará automáticamente de los mismos archivos que forman parte de la base. Los datos estarán vinculados con la base de datos de gestión de las colecciones, con números únicos de identificación para las obras de arte y sus componentes. El personal del museo que consulta información sobre ellas en forma constante encontrará todo lo necesario en esta base de datos de gestión de las colecciones. La base de datos macro contendrá información para el personal que necesite los archivos para hacer nuevas versiones con fines de exhibición, o los programadores que la precisen para intervenciones de conservación.

Evaluación de los riesgos

El arte creado con computadora enfrenta una gran cantidad de problemas con relación a su perdurabilidad, entre los que se incluyen fallos de los medios, del hardware y del software, errores de comunicación y del servicio de red, obsolescencia de los medios y el hardware, y del software. Cada obra de arte tiene vulnerabilidades particulares, según las tecnologías subyacentes y las intenciones del artista con respecto a instalaciones futuras.

Algunas de las piezas de la colección, seleccionadas por su complejidad, son sometidas a un análisis de evaluación de riesgos. Un especialista en ciencias de la computación de la Universidad de Nueva York trabajó recientemente con el personal del museo en la evaluación de tres instalaciones complejas controladas por computadora.[1] El MoMA revisó las especificaciones técnicas de cada obra y luego se centró en su estado actual, investigando si cada uno de los elementos funcionaba perfectamente. Después de evaluar el estado, se estudiaron las vulnerabilidades asociadas con el software, el hardware y otros elementos. La sección final de los informes contiene recomendaciones de medidas de conservación futuras, tales como comprar equipos de repuesto, obtener el código fuente de los artistas y realizar intervenciones de conservación.

Un ejemplo de las recomendaciones incluidas en las evaluaciones de riesgos corresponde a la obra titulada *Lovers*, de Teiji Furuhashi, creada en 1994 y que no se ha vuelto a montar desde 1998. Consiste en una computadora, que controla cinco discos láser (CD), dos sistemas de sonido, diapositivas de 35 mm y siete proyectores. Los visitantes entran en la sala y ven imágenes de personas desnudas en la pared, que aparecen y desaparecen acompañadas por sonidos electrónicos. Algunas de ellas interactúan con los visitantes mientras ellos caminan por la sala. Como el software personalizado funciona con el sistema operativo Windows 95, existe el riesgo de que la tecnología se vuelva obsoleta con rapidez. Lamentablemente, el autor falleció,

1. Deena Engel, profesora adjunta de Práctica de Ciencias de la Computación, Instituto Courant de Ciencias Matemáticas, Universidad de Nueva York.

pero el museo está en contacto con su equipo de artistas de Tokio, quienes ayudarán a actualizar y volver a montar la obra en el futuro.

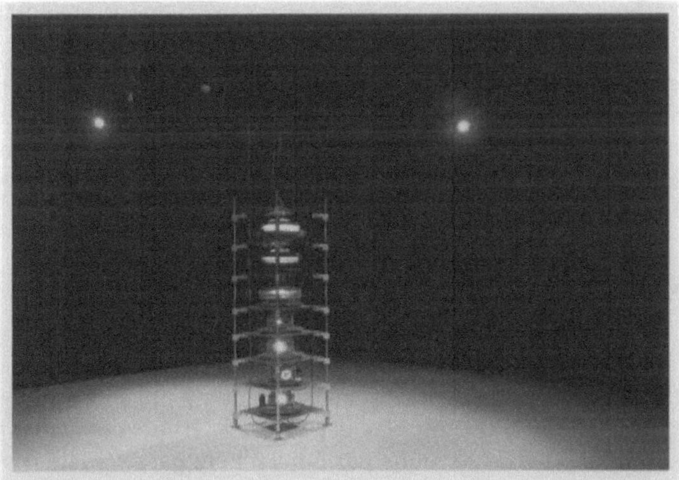

Teiji Furuhashi, Lovers, 1994. Instalación de sonido y discos láser de cinco canales controlada por computadora, con cinco proyectores, dos sistemas de sonido, diapositivas (color, sonido) y dos proyectores de diapositivas.Total: 1000 x 1000 cm.Museum of Modern Art, Nueva York. Donación de Canon Inc. Vista de la instalación: gentileza del archivo fotográfico del Museo.

Intervenciones de conservación

Toda intervención de conservación tiene en cuenta las intenciones del artista con respecto a la experiencia del público con la obra. Es posible que una intervención de conservación incluya estrategias de migración o emulación para que la pieza funcione en entornos informáticos nuevos. También puede incluir la descompilación y la recompilación del código fuente o la adquisición de nuevos equipos operativos y de visualización. En las publicaciones sobre el tema se analizan diversos modelos y estudios de caso de intervenciones de conservación, que exceden el alcance de este artículo.[2] La información del cuestionario proporcionada por el artista, las entrevistas sobre conservación y cada nuevo montaje guían la investigación y el diseño de las estrategias de conservación. Un equipo interno del MoMA colabora con los artistas, sus representantes y los contratistas externos que cuentan con conocimientos especializados para diseñar y ejecutar procedimientos de conservación. Ese equipo, denominado Grupo de Trabajo sobre los Medios, está compuesto por conservadores, curadores, encargados del registro y personal especializado en tecnologías y medios audiovisuales.

Conclusión

Los procedimientos de conservación y gestión de la información para las colecciones de obras creadas con computadora del MoMA evolucionan constantemente en respuesta a las nuevas tecnologías del arte. El Grupo de Trabajo sobre los Medios se reúne periódicamente para reevaluar y actualizar los protocolos, y para investigar cuestiones relacionadas con cada obra de arte. El MoMA también está en contacto con colegas de otras instituciones en el marco de una iniciativa para elaborar normas de trabajo para los museos.

Dos ejemplos de colaboración interinstitucional en los que participa el MoMA son *Cuestiones sobre el arte de los medios*,[3] financiado por el New Art Trust, y el grupo de trabajo Conservación del Arte Creado con Computadora

---

2. Entre los recursos sobre la conservación del arte creado por computadoras, cabe mencionar Besser, Howard, "Longevity of Electronic Art", 2001 (http://goo.gl/reZ4vE), y recursos en línea sobre preservación del Nederlands Instituut voor Mediakunst, http://nimk.nl/en/conservering/resource/info.html (fecha de consulta: 18 de marzo de 2011).

3. *Cuestiones sobre el arte de los medios* es un proyecto del New Art Trust, el Museum of Modern Art de Nueva York, el San Francisco Museum of Modern Art y Tate. Tiene por objeto ofrecer pautas de conservación de obras de arte de los medios basadas en el tiempo, http://www.tate.org.uk/research/tateresearch/majorprojects/mediamatters/ (fecha de consulta: 18 de marzo de 2011).

(CCBA), de la New York University. El personal de los tres museos que participa en el proyecto *Cuestiones sobre el arte de los medios* se reúne periódicamente para comparar procedimientos y políticas de trabajo relativos al arte asistido por computadoras y el arte basado en el tiempo. Se elaboran directrices de mejores prácticas para los tres museos y se publican en el sitio web del proyecto para que tengan acceso otras instituciones. El grupo informal CCBA está integrado por docentes de la New York University que son investigadores y dan clases sobre ciencias de la computación, preservación de archivos de imágenes en movimiento, conservación y estudios museológicos. El MoMA suele dictar sus clases en el museo, y los docentes y alumnos llevan a cabo investigaciones sobre sus colecciones. Este tipo de colaboración interinstitucional beneficia al museo ya que incorpora nuevos conocimientos y procedimientos que permiten al personal conservar las distintas obras y, a su vez, mejorar los sistemas internos de gestión de las colecciones.

La conservación del arte creado por computadoras es un campo dinámico, como lo demuestran los últimos talleres, conferencias y proyectos sobre el tema. Los resultados de esas iniciativas se publican en línea para que pueda acceder el personal de museos de todo el mundo.[4] Además de esos proyectos individuales, la Red Internacional para la Conservación del Arte Contemporáneo (INCCA) es un recurso central para la investigación y las actividades actuales relacionadas con todos los aspectos de la conservación del arte contemporáneo.[5] En conjunto, esos recur-

4. Entre los proyectos internacionales para elaborar modelos para prácticas, se incluyen el Modelo de Documentación DOCAM (http://www.docam.ca/en/documentation-model.html) y el Cuestionario sobre los Medios Variables (http://variablemediaquestionnaire.net/) (fecha de consulta: 18 de marzo de 2011).

5. Red Internacional para la Conservación del Arte Contemporáneo (INCCA), http://www.incca.org/ (fecha de consulta: 18 de marzo de 2011).

sos de Internet facilitan la comunicación, en un esfuerzo cada vez más internacional por conservar el arte de nuestros tiempos.

6

Recreación

Una estrategia de conservación evolutiva del arte digital

LINO GARCÍA MORALES

Objeto de conservación

El objeto de conservación, en el arte contemporáneo, posee en general, un carácter dual *simbólico/funcional* relacionado con el esquema *aspecto/estructura* de la *Teoria del restauro* de Brandi.[1] Como *objeto-símbolo,* la obra es portadora de un mensaje estético, una imagen o "representación" determinada por el artista, mientras que, como *objeto-sistema,* debe cumplir determinados requisitos funcionales: la *eficiencia del producto.*[2] La *imagen,* que funciona como *aspecto,* debe permanecer inalterable, al menos en términos perceptuales, mientras que el *soporte,* los *datos* y *procesos* (donde corresponda en las prácticas artísticas contemporáneas), que funcionan como *estructura,* son puramente utilitarios y pueden, y deben, progresar. El objeto está obligado a evolucionar, adaptarse, cambiar, necesita mutar para sobrevivir al tiempo. Las intervenciones sobre él deben estar encaminadas a garantizar su estado futuro y a prevenir alteraciones de su comportamiento. Todas estas acciones son, por lo tanto,

---

1. Brandi, Cesare, *Teoría de la restauración,* Madrid, Alianza Forma, 2002.
2. Ver figura 1.

connaturales a la conservación. Las teorías de la Restauración,[3] excepto las funcionales, centran sus bases en la *materia* del bien; sin embargo, en las prácticas contemporáneas abundan obras de carácter procesual, intangible, inestable, virtual, *inmaterial*. Los pilares sobre los que se fundamentan las teorías de la Restauración tradicional: *autenticidad, objetividad, reversibilidad, universalidad, historicidad, integridad, durabilidad*, se tambalean y derivan en nuevos y complejos problemas éticos.

Un acercamiento a la Restauración desde el punto de vista dimensional, mediante la introducción de la variable *tiempo*, manifiesta, como consecuencia, que no causa, las cualidades esenciales del arte digital: *progresividad, inmaterialidad* y *reactividad*. La obra, el bien y objeto contemporáneo de Restauración, es multidimensional; sin embargo, la influencia de la dimensión temporal, ya sea voluntaria o involuntaria, define el ciclo útil del objeto o intervalo de tiempo en el cual éste conserva su eficacia y, por lo tanto, condiciona las estrategias de Restauración a corto y a largo plazo.

Toda materia es *activa* y se transforma según interactúa con el entorno por el discurrir involuntario del tiempo, lo que justifica la Restauración tradicional. Sin embargo, se considera *pasiva* en cuanto independiente de un gasto energético para su epifanía (ya sea eléctrico, eólico, físico, químico, biológico, mecánico, hidráulico, neumático, etc., o cualquier combinación de ellos) y *activa* cuando requiere tecnología y energía (relacionada con la capacidad para la concreción de algo) para realizarse: manifestarse y alimentar el ciclo útil del objeto. El objeto de Restauración se libera de su materialidad (lo que no excluye casos híbridos en que parte de él que funciona como *aspecto* es *materia*) desplazándola de la *imagen* al *soporte*.

---

3. Muñoz Viñas, Salvador, *Teoría contemporánea de la Restauración*, Madrid, Síntesis, 2003. En este texto se utiliza el término Restauración con mayúsculas, en el sentido que aporta Muñoz Viñas para referirse a aquellas actividades de *conservación-restauración* propias del restaurador, en las que el autor incluye procesos relacionados con la *preservación, documentación* e incluso *exposición* y *producción*.

Sin energía, el ciclo del objeto termina, y con él, el bien. La *progresividad* genera una tensión *durabilidad-temporalidad*. Lograr que perdure el ciclo del objeto requiere el mantenimiento artificial de la fuente energética, cuyo soporte es material. Sin embargo, en muchas prácticas del arte contemporáneo lo más importante no es el bien en sí, sino el proceso para conseguirlo. Ha tenido lugar un desplazamiento de una cultura audiovisual industrial basada en la noción de producto final a una cultura hipertextual posindustrial que explora la diversidad de la forma y la conducta de los objetos y sistemas.[4] La *progresividad* exige que el bien haga algo, una acción. La *reactividad* requiere que el bien reaccione, de una forma u otra, a la instrucción, a la interacción o al propio entorno. La dimensión temporal proporciona esa capacidad de *reactividad* o *realimentación*. *Progresividad*, *inmaterialidad* y *reactividad* tienen sendas implicaciones *estéticas*. La liberación de la materialidad, del "aura" contradice el concepto de *autenticidad*. El bien inmaterial no solo tiene manifestación potencialmente "infinita" (debido a su naturaleza reproducible y alógrafa) sino, incluso, ubicua. Los valores auténtico/falso se decretan con mecanismos independientes del tiempo dejando la *historicidad* en entredicho. La *universalidad* no depende del valor patrimonial del objeto, ni de sus dimensiones sociales, históricas o políticas, sino de criterios formados "casi exclusivamente en la tradición altocultural occidental".[5] La *reversibilidad*, como capacidad de devolver los objetos a un estado de verdad definido (original, prístino, actual), incluso en determinado "grado", es, como poco, demasiado exigente y utópica[6]. Los procesos en el arte digital, además de intangibles, no son reversibles (algunos incluso impredecibles), por lo que la *reversibilidad*, simplemente, carece de sentido.

---

4. Jaschko, Sussane; Evers, Lucas y LABoral, Centro de Arte y Creación Industrial, *El proceso como paradigma*, Gijón, LABoral, Centro de Arte y Creación Industrial, 2007.
5. Muñoz Viñas, Salvador, *op. cit.*
6. *Ibidem.*

La *objetividad* se puede medir y cuantificar en términos de error (desviación de un parámetro objetivo respecto de una referencia). No existe "falso histórico". El carácter holístico del bien debilita la noción de *integridad*. No se puede conservar un proceso sin pausarlo. La *durabilidad* del bien no está solo en manos del conservador, sino también del artista. La tensión entre la propiedad intelectual y patrimonial exige una colaboración artista-conservador con una clara predisposición positiva en todas las decisiones acerca del ciclo útil del objeto de Restauración.

Las actividades relacionadas con la protección del bien dependen, igualmente, de la influencia involuntaria del tiempo. La *conservación* y la *restauración* son, desde el punto de vista patrimonial, el conjunto de procesos dedicados a *mantener* un bien (producto de la actividad humana) para el futuro, y a *devolver* su eficiencia y originalidad, respectivamente; ambas actividades a largo plazo. La *exhibición*, por otra parte, comparte muchas de las actividades de conservación a corto plazo. Toda conservación es preventiva: mantiene el bien en su estado actual (con cierta tendencia a su estado inicial, histórico o prístino) y evita daños posteriores. Sin embargo, se habla de *conservación preventiva* en referencia a las actividades de *preservación* en las que se interviene sobre el entorno, lo externo, y no directamente sobre el bien. Las actividades relacionadas con la *documentación* son, sin embargo, mucho más complejas. La *conservación informacional*[7] va dirigida a la conservación de la información (deliberadamente registrada sobre el objeto) y es, por lo tanto, susceptible de ser considerada en el ámbito de la *documentación*. La *documentación*, así como la necesidad de garantizar y facilitar cualquier intervención de restauración futura, es el denominador común entre ambos mundos: arte no digital, arte digital. La documentación aporta las claves necesarias, aunque no las suficientes, para el diseño de un plan de intervención "apropiado".

---

7. *Ibidem*.

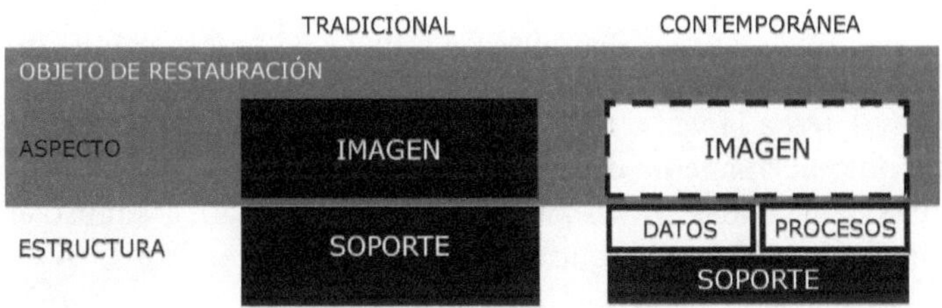

Figura 1. Objeto de restauración. Se representa en negro la materia; en blanco, con línea continua, lo inmaterial, y con línea discontinua, lo que puede ser material, inmaterial o una combinación de ambos.

Desde el punto de vista dimensional se podría decir que la *preservación* y la *documentación* tienen por objetivo igualar a cero la dimensión temporal. El *aislamiento* es una técnica de *preservación*, por ejemplo, que minimiza el efecto del entorno (intercambio energético), mientras que la *congelación* es un procedimiento de *documentación* que anula la dimensión temporal del objeto de manera planificada, paraliza el proceso y traslada parte de su valor simbólico al testimonio (provoca una sinécdoque en la que se utiliza solo una *parte* del bien para representar el *todo*).

La *conservación evolutiva* es un mecanismo de adaptación artificial al entorno (a largo plazo) que absorbe la mutación temporal de la obra. Requiere y condiciona la evolución de la *estructura* sin alterar el *aspecto* del bien: lo intangible, procesual o inmaterial. La *estructura* es sustituible cuando el todo o sus partes son sensibles a la obsolescencia tecnológica y carecen de valor simbólico. Los elementos funcionales sustitutivos deben ser proyectados para aceptar las nuevas tecnologías de manera ordinaria en la línea abierta por el Sólomon R. Guggenheim Museum, de Nueva York, y la Daniel Langlois Foundation, de Montreal, en *Permanence through Change: The Variable Media Approach*.[8] La Restauración de un arte multidimensional fuerza la minimización involuntaria de la cuarta dimensión (*durabilidad*) a pesar de los efectos colaterales de su introducción

8. http://www.variablemedia.net/

voluntaria (*temporalidad*). La obsolescencia genera una paradoja ineludible cuyas consecuencias son difíciles de cuantificar. Se *dispone* de la capacidad tecnológica para fabricar productos duraderos a la vez que se *genera* la *necesidad* de adaptación al cambio permanente de las tecnologías. Sin embargo, en palabras de Marshall McLuhan, "la obsolescencia jamás supuso el fin de nada. No es más que el principio".

Recreación

El proyecto *Variable Media Network* definió cuatro estrategias básicas de Restauración para hacer frente a la obsolescencia de un medio particular según el paradigma de los *medios variables*: la *sustitución* (también conocida como *almacenamiento*) consiste en acumular aquellas partes del bien susceptibles de reposición, la *emulación* permite la imitación de un medio obsoleto en uno nuevo, la *migración* implica la actualización de la estructura y la *reinterpretación* (estrategia más radical) hace posible la redefinición de una obra en un medio contemporáneo con el valor metafórico de un medio obsoleto. Ninguna carece de inconvenientes y, excepto la *sustitución*, no aseguran la integridad perceptual o identidad simbólica de la *imagen*.[9] La mayoría de los proyectos en curso trabajan en el desarrollo e implementación de modelos de descripción, estándares de metadatos,[10] definición terminológica para la interoperabilidad, compatibilidad, etc., con recomendaciones de buenas prácticas. Ejemplos de

---

9. Wijers, Gaby, *Preservation and/or Documentation; The Conservation of Media Art*, http://www.montevideo.nl/en/nieuws/detail.php?archief=&id=72 (fecha de consulta: 2/2/2005). Gaby Wijers expone la principal desventaja de cada estrategia. Para el almacenamiento "el mayor inconveniente es que la obra expirará una vez que estos materiales efímeros dejen de funcionar". La emulación implica un posible riesgo: "gastos prohibitivos e inconsistencia con la intención del artista". En la migración "el aspecto original de la obra cambiará probablemente en su nuevo medio". La reinterpretación "es una técnica peligrosa cuando no cuenta con la garantía del artista, pero puede ser la única manera de recrear actuaciones [performance], instalaciones, o arte en red diseñado para variar con el contexto".

10. Rinehart, Richard, *A System of Formal Notation for Scoring Works of Digital and Variable Media Art*, The University of California Digital Arts Research Network Home Page (fecha de consulta: 20/2/2009).

estas iniciativas son los proyectos *Documentation and Conservation of the Media Arts Heritage* (DOCAM), *The Variable Media Network, Media Matters, Inside Installations*, etc.[11]

Sin embargo, el concepto de *virtualidad*, subyacente en la prometedora técnica de *emulación*, sugiere el planteamiento de una táctica que preserve el *aspecto* a la vez que resista a la obsolescencia de la *estructura*: la *recreación*.

La *recreación* (vocablo que proviene del latín *refectum* y que significa rehacer, reconstituir, restablecer) facilita un versionado evolutivo que aísla *estructura* y *aspecto*, mantiene la eficiencia funcional del objeto a la vez que preserva su valor simbólico para conseguir una Restauración practicable donde no era posible. A3 es un ejemplo de metodología para proyectos transdisciplinares adecuada a la aplicación de esta estrategia.[12] A3 aporta una *superestructura metodológica* que documenta, diseña e implementa el objeto en función de sus elementos permanentes: *datos* y *procesos*, sobre una *infraestructura tecnológica* resistente a la obsolescencia funcionalmente actualizable.

La *máquina virtual* que reproduce la *estructura* original es, en la *emulación*, un desarrollo de software con cierta capacidad de portabilidad dependiente del hardware. La *infraestructura tecnológica* es, en la *recreación*, una *maquinaria virtual* hardware/software (HW/SW), basada en el paradigma de los sistemas complejos, reemplazable evolutivamente. La *superestructura metodológica* es una suerte de sistema de notación con todas las ventajas que ello supone.

---

11. Ver descripción detallada de estas iniciativas en los demás artículos que componen este volumen. (Nota del editor).

12. García, Isaac Diego, "Notación musical: El grafismo musical en la frontera de los lenguajes artísticos", *Opus Música*, nº 20, noviembre de 2007 (http://www.opusmusica.com/020/grafismo.html) (fecha de consulta: 20/2/2009). "Edgard Varèse se sirvió de grafías convencionales para expresar sus novedades tímbricas y rítmicas, aun consciente de sus limitaciones; mientras que Luigi Russólo creó una simbología nueva para sus *intonarumori*, aunque sin renunciar a los pentagramas y a las líneas divisorias de compás". Ambas grafías son funcionales (como código establecido entre compositor e intérprete); sin embargo, la práctica de Varèse acentúa la sistematización.

Dimensión notacional

La prueba de *autenticidad* para las artes *alográficas* está en la corrección de la transcripción en determinada notación. La pintura, por ejemplo, es *autográfica*; "ni siquiera la duplicación más exacta puede considerarse genuina",[13] pero muchas de las prácticas del arte digital son procesuales y, aunque se dependa de una notación formal, su naturaleza es *alográfica*. Entonces, una Restauración que permita la *recreación* de una obra en términos de un lenguaje escrito en una partitura notacional garantiza preservar la *identidad* de la obra y de la partitura. La estrategia de Restauración para la *conservación evolutiva* es una metodología diseñada en términos de un sistema de notación similar, en concepción, a un plano arquitectónico donde la selección particular de dibujos y numerales cuenta como diagrama digital[14] y como partitura.[15]

La notación es un sistema de signos convencionales que se adopta, en las ciencias y las artes, para expresar conceptos, entidades, procesos, hechos o relaciones. En las artes, los mecanismos de replicación de una obra son exclusivos de aquellas manifestaciones alógrafas como la arquitectura, la danza, la música y el teatro donde reproducibilidad, unicidad y singularidad conviven sin contradicción. Sin embargo, la *dimensión notacional* es connatural a la naturaleza efímera, documental, técnica, multidisciplinar, compleja y procesual del arte digital.

El diseño de un sistema de notación es un problema de minimización/compromiso dimensión/expresividad de sus símbolos que debe satisfacer cinco requisitos definidos por Goodman: no ambigüedad, disyunción sintáctica, disyunción semántica, diferenciación sintác-

13. Goodman, Nelson, *Los lenguajes del arte: Una aproximación a la teoría de los símbolos*, Barcelona, Paidós, 2010. "Para ser digital un sistema no solo debe ser discontinuo, sino estar totalmente *diferenciado*, sintáctica y semánticamente. Si [...] también es no ambiguo y disyunto sintáctica y semánticamente, se tratará de un sistema de notación".

14. *Ibidem.*

15. Para más información sobre esta distinción (obras autográficas y obras autorales), ver el artículo "Una metodología para la conservación y restauración de arte contemporáneo", de Humberto Farias, en este mismo volumen. (Nota del editor).

tica y diferenciación semántica.[16] Una menor cantidad de símbolos facilita la legibilidad en detrimento de la expresividad, mientras que, en sentido contrario, es posible conseguir cualquier nivel de detalle, favoreciendo la adaptación a las nuevas realidades, a cambio de mayor confusión y dificultad de aprendizaje. La situación ideal consigue el balance que permite al artista expresarse con facilidad y sin restricciones dentro de los límites del consenso.[17]

El universo o alcance de un sistema está condicionado por su capacidad de adaptación (absorción de nuevos símbolos orgánicamente). Un sistema de notación para el arte digital deberá, por lo tanto, permitir la transcripción de las obras (e, indirectamente, su descripción, documentación y catalogación), la identificación de una obra en sus distintas interpretaciones (la notación desarrolla un papel teórico fundamental) y/o la composición unificada o sistemática de nuevas obras, con garantías de su preservación (disponibilidad) y Restauración. La figura 2 muestra diferentes sistemas de notación musical no convencionales reinventados para superar lo que se consideró carencias e insuficiencias del sistema de notación tradicional en la representación de las posibilidades sonoras que ofrecen las nuevas tecnologías. Sin embargo, la pérdida del carácter funcional los relega a poesías visuales.

16. Goodman, Nelson, *op. cit.*
17. García, Isaac Diego, *op. cit.*

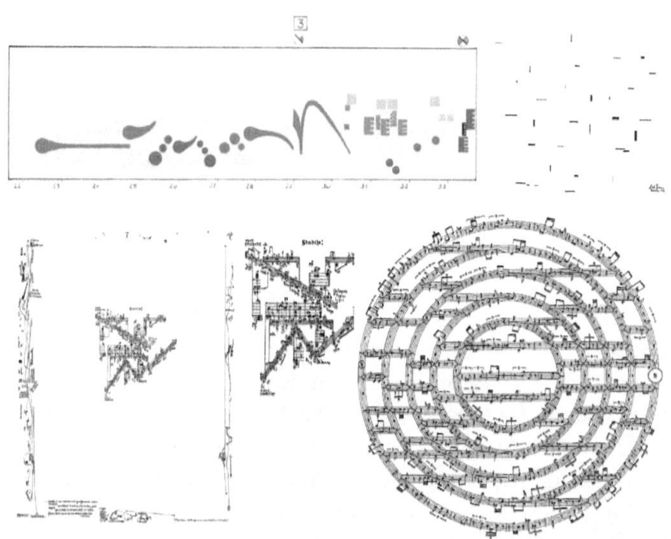

Figura 2. Ejemplos de sistemas de "notación" musical no estandarizados. Arriba, izquierda: György Ligeti, Artikulation, 1958. Arriba, derecha: Earle Brown, December 1952 (folio). Abajo, izquierda/centro: Sylvano Bussotti, Sette Fogli "Mobile-Stabile per Chitarre, Canto e Piano", 1959. Abajo, derecha: Mestres Quadreny, L'Estro Aleatorio, 1973-1978. Según Goodman, "la completa subordinación a la partitura es el único requisito para obtener un ejemplo genuino de la obra", pero siempre en el contexto de un sistema notacional.

El arte digital está íntimamente ligado a la ciencia, la tecnología y la comunicación. Por ello, su intersección con gran parte de la terminología relacionada –*new media art, variable media, unstable media art, interactive art, computer art, installation art,* etc.– es confusa. La definición que proporciona la Wikipedia, en este contexto, resulta suficiente: "El arte digital engloba una serie de disciplinas creativas en las que se utilizan tecnologías digitales en el proceso de producción o en su exhibición".

Un bien, desde este punto de vista, es un *objeto-sistema*, constituido por un conjunto de HW/SW *activo* (*infraestructura*) donde operan procesos que consumen, transforman, almacenan y generan datos (*superestructura*) que permiten manifestarse al *objeto-símbolo*.[18] En esta definición monolítica subyacen sus dos debilidades principales: *obsolescencia tecnológica* (naturaleza pasajera) y *debilidad metodológica* (no consenso; no documentación). El arte digital, pese a ser el pasado reciente del arte, en su mayor parte autográfico, es en general alográfico, debido a su naturaleza procesual; se genera en dos etapas (según Goodman, "el arte parece alográfico solo en la medida en que es compatible con la notación).

El universo, vasto y plural, del arte digital convierte el proceso de transcripción a un sistema de notación en una tarea forense. Sin embargo, es una vía abierta a museos, fundaciones y entidades coleccionistas hacia una *catalogación, documentación, exposición, preservación, conservación* y *restauración* (Restauración) adecuada que, en la medida de su *universalización* (en términos de consenso por la comunidad), facilitará la creación de redes de cooperación e intercambio, su sistematización e inserción en el sistema educativo, etc. (en definitiva... la estandarización).

El proceso de transcripción debe generar un modelo *conceptual* o *funcional*[19] que refleje, en el contexto del problema bajo estudio, los materiales, energía y procesos de información más importantes que tienen lugar entre los diferentes elementos del sistema y los estados internos que puedan ser considerados independientes.[20] Este modelo debe refle-

---

18. García, Lino y Montero, Pilar, "The Challenges of Digital Art Preservation", *e-conservation magazine*, nº 14, 2010, pp. 43-53 (http://www.e-conservationline.com/content/view/884). La naturaleza *activa* del arte digital, en oposición a la *pasiva* del arte tradicional, está relacionada con el consumo de energía para la epifanía de la imagen.
19. Rinehart, Richard, *op. cit.*
20. Bagdasaryan, Armen G., *System Theoretic Viewpoint on Modelling of Complex Systems: Design, Synthesis, Simulation, and Control* (http://arxiv.org/abs/0812.4523) (fecha de consulta: 24/12/2008).

jar la dinámica del sistema en función de los datos, como observa Rinehart: "...el dato (contenido) puede ser separado de los sistemas (software y hardware específico)". Esta relación "es una estrategia que parece reflejar el concepto de partitura para el arte de los medios".

A3

Las obras de arte digital (como *objeto-sistema*), desde un punto de vista muy general, se pueden considerar como sistemas de integración muy complejos, donde intervienen diversas tecnologías, producto de la intersección de áreas del conocimiento muy diversas, y metodologías (con frecuencia *métodos* no estándares, atípicos e improvisados). En cualquier caso, la obra en sí, independiente del proceso de consecución, tiene una fuerte dependencia de tecnologías (electrónica, informática, comunicaciones, robótica, etc.) con caducidad temporal prematura. El problema principal, y general, que debe absorber/resolver un sistema de notación, en este contexto, es la obsolescencia tecnológica.

El sistema de notación propuesto, A3,[21] es una técnica de *recreación* basada en la *metodología para el diseño y desarrollo de proyectos transdisciplinares* (MPT) que consta de dos capas: una *infraestructura tecnológica* y una *superestructura metodológica*. La capa inferior proporciona los componentes (HW/SW) y la forma de interconexión entre ellos en un modelo basado en el paradigma de los sistemas complejos (apoyado en estándares, sistemas de interconexión abiertos y plataformas libres), resistente a la obsolescencia, mientras que la capa superior proporciona una metodología (basada en tres fases) para la recreación/desarrollo de un *objeto-sistema*.

---

21. García, Lino, *Metodología para el diseño y desarrollo de proyectos transdisciplinares*, Madrid, UEM, 2008.

La *partitura* es una herramienta de descomposición (análisis) y recomposición (síntesis). El análisis es la operación que considera las partes/componentes del todo (bien) y su interrelación, mientras que la síntesis reúne las partes/componentes del todo interconectado y las integra como unidad. Como herramienta de análisis, A3 permite clasificar y estudiar los fondos de arte digital sistemáticamente. La generación de partituras visuales, desde el punto de vista de sistemas complejos, se puede considerar como un proceso de ingeniería inversa que codifica los procesos de ejecución a partir del objeto. Como herramienta de síntesis, A3 permite la *recreación* de una obra con otras tecnologías, o simplemente su documentación y catalogación técnica para una preservación y/o Restauración adecuada.

Infraestructura tecnológica

Una obra de arte digital suele estar construida por muchas y variadas tecnologías, efímeras por naturaleza; por lo que, para predisponerla al paso del tiempo, es necesario adoptar una estrategia tecnológica que le permita mutar. La figura 3 ilustra gráficamente un bien como *objeto-sistema*. Este enfoque centralizado, en el cual todas las entradas/salidas son procesadas/generadas por un único sistema, ha sido y es el más frecuente. Sin embargo, no es apropiado para establecer un modelo general/universal que responda a la complejidad del arte digital, donde la información del estado y comportamiento del sistema generalmente es incompleta, existe incertidumbre y múltiples propósitos, se desconocen las restricciones impuestas con relación al sistema (controles, comportamiento, resultados finales), la estructuración es débil, la dispersión es considerable, etc. Para capturar toda esta complejidad es necesario desintegrar, a priori, este monolito y modelarlo como un sistema complejo, intrínsecamente distribuido.

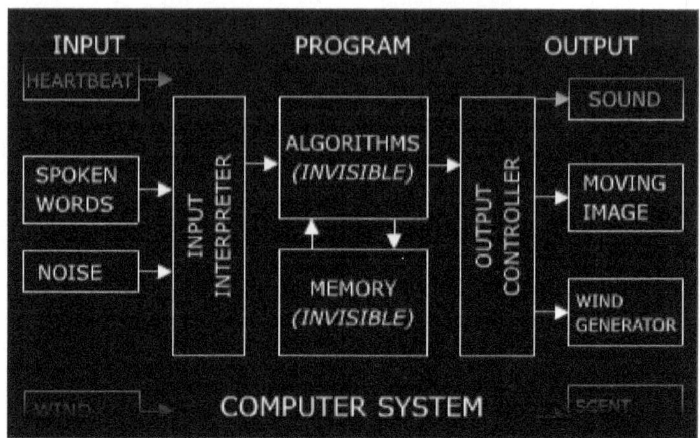

Figura 3. Jim Campbell, Formula for Computer Art (http://goo.gl/8J8W3v), 1996/2003.

Un *sistema complejo* contiene un gran número de entidades autónomas y heterogéneas (las partes constituyen bloques de construcción básicos) en interacción. Cada elemento interactúa con el resto, directa o indirectamente, y así afectan a otros elementos dando lugar a patrones de comportamiento del sistema, difíciles de inferir, incluso emergentes, en función de la estructura y conducta de los componentes.

En la actualidad la mayoría de las aplicaciones de ingeniería además de producir sistemas predecibles y eficientes que cumplen estándares de prestaciones preespecificados, en situaciones preespecificadas, también interactúan con otros muchos sistemas geográficamente distribuidos, autónomos, tecnológica y funcionalmente diferentes, dando lugar a sistemas complejos escalables, flexibles, evolutivos, perdurables, automonitorizables y autorreparables. Éste es el paradigma fundamental de los sistemas complejos: en entornos ricos en problemas, un sistema complejo, con un repertorio rico en comportamientos, tiene mayor capacidad de descubrir una variedad de soluciones potenciales.

La desagregación, desde el enfoque de los sistemas complejos, es una pieza clave para un buen diseño porque permite un enfoque cuidadoso del sistema en términos de sus componentes e interacciones entre sí. Aunque clásicamente sea un proceso *arriba-abajo*, que se mueve lógicamente desde la funcionalidad deseada hacia un diseño que la implemente, en el contexto de los sistemas complejos se aplican más procesos del tipo *abajo-arriba*, que buscan cómo implementar la funcionalidad deseada con la base de diseños disponibles o, más apropiado aun, aprovechando la propiedad de autoorganización de los sistemas complejos de adaptarse a nuevos comportamientos de forma autónoma.

El sistema de notación A3 articula su infraestructura tecnológica solo en dos elementos: *componentes* (*a*3.*cube*) e *interfaces de comunicación* entre componentes (*a*3.*nexus*), cuya interacción permite diseñar e implementar sistemas modulares, flexibles, capaces de reproducir comportamientos complejos. La figura 4 muestra un ejemplo.

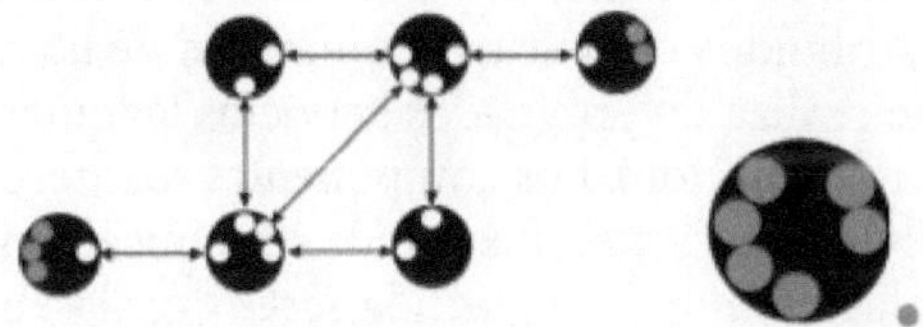

Figura 4. Infraestructura tecnológica de A3. Los círculos negros corresponden a los a3.cubes o componentes, los grises a los terminales (fuentes/sumideros-entrada/salida de datos al sistema, conexión con el exterior), mientras que los a3.nexus están formados por el conjunto de círculos blancos y las flechas de datos (correspondientes a la interfaz de comunicación y a la comunicación entre componentes respectivamente). **Izq.:** Diseño distribuido. **Der.:** El mismo diseño con la fórmula centralizada de Campbell. Incluso en este ejemplo sencillo se nota la escalabilidad de la representación.

Este esquema es una descomposición funcional independiente del HW/SW. Es muy probable que algunos de estos *a3.cubes* compartan el mismo hardware; pero es en la *superestructura metodológica* donde se distribuyen los recursos. La edificación de esta *infraestructura tecnológica* bajo las premisas del HW/SW libre y el uso de estándares/normas es una estrategia hacia una mejor construcción/resistencia arquitectónica modular y escalable. La funcionalidad del todo (sistema distribuido complejo) está determinada por la interacción de los componentes.

Cada componente (*a3.cube*), y ésta es la clave fundamental, se considera una *caja negra* de la cual se sabe *qué* hace pero no *cómo* lo hace, reemplazable solo en la medida en que mantenga sus interfaces (*a3.nexus*). Cada *a3.cube* es autónomo e independiente. Esto es importante porque permite un desarrollo escalonado, e indirectamente la valoración presupuesto/inversión necesaria, el desarrollo en paralelo de diversos proyectos (que culmine con la integración total de todos los componentes), la reutilización de los módulos, etc.

La información digital se procesa en los componentes *a3.cubes* en término de *servicios* en lugar de funciones, pero es la implementación de su interfaz, *a3.nexus*, la que proporciona la capacidad de interacción y posibilita la construcción de sistemas distribuidos complejos. En una red de *a3.cubes* cada componente realiza determinados servicios (adquiere, procesa y genera información). Los componentes se interconectan/enlazan con diferentes mecanismos de comunicación internos (tuberías, colas, memoria compartida, *sockets*, etc.) y en distintas topologías de interconexión externas (bus, anillo, árbol, punto a punto, malla, etc.); soporte con hilos o inalámbrico; redes puras, híbridas o mixtas (que combinan diferentes protocolos). En cualquier caso, se recomienda el uso de protocolos normalizados y la construcción de la interfaz a *nivel de aplicación* (según el modelo OSI de la ISO).[22] Pero la funcionalidad global, el todo, se consigue sincronizando/compartiendo/distribuyendo armónicamente todo este entramado de información/servicios.

Cualquier *a3.nexus* está formado por tres elementos básicos: interfaz, canal y protocolo de comunicación, y sirve para interconectar y transferir información entre dos *a3.cubes*. Un *a3.cube* es una unidad independiente de proceso formada por un complejo HW/SW. La interfaz *a3.nexus* provee un mecanismo de descubrimiento y publicación de servicios (es una tecnología basada en servicios) y *comunica* a los *a3.cube* a través de algún protocolo universal. Los datos en *a3.nexus* se encapsulan en algún metalenguaje como XML (Extensible Markup Language), desarrollado por el World Wide Web Consortium (W3C), o LISP (List Processing Language). El sistema de notación formal propuesto por Richard Rinehart[23] podría ser un ejemplo. Lo más importante es *definir* las funciones básicas y universales a diferentes niveles (*generales*, por ejemplo, a nivel de toda la comunidad de museos, instituciones patrimoniales, etc., y *específicas* para cada institución particular) y dejar la posibilidad abierta de extensión a funciones nuevas o específicas (*exclusivas*). La infraestructura tecnológica no obliga al uso de tecnología alguna; solo establece el "modo" de utilizarla. Esta filosofía de interconexión es independiente del *objeto-símbolo*. El artista es absolutamente libre de desplegar estéticamente toda su creatividad. Esta arquitectura, en cambio, como *objeto-sistema*, ofrece un enfoque adecuado de Restauración.

---

22. Zimmermann, Hubert, *OSI Reference Model–The ISO Model of Architecture for Open Systems Interconnection. IEEE Transactions on Communications*, vol. 28, nº 4, abril de 1980, pp. 425-432.
23. Rinehart, Richard, *op. cit.*

Superestructura metodológica

La superestructura metodológica se divide en tres fases consecutivas: *modelo, diseño* e *implementación*, cada una de las cuales aporta información determinante para valorar la viabilidad (producción/Restauración) del proyecto.

Modelo. Se puede asumir que un objeto (en el contexto arte, ciencia, tecnología y comunicación) es un sistema complejo que consume, procesa y produce información (probablemente de naturaleza audiovisual) cuyo límite queda establecido por las *fuentes* y *sumideros* de la información (intérprete de entrada y controlador de salida, respectivamente, en la *Fórmula* de Campbell) (ver figura 4). El primer paso de esta metodología, por lo tanto, proporciona una herramienta de análisis para la creación de un modelo funcional/lógico del *objeto-sistema* en función de la información (como el ejemplo de la figura 5) que permita una catalogación exhaustiva de la obra. Obsérvese que esta información no es perecedera.

Una técnica de construcción de modelos que resulta apropiada para la especificación de requisitos (definición de datos, procesos y, con alguna alteración, dominios) es la técnica de análisis estructurado, de burbujas o de Tom DeMarco (con ampliaciones para tiempo real de Ward y Mellor, Hartley y Pirbhai).[24] El análisis estructurado permite formular el problema en términos de flujos de datos y transiciones de estado del sistema, representados en diagramas de transición de estado.

24. Pressman, Roger S., *Ingeniería del software. Un enfoque práctico*, Madrid, McGraw-Hill, 2002.

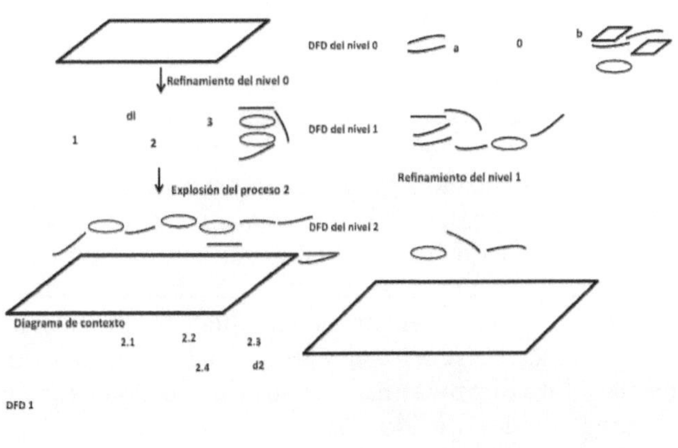

DFD 2

Los conceptos que utiliza la notación gráfica son básicos. Un *dato* es una entidad abstracta que porta información. Un tipo especial de datos es el de *control,* también denominado "suceso", porque se genera bajo ciertas condiciones. Cualquier dato puede ser *continuo* o *discreto* en relación con la manera en que cambia o de *entrada* o *salida* en relación con un *proceso.* Los procesos modifican los datos o sucesos (en el caso de un *proceso de control*): consumen una cantidad de datos de entrada y producen una cantidad de datos a la salida. Las *unidades externas* establecen los límites del sistema, son las interfaces del sistema con el exterior (lo que no se va a modelar) y pueden ser de entrada o salida. Los *almacenes* o *contenedores* guardan datos, que pueden ser también de control y ser utilizados por uno o más procesos. Los *transductores* delimitan los dominios continuo y discreto del sistema a modelar. El *dominio* está relacionado con la naturaleza *analógica* o *digital* de los datos. La *especificación de control* establece las condiciones en que se activan los procesos (por ejemplo, una máquina de estados. Un *estado* es cualquier modo de comportamiento observable).

Cada proceso se representa como una burbuja y cada flujo de datos con una flecha. El primer paso es la definición de la *burbuja principal* o de *nivel cero* como un único proceso o transformación desde/hacia entidades externas. La clave está en representar la información que entra y la que produce la transformación. El segundo paso es un proceso de refinamiento de cada una de las burbujas en distintos niveles que representen un mayor flujo de información y un mayor detalle funcional y que concluye cuando no es posible subdividir más una burbuja. Cada burbuja recibe un nombre y un identificador único.

Cada nivel puede contener las burbujas que se considere necesarias. En el diagrama de nivel 1 cada uno de los procesos es una subfunción del sistema general del diagrama de contexto. Los flujos de datos también se deben etiquetar y mantener su consistencia. Solo pueden aparecer como flujos de datos de entrada y salida en un diagrama, los flujos de datos que entran y salen a la burbuja del diagrama del nivel superior. Obsérvese que el empleo de esta técnica permite afrontar problemas de gran tamaño de manera efectiva (funcionalmente), simple (gráficos) y consistente (sin lugar a equívocos e interpretaciones).

Diseño. La primera fase define el *qué* del sistema (qué hace, qué es), sin tener en cuenta el *cómo*. Esta segunda fase se puede entender como el planteamiento de la implementación distribuida del sistema modelado. Es aquí realmente donde un *objeto-símbolo* se convierte en un *objeto-sistema* y "conservación y restauración" en "mantenimiento y reparación". En esta fase se define la implementación del sistema en base a determinados recursos HW/SW contenedores de entidades *a3.cubes*, *a3.nexus*, y es aquí donde resulta apropiado emplear técnicas de computación híbrida o, lo que es lo mismo, de codiseño HW/SW.

La figura 6 ilustra el procedimiento de generación de servicios. Un *servicio* es una *función* sin estado, autocontenida, que acepta una(s) llamada(s) y devuelve una(s) respuesta(s). Los servicios no dependen del estado de otras funciones o procesos. Desde este punto de vista los *procesos* están más próximos a un *componente*, mientras que los *servicios* pueden ser proveídos por la colaboración e interacción de diversos componentes y dependen de una gran cantidad de procesos. A partir del modelo (Fig. 5) se realiza una descripción algorítmica (no es obligatorio, pero sí recomendable hacerlo a nivel de burbujas indivisibles) y, a continuación, de manera más sencilla, se reparte/divide en servicios. Diseñar la implementación del sistema modelado es equivalente a definir el número de entidades *a3.cubes* necesarias para satisfacer estos servicios, sus funciones y sus respectivas interfaces de publicación *a3.nexus*. Con esta tecnología, cualquier objeto original, probablemente un producto multidisciplinar, es susceptible de descomposición/formación en un determinado número de componentes *a3.cubes* que, como piezas de LEGO, encajan, a través de sus correspondientes *a3.nexus*, hasta conseguir determinada funcionalidad. Un *a3.cube* debe satisfacer al menos un servicio (de los representados) y se diseña fundamentalmente en base a dos criterios: funcionalidad y capacidad. Observe que es posible formar componentes *a3.cubes* más complejos a partir de la unión de diversos *a3.cubes*.

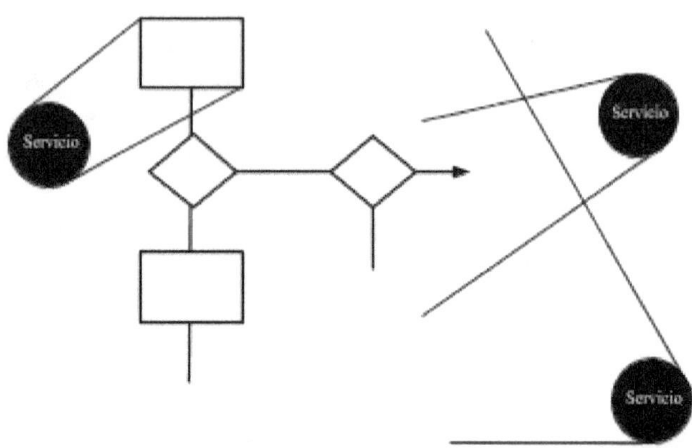

Figura 6. Descripción algorítmica, asignación de a3.cubes, diseño de a3.nexus.

Las ventajas de esta tecnología son múltiples: planteamiento distribuido del sistema (mayor robustez, optimización de los recursos, aislamiento funcional, etc.), interfaces universales (cada módulo exporta, en un lenguaje común, cuáles son los servicios que dispensa y el protocolo para su uso). Es precisamente el uso de estas tecnologías lo que imprime un carácter *modular* y *escalable*. Modular porque cada componente (entendido como módulo) oculta el "cómo lo hace" y aporta el "cómo interacciona", lo que hace posible su fácil reutilización, sustitución y reciclaje y los módulos comparten relativamente poca información. Escalable porque cada entidad es un subsistema que interactúa con otras entidades para formar subsistemas más complejos capaces de realizar metafunciones y de interactuar con otros. La clave de esta economía la aporta el empleo de *a3.nexus*. El trabajo coordinado de componentes *a3.cubes/a3.nexus* aporta distribución: desde el punto de vista de complejidad, funcionalidad, seguridad, etc., y esto es precisamente distintivo respecto de otras tecnologías.

Un sistema computacional complejo, compuesto por varios *a3.cubes*, se puede considerar como una única entidad que ofrece un mayor número de servicios. La definición de los *a3.cubes*, en este caso, depende tanto del proyecto en sí como de la capacidad de reutilización deseada. Por lo general, la capacidad de reutilización disminuye cuanta más funcionalidad ofrece un solo *a3.cube*, pero también es cierto que, *a3.cubes* que ofrezcan muy poca funcionalidad y de muy bajo nivel estarán altamente acoplados a otros *a3.cubes*.

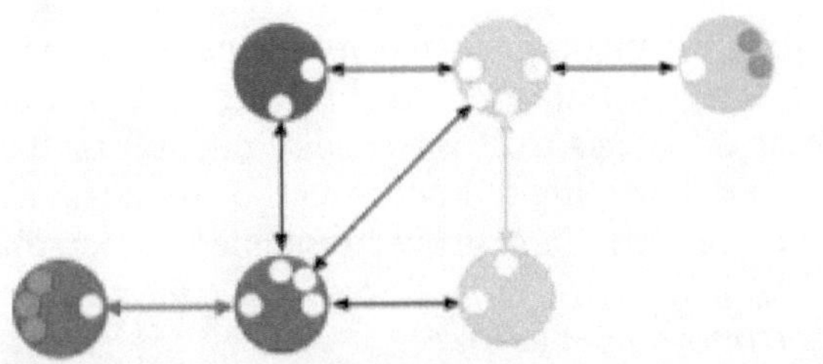

Figura 7. Ejemplo de distribución del sistema en cuatro plataformas hardware, cada una representada por un color diferente. La roja y verde contiene dos a3.cubes, mientras que la azul y amarilla, uno solo. La comunicación, a3.nexus, entre los a3.cubes que comparten la misma plataforma (rojo, verde) es virtual y se realiza vía software, mientras que a3.nexus que enlazan plataformas diferentes requieren un enlace de comunicación físico.

La figura 7 ilustra un ejemplo de notación. El sistema de cómputo de la *Fórmula* de Campbell (Fig. 3) se transforma en un sistema complejo formado por cuatro subsistemas de cómputo, dos intérpretes de entrada y uno de salida que interactúan entre sí para conseguir determinado comportamiento.

Implementación. En esta fase (mecanismo de síntesis que provee el método) se planifica el desarrollo de cada componente y su interfaz: codiseño HW/SW adecuado para satisfacer los servicios de cada *a3.cube*, definición/implementación de cada *a3.nexus*, e integración del sistema. Es aquí donde se "materializa" el *objeto-sistema*.

La implementación es una fase transdisciplinar susceptible de paralelizar. La metodología para el diseño y desarrollo de proyectos transdisciplinares[25] en la que se basa A3, inserta la implementación en procesos educativos transdisciplinares mediante, por ejemplo, técnicas de aprendizaje cooperativo basado en proyectos (ABP). Estas técnicas están diseñadas según cuatro pilares: aprender a conocer, aprender a hacer, aprender a vivir juntos y aprender a ser. Permiten entonces que los desarrolladores puedan llevar adelante proyectos en grupo, aprendiendo según avanzan, con un conocimiento incompleto del problema, para integrar conocimientos y habilidades de diferentes áreas idóneas para el desarrollo de proyectos transdisciplinares (naturales en el ámbito del arte digital) pero que no son particulares al ámbito académico. Cada proyecto se puede desarrollar y evaluar independientemente y sincronizar e integrar con el resto para conformar el todo.

La elección de las herramientas HW/SW, incluidas las de comunicación, influye en la vida útil de cada componente; sin embargo, cualquier componente, y éste es uno de los pilares de la *recreación*, es susceptible de sustitución sin afectar el comportamiento global del sistema. Es muy importante proveer servicios genéricos de administración/mantenimiento que faciliten la labor de conservación/restauración como validación/verificación del componente (en término de sus partes), registro/rastreo de errores, obtención de estadísticas de fiabilidad/[tasa de fallos], sincronización, medición de la calidad de servicio, vigilancia del funcionamiento en tiempo real (tiempo máximo/promedio de respuesta, tiempo de ocio, etc.). A un nivel de abstracción más alto es posible dotar a cada componente de mecanismos de reorganización y adaptación que permitan (hacer) evolucionar a la obra (añadir/redefinir funcionalidades, aumentar la complejidad, adquirir conocimiento, etc.).

---

25. García, Lino, *op. cit.*

Conclusiones

La *recreación* introduce ruido, pero éste es irrelevante si no se convierte en índice;[26] si es perceptualmente insignificante y esto es lo que lo distingue fundamentalmente del resto de estrategias; permite una intervención funcional progresiva; actúa sobre el *objeto-sistema* para preservar el *objeto-símbolo*. Cada componente (*a*3.*cube*) es reemplazable, independientemente, siempre que se respeten sus interfaces (*a*3.*nexus*), ya sea por mal funcionamiento, fallo o necesidad de adaptación a nuevas tecnologías. La conservación de bienes *activos* solo puede ser *evolutiva*. Solo se puede garantizar la permanencia a través del cambio.

En general, A3 proporciona una metodología transdisciplinar que permite abordar cualquier objeto, por complejo que sea; descomponerlo funcionalmente según los datos (sin fecha de caducidad); documentarlo de manera sistemática (con un sistema de notación gráfico que absorbe las relaciones, procesos y servicios); prepararlo (en un formato universal) para su conservación; emitir una valoración cuantitativa (en términos de presupuesto; lo que puede ofrecer ayudar a decidir, incluso, la viabilidad de su conservación); plantear su desarrollo (Restauración íntegra o por partes) en un conjunto de subproyectos en paralelo (facilitando la colaboración institucional); sincronizar e integrar el desarrollo de los subproyectos en la consecución del objeto. Tales desarrollos podrían generar una base de datos o colecciones de entidades *a*3.*cubes* *a*3.*nexus* que, debido a la reusabilidad, facilite enormemente vías de abordar nuevos proyectos de Restauración (su propia naturaleza modular, escalable y universal puede favorecer su adopción en un estándar, *de facto*, de interconexión e integración abierto), etc.

---

26. Pierce, Charles S., "Logic as Semiotic: The Theory of Signs", en Buchler, Justus (ed.), *Philosophical Writings of Pierce*, New York, Dover, 1955. Según Pierce, "cualquier cosa que atraiga la atención es un índice".

El mejor escenario para la Restauración requiere un *modelo* exhaustivo y completo, un *diseño* distribuido robusto y flexible y una herramienta de *implementación* "automática" capaz de generar el *objeto-sistema* abstracto según la(s) combinación(es) elegida(s). Esta "implementación asistida" permitiría actualizar las "cajas negras" (componentes) que se requieran, en el momento oportuno, con solo "configurar" correctamente los elementos tecnológicos que sirven de materia prima: hardware, software, sistema, información, comunicación, y así evolucionar, saltar en el tiempo, hacia la permanencia.

PARTE III
Estrategias de conservación en las colecciones de arte contemporáneo

7

Cambio de percepciones en la conservación

CAROL STRINGARI

"Algún día los artistas trabajarán con condensadores, resistencias y semiconductores, de la manera en que hoy trabajan con pinceles, violines y chatarra".

Nam June Paik, 1965.

El uso de materiales no convencionales como medio para la creación de obras de arte ha sido fundamental en la práctica artística durante casi un siglo. Lentamente los conservadores están encontrando respuestas nuevas y más adecuadas para la conservación de materiales como los que Nam June Paik predijo, hace 47 años, que se convertirían en moneda corriente. Aunque la ciencia de los materiales sigue viva, la ingeniería, las tecnologías informáticas y las ciencias cognitivas han invadido un campo que antes era relativamente limitado. Dada la variedad de materiales que define una colección de arte moderno y contemporáneo, los conservadores se enfrentan a preguntas básicas sobre éstos y los saberes especializados, junto a interrogantes conceptuales fundamentales que los filósofos y los académicos debaten en forma constante.

¿Qué es lo que valoramos y por qué motivos? ¿Cómo determinamos y asignamos valor? ¿Es éste un fenómeno universal? ¿Debería asignarse un valor por antigüedad a todos los objetos, aunque hayan perdido significado? ¿Cuándo es una obra de arte un mero objeto o un documento? y ¿cómo se da esta transición de un significado al otro? ¿Pierde significado un objeto por el deterioro, al punto de ser relegado solo a un archivo de investigación? ¿Qué lugar ocupan la *performance* y la participación del público en el léxico de la conservación?

Un archivo es un repositorio de documentos, objetos y fuentes primarias auténticas; una fuente de conocimiento sobre la historia y la cultura. Aunque un objeto artístico también puede desempeñar esas funciones de archivo, no es ésa la finalidad principal del creador ni la razón de ser de la obra. ¿Cuáles son las características principales que definen una obra de arte? Las categorías tales como esencia, significado, antigüedad, materiales, autenticidad y objeto original conforman jerarquías de importancia y su posición está determinada por sesgos y preferencias estéticas que son inherentes a una época específica, con valores y perspectivas particulares. La definición de obra de arte se transforma continuamente con el paso del tiempo.

Como conservadora de un museo contemporáneo, el Solomon R. Guggenheim de Nueva York, una institución que lucha por abarcar nuevas formas de creatividad, llegar a un público amplio y variado y suscitar el diálogo, me debato constantemente entre el valor de la antigüedad y el de nuestra experiencia cultural actual. Es necesario lograr un delicado equilibrio entre el presente y el pasado, sin favorecer a uno en detrimento del otro. Colaboramos, preservamos y creamos incentivos para una de las formas más antiguas de expresión, que define la naturaleza de nuestra condición humana. Con el fin de mantener una posición relevante en el contexto de los museos, el conservador de arte contemporáneo debe reconocer los numerosos objetivos de la institución e intentar conciliar la conservación con la accesibilidad y la creatividad.

El debate sobre la originalidad y la esencia es una cuestión sobre la cual han reflexionado muchos filósofos, en su intento por comprender la percepción y los factores clave que influyen en ella (ver Husserl y Benjamin acerca de la fenomenología y el aura de la percepción). En el ámbito de la conservación, suele producirse un conflicto entre la preservación de un momento histórico particular y la aproximación actual del espectador, cuando la obra de arte ha sufrido alguna pérdida. La intención es que esa unificación de la idea original con su presentación respete los deseos del artista (o lo que suele llamarse su "intención original").

Ya en 1939, un reconocido historiador de arte y especialista en teoría de la conservación intentó conciliar los conceptos de pérdida y restauración. Robert Clark escribe sobre la teoría de Cesare Brandi acerca del *Crocifisso* de Cimabue:

El vacío al mismo tiempo era y no era parte de la obra: en un sentido era una deficiencia, una pérdida, pero en otro sentido pasaba a formar parte de la obra del mismo modo que una cicatriz forma parte de un cuerpo. Aunque no sea parte de su esencia original, forma parte de su historia. Cubrir un vacío significaba falsificar esa historia, pero dejarlo sin tratar implicaba falsificar el alma de la obra, la intención del artista, la vida de su significado.[1]

Esta paradoja sobre el modo de preservar el significado sin comprometer el valor histórico representa la esencia de la profesión del conservador y, sin embargo, su resolución aún plantea un desafío. Parece difícil encontrar nuevas líneas de debate. Nosotros, como conservadores, seguimos refinando permanentemente las sutilezas de nuestro campo, en especial mediante el diálogo y el trabajo interdisciplinario. Alterar una obra de arte durante el tratamiento implica tomar una decisión, con todas las opiniones subjetivas y los prejuicios estéticos y conceptuales asociados a ella. La decisión de no compensar una pérdida, de destruir un original y de crear una copia para su exhibición, o de no migrar una obra a una nueva tecnología, puede relegar la obra a sótanos oscuros o a la morgue. Es por eso que no pueden tomarse con ligereza los enfoques pasivos en materia de conservación.

---

1. Clark, Robert, *Dark Water: Flood and Redemption in the City of Masterpieces*, Random House Digital, Inc., 2008, p. 229.

En mi experiencia, la forma más eficaz de preservar una obra de arte consiste en exhibirla con frecuencia. Tal vez parezca una estrategia poco común para un conservador que quiere prolongar la vida de un objeto, pero es posible que el arte contemporáneo sufra consecuencias graves si los curadores, los historiadores y el público lo olvidan. Si no se la define en el presente, no habrá ninguna otra que pueda revivir una obra de performance en el futuro.

Algunos artistas contemporáneos están creando obras que no pueden existir sin el espectador. En la publicación *October*, Alexander Alberro hace referencia a una "nueva construcción del espectador" en la que los artistas "asignan valor a lo afectivo y la experiencia, y no a la interpretación y el significado". Y da el ejemplo de una cita de Jeff Wall, quién afirmó que "no necesitamos entender el arte, solo necesitamos experimentarlo plenamente".[2] Ese énfasis en la experiencia hace que el conservador dé un giro completo y vuelva a las cuestiones primarias del objeto como material y al modo en que los materiales crean significado para el espectador. Ese interés primordial en la experiencia del arte obliga a curadores y conservadores a velar por que sea mantenido y presentado al público constantemente, de acuerdo con los deseos del artista.

Para llevar a cabo una evaluación permanente de los procesos de conservación y entender la colección en su transformación a lo largo del tiempo, es importante que haya diálogo y una reflexión activa. Muchas veces el conservador debe tomar decisiones tangibles y efectuar tratamientos sobre la base de una filosofía más amplia, que puede variar según las personas interesadas. La asignación de responsabilidades dentro de la institución y un sistema de cotroles y balances son fundamentales para preservar la experiencia, las ideas y el objeto tangible.

---

2. *October*, nº 130, 2009.

La finalidad del programa de conservación del Guggenheim Museum consiste en analizar nuevas metodologías, hacer preguntas y mantenerse abierto a nuevas ideas. La colaboración, tanto dentro de la institución como con colegas externos, constituye la base de nuestra filosofía y nuestra misión. No siempre es un camino fácil o conveniente, pero mediante el diálogo se evita tomar decisiones precipitadas que no permitan dar marcha atrás.

Con un enfoque flexible, se puede preservar la historia y al mismo tiempo reconocer la naturaleza indeterminada y variable de una colección que abarca arte contemporáneo y obras encargadas a artistas vivos. Cuando en 2002 el Guggenheim presentó el proyecto *Variable Media Initiative* (Iniciativa de medios variables), ya existían otros programas a nivel internacional que tenían por objeto hacer frente a los nuevos desafíos que genera el arte contemporáneo. La meta de ese programa era probar algo nuevo, hacer un trabajo interdisciplinario con el fin de lograr definir una obra de arte por parámetros distintos al de su propia materia. Fue recibido con inquietud y generó controversia. Una década más tarde, ya no parecería una práctica tan radical, y muchos colegas e instituciones han adoptado y adaptado sus principios. Hemos trascendido el desconcierto y las preocupaciones acerca de la naturaleza del arte contemporáneo, y estamos en busca de soluciones reales y de un trabajo colaborativo con artistas y colegas. La definición de límites, parámetros y niveles de cambio aceptables ya es moneda corriente en nuestra profesión.

Los conservadores se esfuerzan por mantener un sistema específico de valores y el respeto a los precedentes históricos, ya que la conservación de nuestro patrimonio cultural es una causa noble. Sin embargo, tenemos presente que las decisiones relativas a la conservación pueden modificar el significado y que los resultados de esa alteración pueden tener un efecto dominó, aunque a veces pase inadvertido. Los académicos pueden escribir textos acerca de superficies brillantes y barnizadas que el artista no tenía intención de que fueran reflectantes, o publicar la descripción de un soporte o pedestal creado por un diseñador de exposiciones demasiado entusiasta, o caracterizar la tecnología como original cuando una obra ha migrado a un formato completamente nuevo. Es posible que las decisiones del conservador, aunque bienintencionadas, alteren el curso de la historia de un objeto.

Al considerar la posible gravedad de nuestras decisiones, los conservadores debemos aceptar que no somos simplemente técnicos anónimos preparados para hacer un tratamiento de emergencia. Las conversaciones proactivas y los proyectos colaborativos están creando un nuevo tipo de museología, en la que se desdibujan las fronteras y el trabajo se concreta a través de un proceso interactivo. El público se ha vuelto mucho más importante como receptor, intérprete e incluso creador. Preservar la comunicación entre el artista y el espectador puede ser más difícil que decidir la manera de documentar y tratar el objeto físico.

Sin embargo, a pesar de la complejidad de la obra de arte, las decisiones que se toman a diario sobre su tratamiento deberían siempre incluir opiniones variadas, porque la percepción en sí misma varía y el intercambio nos permite adoptar resoluciones basadas en un enfoque de múltiples niveles y con una perspectiva amplia. Trabajar y comunicarse con el artista es una forma de entender una obra de arte, pero también hay otros factores en juego. Muchas veces hay que incitar al artista para que proporcione información esencial sobre el medio y la tecnología utilizados. Si ésta no se obtiene, las indicaciones para la instalación serán, en muchas ocasiones, determinadas por otros. Algunos de los participantes claves que intrevienen en el debate relativo a la forma de conservar, presentar y mantener una obra de arte pueden surgir de la siguiente enumeración:

- Artista
- Asistente del artista
- Herederos del artista
- Conservador
- Curador

- Ingeniero
- Responsable de registro
- Técnico en medios
- Realizador físico
- Técnicos de posproducción
- Imprentas
- Personal de montaje
- Diseñador de exposiciones

En el caso de obras de particular complejidad, todos estos interesados, o gran parte de ellos, desempeñan un papel importante en el proceso de comprensión y documentación. Muy recientemente, el Guggenheim Museum compró la obra de la artista norteamericana Sharon Hayes *In the Near Future*, y la presentó en la exposición *Found in Translation* (del 11 de febrero al 1° de mayo de 2011. En la instalación, con diapositivas de 35 mm, Hayes documenta una serie de manifestaciones protagonizadas por una sola persona, la misma artista, quien sostenía pancartas históricas de protesta, creando un diálogo entre el pasado y el futuro. Durante cuatro años, Hayes ha llevado a cabo "acciones" performativas en seis ciudades. Se manifestó en lugares públicos selectos con pancartas que tenían consignas anticuadas y ambiguas, algunas inventadas o modificadas por ella, otras tomadas de protestas históricas; por ejemplo: "¿Quién aprobó la guerra de Vietnam?", frase usada originalmente en 1962 en la *Charter Day Protest*. Hayes invitó al público a documentar sus intervenciones, y esos documentos se exhibieron en una galería mediante 13 proyectores de diapositivas, con un total de 1.053 imágenes.

La instalación de Hayes fue una adquisición del Museo para la cual el contrato legal y las cuestiones relativas a la conservación fueron primordiales. La artista, el curador, los conservadores, los especialistas en medios, participaron todos juntos en el proceso de incorporación y exhibición. La conservación de la obra comenzó en el momento de la adquisición, cuando los conservadores escanearon cada imagen en alta resolución y pasaron los archivos digitales a película de transparencia en color, a través de una filmadora LVT (Light Value Technology). Además, la artista suministró proyectores de diapositivas obsoletos, que el conservador limpió y preparó para los tres meses de uso continuo previstos.

Actualmente, son exclusivos para la obra, y se utilizarán solo cuando ésta se exhiba en. Las imágenes han sido generadas digitalmente, pero se han vuelto a imprimir en película para crear diapositivas y mantener el aspecto crucial de la obra, que consiste en la proyección de diapositivas, por el mayor tiempo posible.

Esta instalación sigue estando mediada por diversos conservadores, especialistas en creación de imágenes digitales, la artista, el curador y el departamento jurídico. La estrategia para su conservación consiste en esfuerzos interdisciplinarios para mantener el hardware, migrar el contenido y evaluar constantemente las prácticas de exposición.

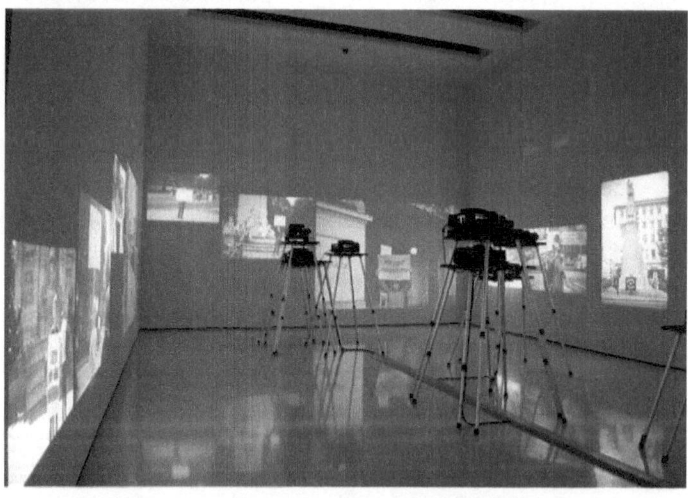

Sharon Hayes. In the Near Future, 2009. Instalación con proyección múltiple de diapositivas: 13 acciones, 13 proyecciones, 1.053 diapositivas. Dimensiones variables. Solomon R. Guggenheim Museum, Nueva York. Adquirida con fondos provenientes del Comité de Fotografía y de Manuel de Santaren, 2010.

Un ejemplo histórico de una obra compleja hecha a medida para un lugar, basada en tecnologías obsoletas, que pertenece a la colección del Guggenheim y fue creada en 1989 para la rotonda de Frank Lloyd Wright, es una instalación de Jenny Holzer, *Untitled (Selections from Truisms, Inflammatory Essays, The Living Series, The Survival Series, Under a Rock, Laments, and Child Text)*, 1989. Consiste en un tablero electrónico helicoidal extendido de LED (diodos emisores de luz) tricolor que se controla mediante un software escrito en un lenguaje de programación poco conocido.

Jenny Holzer comenzó la serie *Truisms* en 1977, cuando era estudiante, y ya en 1979 había escrito varios cientos de frases ingeniosas de un renglón. Desde "con un poco de conocimiento se recorre un largo camino" hasta "tus más antiguos temores son los peores", los *Truisms* emplean una variedad de voces y expresan una amplia gama de prejuicios y creencias. Estas agudas provocaciones del fluir de la conciencia dependen del espectador, que debe convertirse en participante activo y determinar lo que es legítimo y lo que no. Se le pide que reconozca que la comprensión depende de su percepción, así como de las diferencias culturales y sociales de cada uno. Desde *Truisms*, Holzer ha continuado usando la lengua como medio y ha empleado numerosas formas de transmitir sus mensajes, como afiches, carteles y muebles.

En 1982, se exhibió la frase de Holzer "el abuso de poder no es ninguna novedad" en un cartel electrónico de Times Square y su mensaje subversivo fue muy poderoso. Al exponer un texto inesperado donde en general se muestran señales publicitarias corrientes, Holzer permitió el acceso directo a su obra a un gran público que, de otro modo, no la habría conocido. Pudo desafiar, desde el interior, las estructuras sociales que suministran información y crean significado.

La retrospectiva de Holzer de 1989 en el Guggenheim Museum consistió en mensajes intermitentes extraídos de sus diversas series, con un tablero de LED instalado a lo largo de la pared interior ondulante de la rampa en espiral de Frank Lloyd Wright. A 49 metros de distancia, fue la señal de LED de mayor alcance de la historia. La rotonda del museo se transformó en una deslumbrante sala de juegos electrónicos. Al llevar su arte de la calle al museo, Holzer se centró en el público del "arte". Era más probable que los visitantes del Guggenheim reconocieran en la obra problemas como la mercantilización del arte y la confluencia de lo personal y lo político, temas apremiantes en el arte estadounidense de la década de 1980.

Esta obra de arte en particular es históricamente importante por su significación filosófica y su narrativa histórica, pero también se podría argumentar a favor de la valorización del uso de las primeras tecnologías de señales de LED para crear arte. Aunque los conservadores y los ingenieros comprenden la importancia de semejante hazaña desde el punto de vista tecnológico, ha estado aletargada durante años porque es muy difícil de resucitar. Las restricciones presupuestarias, las limitaciones de espacio y la obsolescencia tecnológica plantean un desafío a su supervivencia. El software original que controla las especificaciones del tablero fue escrito en un lenguaje de programación, Forth, del que muy pocos ingenieros han oído hablar en la actualidad. Antes de 1982, Forth se empleaba rara vez, luego hubo un período en el que un pequeño grupo de ingenieros sumamente especializados lo usó en proyectos complejos. De un producto desconocido protegido por derechos de autor, pasó a ser un lenguaje de programación para fines generales, conocido como el primer lenguaje estructurado de bajo costo con gráficos, editor y ensamblador incorporados para PC de IBM. Si bien siempre ha habido cultores del Forth, el lenguaje nunca se popularizó, a pesar de que su velocidad e interactividad, sus requisitos mínimos de hardware y su fácil portabilidad lo hacían único. Los programadores jóvenes ya no lo usan, y ha sido difícil encontrar a alguien que pueda interpretar el código de la obra de Holzer. Tanto el hardware como el software de de ésta se han vuelto obsoletos, y será muy difícil mantenerla con vida usando los componentes originales. La artista ha expresado su deseo de que el Guggenheim la reviva la, pero también está dispuesta a considerar reconfiguraciones con tecnología LED más actual. Ha declarado que quiere cambiar el tablero por lámparas LED blancas, que no existían cuando hizo la obra, y tal vez reinterpretarla para que se adapte a otro espacio. Para ello será necesario que los curadores, conservadores e ingenieros discutan y tomen decisiones. También será preciso que los diseñadores de exposiciones y la artista definan la forma de exhibición, en caso de que la obra presente diferencias significativas respecto de la versión de 1989. Nuevamente, la exposición como forma de conservación es una práctica deseable para esta importante pieza de la colección.

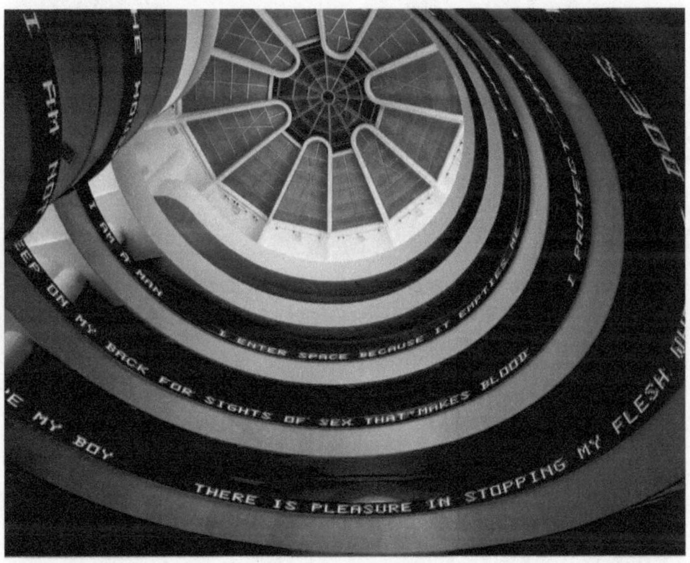

Jenny Holzer. Sin título (Selección de Truisms, Inflammatory Essays, The Living Series, The Survival Series, Under a Rock, Laments y Child Text), 1989. Tablero electrónico helicoidal extendido de LED tricolor. Dimensiones variables: 41,91 cm x 49,37 m x 15,24 cm. Solomon R. Guggenheim Museum, Nueva York. Donación parcial de la artista, 198989.3626, 95.4497, 96.4499 (tres secciones del tablero).

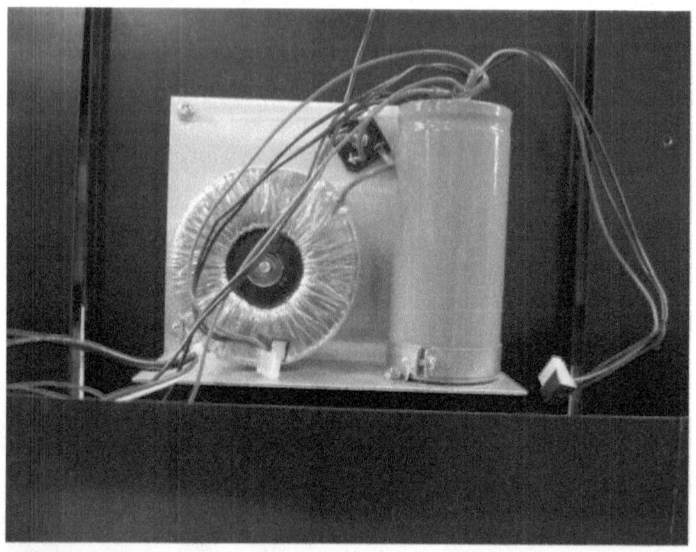

Jenny Holzer. Fuente de energía obsoleta (compuesta por un transformador y un capacitador electrolítico) de uno de los módulos de la obra Untitled (Selections from Truisms...).

En 1966, poco antes de su muerte prematura, Eva Hesse creó *Expanded Expansion*, en látex y fibra de vidrio, en estrecha colaboración con su asistente de estudio. En este ejemplo se evidencia cómo se puede transformar una obra de arte con el tiempo; las decisiones con respecto a su destino quedan en manos de un grupo de personas en el que cada cual percibe a través de su propio punto de vista su significado y su contexto dentro de la producción del artista. El discurso en torno de esta pieza monumental, posiblemente un ejemplo de los primeros trabajos de instalación variable de Hesse, sigue generando debates sobre la manera en que la sociedad contemporánea valora o rechaza el envejecimiento y la degradación de los materiales en la vida útil de una obra de arte. El látex ha pasado de una translucidez flexible a una textura amarilla y quebradiza que recuerda fragmentos de momias antiguas. La bambula que se utilizó para reforzar el látex ya no soporta el peso, y alguna de las secciones donde el látex se une con las varillas de fibra de vidrio se rasgaron. Aun así sigue siendo un objeto poderoso y conmovedor. Si bien existen formas de estabilizar la obra y, posiblemente, presentarla con un armazón, no se sabe a ciencia cierta cómo habría reaccionado la autora ante la degradación de los materiales. Sin la ayuda de la artista para resolver esta cuestión, la decisión sobre si hay que exhibir la obra o dejar que se desintegre lentamente en los depósitos queda pendiente. A causa de factores tales como el tiempo, la financiación y la imposibilidad de lograr un consenso, esta pieza icónica enfrenta una muerte lenta en los depósitos del museo.

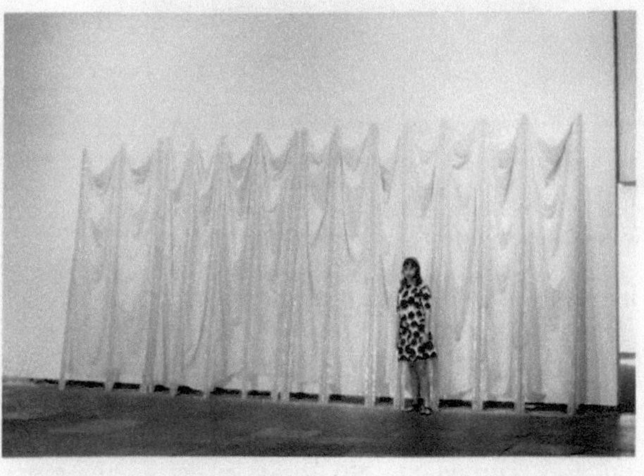

Eva Hesse. Expanded Expansion, exposición Anti-illusion: Process/Materials. Whitney Museum of American Art. Nueva York, 1969.

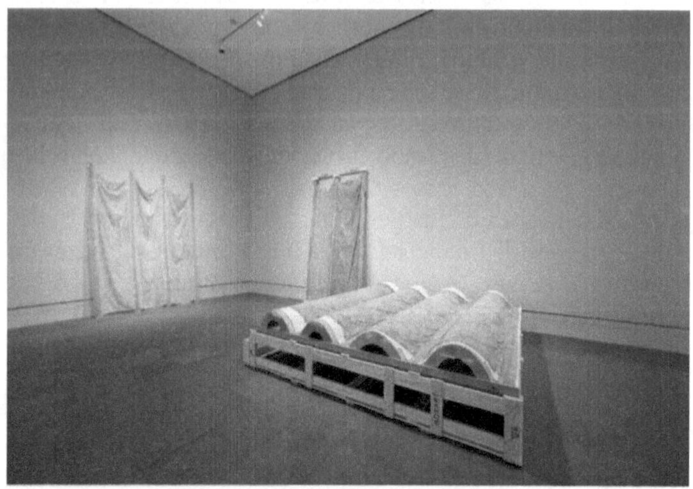

Eva Hesse. Fragmentos de Expanded Expansion y una maqueta que reproduce el original (a la izquierda), en exhibición en el marco de la conferencia organizada por el Getty Conservation Institute "El objeto en transición: una conferencia interdisciplinaria sobre el estudio y la preservación del arte moderno y contemporáneo", enero de 2008.

En simposios, debates académicos e investigaciones técnicas se ha generado una cantidad significativa de información sobre la obra. Se han formulado varias estrategias para exhibirla, pero la mayoría de ellas son intervenciones considerables que implican irreversibilidad, algún cambio general y el "congelamiento" de la pieza en un momento dado de su degradación. A la fecha, no se han tomado decisiones concretas, pero la investigación ha permitido que los académicos y conservadores bien informados participen en el proceso de toma de decisiones.Estos tres ejemplos ilustran un breve panorama de las miles de cuestiones que enfrentan los conservadores de arte contemporáneo. La especialidad ha recorrido un largo camino en esta confrontación y hay una nueva generación que constantemente se relaciona con los colegas, el público y los artistas a través de un discurso cómodo y dinámico. El arte contemporáneo como disciplina está todavía en proceso de descubrimiento, tal vez incluso en estado de evolución, y los conservadores y académicos debaten sobre los criterios que deberían aplicarse a las obras. Es difícil definir una filosofía general, y para ciertos artistas y sus creaciones idiosincrásicas han fracasado muchos esfuerzos por establecer las "mejores prácticas". Si se mantienen al tanto del discurso y son catalizadores de las conversaciones sobre el futuro de estos trabajos, los conservadores pueden contribuir a generar la comprensión de cada una de ellos dentro de sus propios parámetros y/o exigencias, y garantizar su existencia futura.

8

Del arte moderno al contemporáneo

Pino Monkes

Desplazamientos ontológicos como condicionantes del rol del conservador/restaurador

Resumen

La experiencia plástica dada en el siglo XX ha roto lazos con el pasado en aspectos definitorios de *ideologías, conceptos* y *esencia*, así como en la idea de *permanencia*, aunque utópica, que el relato naturalista clásico proyectaba al intentar establecer y perpetuar un repertorio de prácticas estilísticas monopólicas, como formas canonizadas de hacer arte, que los siglos fueron refinando y agotando. Un conjunto de conocimientos pacientemente desarrollados donde los materiales (en particular los pigmentos), perdiendo su entidad original, se organizaban para establecer distintos ensayos a partir de la realidad fenoménica. En consecuencia, la conservación/restauración supo elaborar y establecer sus propios dispositivos teórico-prácticos de soporte científico universalmente aceptados para la preservación y recuperación de ese segmento del campo simbólico.

En las primeras décadas del siglo XX, el movimiento de "arte concreto-invención" opera sobre una nueva categoría ontológica para la obra de arte, poniendo en escena distintas especulaciones que abrirán camino a nuevas propiedades para ella, devenida ahora en objeto autorreferencial o continente de emergentes metamateriales; exigiendo y complejizando de este modo el campo de referencia del conservador, para enriquecer así sus recursos y estrategias.

A partir de aquellos aportes, los artistas agotarán todos los recursos discursivos que los materiales, propios e impropios del quehacer artístico, potencialmente ofrecen para plantear otra realidad, su propia e íntima materialidad.

Al entrar en el campo del arte contemporáneo, desde las categorías de arte efímero, las difusas barreras entre lo material e inmaterial, el constante surgimiento de nuevas manifestaciones –incluida la autodestrucción– y soportes, el conservador/restaurador es exigido para adecuar sus estrategias de acción ante la ineficacia del abordaje práctico/conceptual convencional de la actividad para este segmento histórico. El contacto con el artista y su posicionamiento teórico/operativo se tornará indispensable como fuente de nuevas y orientadoras respuestas, particulares como nunca antes, para establecer criterios de recuperación o reconstrucción y de presentación o montaje en exhibición.

Mediante un recorrido por obras del Museo de Arte Moderno de Buenos Aires (MAMbA), se sintetizan las cambiantes problemáticas del campo, las cuales obligan al conservador a una constante revisión de su propio rol.

Introducción

El presente trabajo pretende analizar los distintos desplazamientos que se plantean al conservador/restaurador a partir de su enfrentamiento con obras que abarcan un período de grandes cambios en el tradicional cuerpo de las prácticas simbólicas, el cual manifiesta una crisis a principios del siglo XX que se evidencia claramente a partir de la segunda década.

Nuevos materiales y procedimientos para nuevos posicionamientos. La pérdida de la función representativa de la obra de arte dada en el siglo y la acentuación progresiva de su carácter objetual fue, de todos los capítulos de quiebre que han atravesado la historia del arte, el más decisivo e irreversible, donde el proceso de cambio no solo abarca otro modo de objetivar aquella contemporaneidad a través de nuevas prácticas estilísticas, sino que es donde el campo artístico comienza a cuestionar su propia *esencia* y *función*, donde los materiales adquieren identidad comunicativa singular. *"Materiales reales, para un espacio real"*, escribirá Theo van Doesburg, cofundador del neoplasticismo, junto con Mondrian.[1]

El verbo "objetivar", principal orientador estético para el movimiento Arte Concreto-Invención del Río de la Plata a mediados de los años 40,[2] y tan recurrente en el vocabulario de los artistas del movimiento, se impondrá poco a poco hasta establecer una nueva categoría en el campo simbólico, la del *objeto*, vigente en las prácticas contemporáneas actuales, con una demanda específica de percepción e interpretación. Panofsky reflexiona sobre la obra de arte como aquello que demanda ser percibido según una intención estética (intención del artista), es decir, por hechos formales y sensibles, para reconocer luego que se abren otros interrogantes que colocan a la funcionalidad entre otros emergentes inmateriales, también bajo la intención del autor,[3] lo cual caracterizará gran parte de la producción contemporánea, y que opera como herramienta que orientará al conservador para establecer metodologías de intervención diferenciadas a partir de una adecuada interpretación.

La estructura y estabilidad material de la pieza de arte, las técnicas de aplicación, los procesos de envejecimiento y sus consecuencias prácticas, funcionales y estéticas, históricamente fueron motivo de preocupación y reflexión para los propios artistas, así como hoy para conservadores y res-

---

1. Van Doesburg, Theo, "Base de la peinture concrète", en *Art Concret*, nº 1, Paris, abril de 1930.
2. Entre otros, Tomás Maldonado, Raúl Lozza, Manuel Espinosa, Juan Melé, Carmelo Arden Quin, Gyula Kosice y Martín Blaszko.
3. Panofsky, Erwin, *Meaning in the Visual Arts*, New York, Doubleday Anchor Books, 1975, p. 12.

tauradores. Los niveles de conocimiento sobre materiales y el refinamiento técnico observados en la antigüedad, gracias a los cuales actualmente podemos disfrutar de muchas de sus obras, evidencian una línea declinante en los dos últimos siglos, tanto por el evidente abandono de prácticas consolidadas en la preparación de soportes como por la incorporación a la paleta del pintor de productos y aditivos impropios del oficio artesanal tradicional en favor de otras urgencias, lo cual ha comprometido no solo la permanencia de la estructura de la obra, sino también la limpia lectura propuesta por el artista. Debido a ello es que, a través de distintas instancias de reflexión, hacia la primera mitad del siglo XX se termina de dar forma a un programa de acción y gestión para la práctica de la restauración, fundamentado en principios ético-profesionales basados en la supervivencia de la imagen (su estética, singularidad de la obra de arte) y la instancia histórica del material original en su doble faz: el momento en que la obra es creada y el tiempo/lugar en el cual es consumida y su incidencia en la mirada.

Todo ese cuerpo programático asentaba su reflexión sobre un pasado patrimonial milenario riquísimo, pero hay que reconocer que, a esa altura de los tiempos, gran parte de las vanguardias se habían pronunciado demandando nuevas estrategias para su recuperación o puesta en escena. Puesta en escena, también, para nuevos materiales producto del gran desarrollo tecnológico del último siglo; desde la aparición de nuevos soportes y aglutinantes sintéticos para pinturas industriales con distintos grados de permanencia que comienzan a ser utilizados frecuentemente desde el concretismo, hasta el actual despliegue de nuevos medios viabilizados por la tecnología electrónica.

Desde su establecimiento como disciplina de base científica, la *conservación preventiva* ha sabido evaluar los distintos procesos históricos de las prácticas artísticas y orientar sus especulaciones para redirigir metodologías de abordaje a los nuevos enfoques del campo simbólico para su comprensión, interpretación y posterior intervención, partiendo de una mirada autocrítica sobre los criterios y tratamientos de restauración tradicionales y reconociendo su limitada eficacia ante los recursos materiales y planteos metamateriales que desde la modernidad se explicitan. Conceptos como permanencia, eficiencia, funcionalidad, singularidad, reversibilidad de tratamientos, respeto por la instancia histórica del original, el original mismo, diferenciación de la tarea del restaurador, intención del autor y, más aun, la propia noción de autoría, son revisados y puestos en situación cada día ante las distintas problemáticas que el arte moderno y contemporáneo generan.

Es a partir de la propuesta concreta como las vanguardias hasta hoy han operado en línea con el carácter objetual de las piezas con el valor agregado de contenidos intangibles. Una de las ventajas (con jerarquía de exigencia) para la interpretación y puesta en escena del arte moderno y contemporáneo es la de contar muchas veces con el propio artista. Debido a ello, en el marco de distintas becas que me fueron otorgadas por las fundaciones Antorchas, de la Argentina, y Vitae, del Brasil, tuve la oportunidad de estar en contacto con conservadores de arte moderno de Europa, Estados Unidos y Latinoamérica, para compartir una serie de problemáticas comunes a este segmento de la historia del arte, lo cual me alentó a iniciar un trabajo de investigación basado en entrevistas con artistas plásticos locales, cuyo interés principal radicaba en la elaboración de una cronología de datos sobre técnicas de ejecución y materiales utilizados por ellos como elementos viabilizadores de propuestas, ideas o conceptos, y cómo éstos pueden ser alterados por las acciones que se ejercen directa o indirectamente sobre una obra. He creído conveniente, para acompañar el desarrollo del presente trabajo recurrir a fragmentos de esas conversaciones, las cuales fueron registradas en los propios estudios de los entrevistados entre 1999 y 2001. La necesidad de tal información surgía de la falta de compromiso interdisciplinario que se observaba en la recuperación o exhibición del arte moderno y contemporáneo a mediados de la década de los 90 en nuestro país. El equipo de referencia para la tarea del conservador, habitualmente constituido por científicos, curadores e historiadores, en el caso del arte contemporáneo, por sus heterogéneos recursos y carácter eminentemente multidisciplinar, sumará también a colegas de otras disciplinas y –especialmente, desde la aparición del movimiento real en la obra cinética[4] y el despliegue tecnológico actual– a técnicos y profesionales de esas áreas.

La tecnología poco a poco facilitará la apropiación de nuevos medios para la producción artística (dispositivos mecánicos y electrónicos, nuevas tecnologías para generación o gestión de imágenes, información, comunicación o conocimiento), con propuestas de hibridación discursiva de tal desarrollo y expansión que llevarán necesariamente al conservador, en su reflexión, a particularizar cada caso en su propia circunstancia. Y es aquí donde reside la mayor problemática para el conservador de arte contemporáneo: *no tiene un objeto de estudio homogéneo que pueda compartimentar o segmentar para establecer adecuadas estrategias metodológicas de intervención.* En arte contemporáneo, todo recurso material o inmaterial es propio, por lo que la figura del conservador *especializado* en el período se torna un tanto utópica. Los límites de actividad del artista contemporáneo se expanden cada día, obligando al conservador a readaptar su rol permanentemente.

En las últimas décadas, en ocasiones el conservador dejará su espacio particular de trabajo para verse más involucrado en la producción de montaje y armado en sala, muchas veces junto al artista –sobre todo en aquellas obras que discurren en el espacio o exhiben problemáticas personalizadas de presentación–, colaborando, coordinando, sugiriendo, estableciendo estrategias de desplazamiento y montaje, documentando cada uno de los procesos que se

4. Ya planteado como dinámica móvil en el manifiesto Madí.

articulan en torno a los distintos relatos curatoriales, con un claro compromiso en la investigación y divulgación de propuestas y resultados.

Este proceso evolutivo del arte también ha llevado al público a movilizarse, abandonando paulatinamente su habitual neutralidad y pasividad en la contemplación de la obra. Ahora se desplaza, interviene, acciona dispositivos, es parte de ella, al ser solicitado como receptor obligado de información, completándola o dándole sentido. Aspectos que el conservador debe considerar en toda instancia.

Si nos detenemos en la cronología de nuestra propia historia del arte moderno desde la actuación de la primera vanguardia grupal (1945) y observamos hoy la convivencia activa de aquellos jóvenes con los de las últimas tendencias de principios de milenio, concluiremos en la velocidad con que nacen y se consumen movimientos en este período, además de la profusa sucesión y superposición de propuestas. Propuestas que, en algunos casos, la contemporaneidad exhibe solo desde una gran variedad de nuevos recursos materiales y tecnológicos como soporte, propuestas donde se apela al simple recurso del "neo", propuestas que en general no interpelan la ontología del objeto obra de arte, sino que actúan más en extensión que en profundidad, y cuyo rasgo más distintivo es esa infinita pluralidad de recursos que el hoy ofrece.

Un recorrido por algunas problemáticas que representan el desarrollo del período, desde especulaciones muy sutiles a tener en cuenta –siempre apoyadas en la intención del autor– hasta intervenciones radicales de reconstrucción, reposición y replicación, ilustra este ideario de aportes simbólicos que se suceden y superponen en la actualidad y que, en su construcción, redefinen a cada paso el rol del conservador.

De historicidad y eficiencia

Los materiales, a partir de la irrupción del movimiento de arte concreto, en cuanto a sus potencialidades discursivas desde la "no representación", comienzan a adquirir entidad comunicativa propia,[5] desde los utilizados como soporte hasta los que aportan color. En el caso del planteo geométrico/concreto de mediados de los años 40 en nuestro país, y su intención de dotar a la obra de una nueva categoría ontológica, el cambio se materializa desde el más estructural de los componentes de la obra: *el soporte*, ahora sólido y reformulado en su formato para abolir la vieja construcción de ventana, permitiendo la penetración del espacio en la obra y sumando a ésta categorías de *objetividad* y *funcionalidad*, atributos fundantes para las sucesivas conquistas plásticas, con un decisivo rol en el desarrollo del diseño industrial y arquitectónico.

Raúl Lozza (1911-2008) luego de su separación del movimiento Arte Concreto-Invención a fines de la década del 40, junto con el crítico Abraham Haber funda el perceptismo, para dar lugar así a sus diferencias teóricas con aquél sobre el empleo de las formas recortadas. Trabajó para hallar un sistema que objetivara unidad entre forma y potencialidad del color, para establecer un diálogo armónico entre ambos. Creó para ello un sistema matemático, por él denominado *cualimetría*. El acabado final (pulido a mano) es resultado de muchos ensayos del artista para encontrar una superficie satisfactoria para su propuesta, la cual se sumará, como variante operativa fundamental para éste, a las especulaciones de forma y color. Dicho acabado será preocupación permanente en su producción y es vital información para el conservador que se enfrente a sus obras.

---

5. "La metafísica de lo Bello ha muerto por agotamiento. Se impone ahora la física de la belleza". "Manifiesto invencionista", *Arte Concreto-Invención*, Buenos Aires, 1946.

El trabajo del artista *Síntesis mural nº 310*, de 1953 (óleo y esmalte pulido sobre madera, 136 x 110 cm), propiedad del MAMbA, planteado con los habituales planos de madera terciada, sellados, policromados y montados sobre un fondo rígido blanco[6] que originalmente tenía una tonalidad fría, había sido cubierto por un barniz acerca de cuya época de ejecución y naturaleza no se tenían datos, ya que no era original. El amarillamiento producto de la oxidación del barniz modificó las relaciones originales de color previstas por el autor entre los elementos formales y el fondo, consignadas además en muestras al dorso de la obra.

En oportunidad de la retrospectiva de Lozza en el museo, en 1997, se intervino la pieza con la asesoría del autor. Luego de la remoción mecánica del barniz degradado, se repuso la capa pictórica para recuperar las cualidades ópticas originales del fondo –en aspectos de matiz y acabado final– lo cual se llevó a cabo con su técnica del esmalte pulido

El propio artista me comentó sobre el rigor de su teoría y prácticas:

RL: En el 47 hice muchas experiencias y hasta tuve insomnio a causa de este tema. Lo primero que encaré fue el asunto del color y crear un nuevo sistema de potencialidad relativa, sin que marcas o calidades me alteraran el concepto fundamental, que era la no representación del espacio imaginario; en ese sentido era muy estricto.

Si tomo un cuadrado de diez, lo divido en dos y le aplico la cualimetría a cada una de las partes, (suponiendo que está dividida en dos partes iguales), los colores serán distintos y la suma ya no será diez, será once, porque entra a jugar la cualimetría con dos rectángulos y no con un

---

6. Dicho fondo que hacía de muro fue denominado portátil, ya que en el período de los coplanares y, posteriormente, en el perceptismo, el fondo desempeñaba un papel preponderante en sus relaciones tonales con los planos de color.

cuadrado. Aunque lo divida en diez, la suma de las partes será superior al todo y siempre distinta. Aquí la matemática común no llega.

PM: Por la cualidad de cada una de ellas. Usted los divide, los aísla y se potencian o no respecto del entorno.

RL: Claro. Luego obtengo una cifra de cada forma, y esa cifra, en relación con las otras, me da una potencialidad del color para equilibrar la diferencia; entonces, si una forma vale veinte, todas deben valer veinte, ya que están equilibradas por el color y su potencialidad relativa.

Yo hice muchas experiencias. El primer tema era matar el brillo para lograr un acabado determinado, por lo que utilicé incluso ácidos para matear la superficie, hasta decidirme finalmente por el pulido con piedra pómez. El pulido te permite matar brillos, por lo cual tiene que ser una pintura resistente, pero en la pintura industrial, que soporta muy bien el pulido, a veces uno no encuentra la pigmentación que dan los materiales para artistas.

Yo desde el principio utilizaba colores Rembrandt, pero para poder pulirlos les tenía que agregar un barniz fuerte, sintético, para que tuvieran resistencia, porque, si no, hay que dejar pasar por lo menos un año para el secado del óleo.

A veces mezclaba el óleo con barniz sintético ya coloreado con algún esmalte, si el tono me lo permitía, porque es muy estricto desde el punto de vista matemático el tema del matiz de color, ya que si éste varía un poco, puede producir "ilusionismo", que equivale a sensación de espacio frontal.

PM: Está claro, veo en aquella obra un pequeño plano vibrante de rojo, equilibrado con otro de mayor extensión en tierras.

RL: Pero no solo la extensión, sino el carácter de la forma. Porque, por ejemplo, puede haber dos planos que en extensión valgan igual, pero sus cualidades –forma y color– son muy diferentes, de ahí la importancia del color, por lo que tiene que ser muy estricto en el matiz y no sufrir alteraciones con el tiempo, porque la forma no sufre alteraciones, pero el color sí.

PM: Dado que el color sí, me gustaría saber su reflexión al respecto, desde el punto de vista de la materialización de dicha alteración y el papel que ella desempeña en relaciones tan exactas de color. Hay que pensar que el cambio sí o sí acontecerá.

RL: El cambio suele darse con el tiempo y es inevitable. [7]

En este fragmento de la entrevista, la sentencia última que el artista refiere condiciona el conjunto de especulaciones que le preocuparán de por vida, asumiendo el carácter en parte transitorio de toda propuesta fundamentalista de color, que tarde o temprano se verá comprometida, y el acabado final como determinante para la eficacia del relato.

Desde este tipo de reflexiones particularizadas, es que el conservador inicia un diálogo diferente con un objeto que es parte de un cuerpo cada vez más heterogéneo y que irá sumando manifestaciones intangibles (concepto, idea, información) a partir de estrategias materiales particulares.

El concepto de "no intervención" o "intervención mínima", aplicable en general a obras históricas bajo el concepto de *ruina*,[8] puede darse en escasos relatos de la modernidad, particularmente en la corriente conceptual, donde domina la lectura o comunicación de una idea o información más que de un hecho estético, y en algunos planteos vinculados al informalismo, en los cuales el deterioro puede acompañar, es decir, no alterar el espíritu de esa estética. Tal el caso de una obra temprana de *Charlie Squirru* (1935) de espíritu existencialista, la cual perdió gran parte del soporte de tela original en el lateral izquierdo por haber estado en contacto con agua por varios años.

---

7. Extracto de una entrevista del autor con el artista en 1999.

8. Alternativa analizada por Cesare Brandi como opción para la ruina arquitectónica, en este caso en referencia a intervenciones minimalistas de arte contemporáneo en las que se actúa para detener el proceso de deterioro y se opta por la consolidación de su estado actual, evitando reposiciones.

En la intervención se optó por un tratamiento limitado para su recuperación. Se estabilizó el soporte, se corrigieron deformaciones planares, se realizó una limpieza superficial, para finalmente proceder al entelado sobre soporte de lino fino con adhesivo Beva 371, sin reposición de faltantes de ningún tipo.

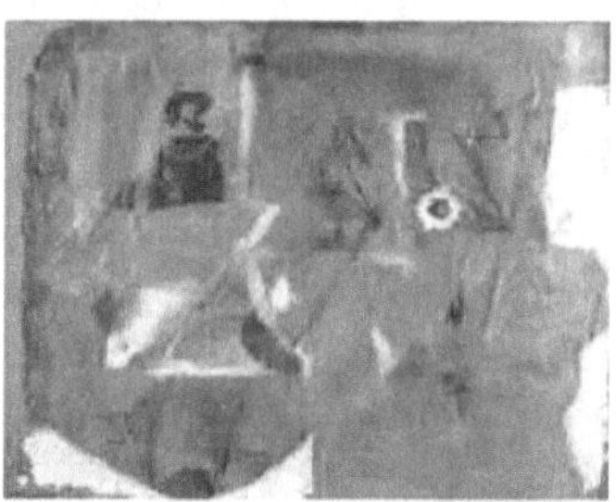

Charlie Squirru, Sin título, 1961. Óleo, papel madera y papel de revista sobre tela.

Conocida es la respuesta de Picasso al ser interpelado acerca de la utilización de esmalte sintético en obras del período cubista, en cuanto a sus posibilidades de permanencia: "No importa el cuadro, lo que importa es la leyenda del cuadro". Esta sentencia ilustra de manera cabal el criterio minimalista desde el cual la conservación o restauración aborda ciertas problemáticas. En el caso de las obras de Lozza, tal concepto no resiste ninguna consideración, ya que la instancia funcional que da entidad a la pieza estaría *incompleta*, estemos de acuerdo o no con sus especulaciones, como él mismo me aclaró en un encuentro en su estudio:

PM: Hablando de conservación y restauración, existen estrategias para determinadas instancias en las cuales se trabaja para detener el proceso de deterioro y su causa, estabilizando la obra, pero no se efectúa ningún tipo de reintegración de faltantes de soporte o color. De este modo se conserva una categoría arqueológica o cualidad "vintage" de la pieza y la situación real de su estado de conservación. Otra postura, más ilusionista, reintegra todo faltante de un modo "mimético" para que la obra recupere, en parte, su lectura inicial. ¿Cuál de las dos posiciones le resulta más convincente para su obra?

RL: Mira, en mi caso, ante una obra dañada y sin una restauración que la lleve a su estado original, en realidad prefiero una "falsificada" pero en buen estado. Para eso, el restaurador debería instruirse muy bien en mi teoría para encontrar el color exacto.[9]

Ante estos planteos, comienza a hacerse visible, como se aclaró, la necesidad de otro tipo de comprensión y aproximación al arte contemporáneo. De historicidad y reconstrucción

Las reflexiones que Martín Blaszko (1920) me entregó en una entrevista de 1999 para la recuperación de sus esculturas blancas de la etapa Madí, claramente vinculadas a las de Lozza, son un claro ejemplo de la problemática que se plantea en ese período.

MB: Creo que una nueva mano de color, bien ejecutada, no altera la esencia de la obra, porque la obra está basada en una estructura material que no se modifica para nada, y que es la esencia del trabajo este.

PM: Entiendo; usted piensa que la categoría histórica de la capa de color que usted aplicó en esta serie de piezas, en las que es muy objetiva su funcionalidad, no es tan relevante.

MB: Exactamente. Lo importante es que el color sea uniforme, porque no es una pintura, un cuadro. Acá hay un lenguaje y es el de los ritmos formales. La obra impacta por la línea, por lo formal, no es un cuadro. El blanco tiene que ser neutro, para que uno sienta la dinámica de los ritmos.[10]

En el caso que sigue, más allá de la relevancia o no de la instancia histórica de la capa de color, hubo que enfrentar la reconstrucción y montaje de un módulo severamente dañado y otros faltantes, con la información, aprobación y asesoramiento del artista.

Conquista espacial, obra de 1978 perteneciente a la colección del MAMbA, con claras reminiscencias del período Madí, formó parte de la muestra *18 Esculturas para la ciudad*, de 1978. La pieza estaba conformada por cuatro grandes módulos planos de aluminio de 2 mm de espesor: tres de ellos, verticales y pintados con esmalte sintético blanco, sobre un cuarto que hacía de base o soporte, en negro sintético mate. Sobre los tres módulos verticales, había

---

9. *Idem.*
10. Fragmento de una entrevista del autor con el artista en 1999.

pequeños planos pintados con esmalte negro por Blaszko, ante la urgencia de entrega de la obra para la muestra, aunque el proyecto original (del que guardaba planos) tenía previstos esos pequeños planos como módulos en aluminio recortado de 2 mm de espesor y suspendidos a 5 mm de los planos grandes, naturalmente del mismo color.

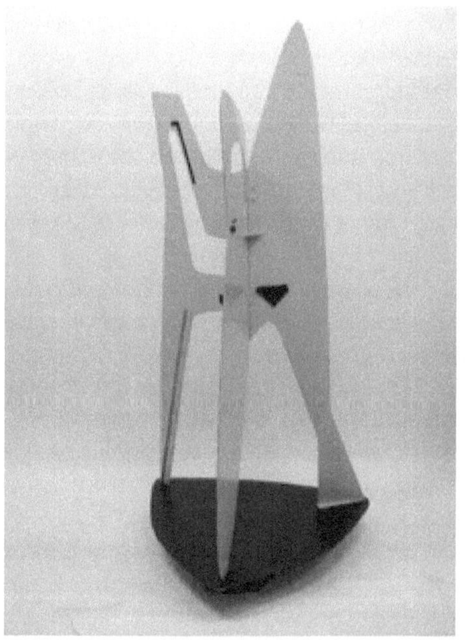

Martín Blaszko, Conquista espacial, 1978, Aluminio policromado, 197 x 104 x 99 cm.

La obra había sufrido daños irreversibles, tanto estructurales como superficiales, por las malas condiciones de almacenamiento antes de ser donada al museo. Uno de los módulos verticales se encontraba prácticamente irrecuperable debido a las deformaciones producidas por presión en el estibaje. La capa pictórica en general tenía importantes pérdidas por golpes, rayones y abrasiones.

Obviamente, no hubo dudas a la hora de plantear la propuesta de tratamiento, en este caso en consenso con las reflexiones del autor, tanto en lo referente a la capa pictórica y la relevancia de su historicidad como a la solución para el módulo grande dañado y los pequeños módulos que nunca llegaron a colocarse en la pieza. De ellos se conocían la morfología, el material y el espesor, por los planos en poder del artista.

Se desmontó cada uno de los módulos unidos en un eje central virtual por tornillos de bronce, se levantó la capa de pintura y se limpió el metal. Con el asesoramiento de Blaszko, se procedió a la reconstrucción del módulo grande dañado para su remplazo y la de los pequeños faltantes.

Se dieron una capa de imprimación para metales no ferrosos y dos de pintura epoxi (la original era un esmalte sintético industrial) a cada uno de los módulos individualmente. El blanco fue modificado en valor y matiz. Si bien el original había sido un blanco puro, el tono elegido para la nueva capa fue consensuado con Blaszko, y se optó por un blanco neutro, tan distante de un blanco puro de partida como del blanco degradado de la obra dañada, muy amarillento, producto de la oxidación y la mala situación de guarda.

Se unieron las cuatro piezas mayores con nuevos tornillos de bronce para rearmar la escultura. Los pequeños planos de aluminio (elaborados de acuerdo con el diseño que el autor tenía en su poder) fueron colocados en los lugares originalmente asignados por éste, flotantes a 5 mm de los grandes módulos principales.

En continuidad con la obra de Martín Blaszko, y más allá de estas decisiones sobre tratamientos radicales, hay una serie de aspectos que hacen al desarrollo y conquistas del arte contemporáneo, muy sutiles, que ninguna intervención, en su interpretación previa, debe desvincular de las poéticas de autor, como por ejemplo el acabado final específico de superficies en determinados planteos (como quedó claramente expuesto en el caso de Lozza), las propuestas a partir de texturas personalizadas, inherentes a la estética formulada, o el caso de exigencias particulares de iluminación, presentación, montaje o puesta en escena. Respecto de estos últimos puntos, una de mis preocupaciones de cara a una posible intervención era el rol del marco en el período del borde recortado dentro del grupo Madí, al que el artista adhirió inicialmente.

El marco históricamente operó en línea con la idea de la obra de arte como ventana, por lo que generalmente su función en la pintura tradicional ha sido la de separarlo aún más del entorno y ayudar a concentrar la lectura dentro del perímetro que establece. El recurso del borde recortado (*shaped canvas*), adoptado y ampliamente fundamentado por el grupo rioplatense de Arte Concreto, si bien recurrió ocasionalmente a la utilización del marco, éste se ofreció como plano alternativo de color, por lo cual me interesaba la opinión del propio autor sobre la dependencia tonal o no respecto del resto de la obra en ese período.

PM: Hay un tema que visitamos hace un tiempo, el marco en su período Madí. ¿Cuál era la relación planteada por usted entre marco y obra?

MB: El recorte del marco, respondía a la estructura interna de la obra, porque había una composición determinada, entonces algunos planos salían, y así surge el marco recortado. Había más unidad entre el marco y la obra en sí. La intención estética era crear una estructura dinámica, crear líneas rígidas controladas y organizadas de acuerdo a una rítmica constante y total.

Entonces, nos dimos cuenta de que para lograr este efecto de la dinámica total había que salir del marco rectangular, por lo que hicimos un marco recortado de acuerdo a la rítmica interior del cuadro. Quería hacer una construcción fría, calculada, donde todo estaba controlado por una conciencia. Por eso aquí hay solo líneas rectas, ninguna curva.

PM: Pero, ¿era importante el color y la textura del marco en ese caso?

MB: Yo sentía al marco como parte de la estructura, y su color era importante, porque estaba armonizado de acuerdo al color del plano.

PM: Es de esperar que el restaurador que se encuentre con una de esas piezas obre de acuerdo a su posición.

MB: Sí, por supuesto, pero no en todos los cuadros Madí dejé ajustado el color del marco al de la obra, como, por ejemplo, el de la colección del Malba o el del MAMbA.

PM: Entiendo, no forma parte de la obra pero sí de la estructura tonal.

MB: Claro.

PM: Sobre todo pensando en quien desee cambiarlo.

MB: Hay algunos coleccionistas que se toman licencias y modifican parte de una obra; por ejemplo, este marco recortado tenía una terminación, como casi todos los marcos míos, con ángulos duros, es decir, con aristas. Después, en Suiza, remplazaron el marco, ignoro la razón. Obviamente recortado, pero no respetaron el ancho de la varilla, la nueva era más angosta, los bordes exteriores redondeados y con otro color.

Acá tengo el cuadro ése, y yo estaba en otra etapa, por lo que tenía otra cosa en la cabeza; retomar esto, es decir, arreglarlo, para mí sería imposible.[11]

De eficiencia y funcionalidad

El arte óptico renueva *funciones* de materiales y recursos tradicionales del planteo concreto del cual es heredero, sumando el plano acrílico como soporte translúcido para el discurso lineal del color y los metales reflectantes para sus trampas ópticas y construcciones cinéticas.

La posición en favor de una reposición parcial o completa de capa pictórica, aun de reconstrucción de partes o piezas completas, desestimando la instancia histórica de la original, en general encuentra consenso para las prácticas

---

11. *Idem.*

operativas del arte concreto y el óptico. En este último, la problemática reside en el fenómeno visual de impacto retiniano, sin el cual la obra queda tan invalidada como una de Lozza con un faltante importante en uno de sus planos o un "móvil-juego" de Le Parc sin el instrumento (natural o mecánico) que genere el movimiento.

En la producción de Luis Tomasello (1915), el elemento protagonista principal es la luz y sus juegos de reflexión. Trabaja a partir de cubos o poliedros de madera, regular y serialmente montados en un panel rígido, aprovechando la función reflectante de la superficie coloreada del dorso de éstos, cuya manifestación lumínica es recibida por el soporte, de modo que el ojo solo alcanza a visualizar su reflejo. Reflejo que incita al espectador a movilizarse para cambiar el ángulo de visión y las sensaciones de color.

El problema (o solución) parte del tipo de haz que recibe la pieza para hacer claramente perceptible el efecto, por lo que, a excepción de retrospectivas del autor, rara vez sus obras se encuentran adecuadamente iluminadas. El relato depende de una puesta en escena que demanda especial disposición de luminarias y filtros para lograr eficiencia, lo cual resulta complejo de establecer en una muestra colectiva, donde suelen ser iluminadas directamente, invalidando de este modo la percepción sutil de los reflejos de color por las sombras proyectadas desde los módulos, que constituye la esencia de su planteo.

Reflexión 47, de 1962, de la colección del MAMbA, está conformada por 81 cubos de madera (nueve filas y nueve columnas) montados sobre un soporte rígido esmaltado en blanco semimate. La obra llevaba años con una serie de daños que habían hecho desaparecer el argumento visual que le daba sentido. Faltaban cubos, y los que quedaban habían perdido prácticamente el color a proyectar desde el dorso; el anverso presentaba repintes irregulares. El soporte de fondo, con importante suciedad superficial y otras problemáticas menores, había perdido su *eficiencia* para devolver el espectro de color recibido desde los cubos.

En este caso, las cualidades del plano de fondo eran recuperables para su función. De acuerdo a la primer propuesta de tratamiento elevada a la dirección, se desmontó completamente la obra, se limpió el soporte, se retiraron los repintes de los cubos dañados y se recolocaron los cubos faltantes (aportados por el artista). Finalmente, se repuso una nueva capa de color al dorso de ellos, de los cuales quedaban referencias (en amarillo, azul y rojo), y un nuevo blanco neutro en su anverso.

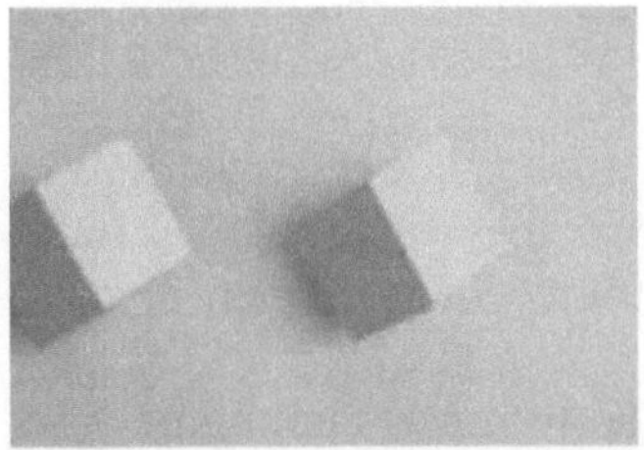
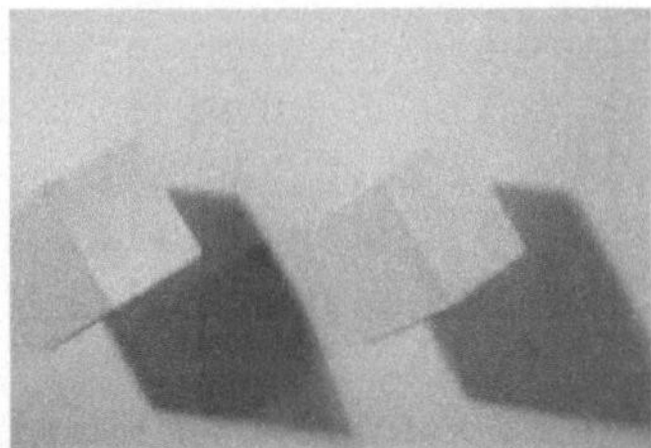

Ejemplos de iluminación con facsímil. Con luz cenital (izquierda) y dirigida (derecha).

En un primer momento, Tomasello acercó distintos materiales para solicitar que se reconstruyera la obra con ellos, pero la opción no fue tomada en cuenta por la condición de recuperable del original, en este caso, y porque tal duplicación hubiera acarreado otra problemática administrativa, legal y de catalogación para el museo, con dos cuerpos para una pieza, hecho que hasta la fecha en el MAMbA no se ha dado.[12] Según me confió el propio artista, obtuvo idéntica respuesta en museos franceses donde llevó la misma propuesta de reconstrucción para sus obras deterioradas.

---

12. Distintos casos de reproducción de piezas para exhibición y protección del original suelen ser más comunes en museos de otras disciplinas, aunque también los hay de reproducción de obras de arte emblemáticas para muestras itinerantes.

Juan Melé (1923), luego de su actuación en el grupo de Arte Concreto-Invención, al cual adhiere desde 1946, pasó a una geometría más libre de los rigores especulativos del concretismo. En los 90 elaboró una serie de obras en formato de relieves que lo llevarían a una problemática similar a la de Tomasello, con el fibrofácil (DM) y el PVC como materiales alternativos de soporte. En la entrevista con el artista abordamos el tema:

JM: En esta última temporada (principios de los 90) trabajé con chapas de PVC, ahí tengo y te puedo mostrar varios trabajos que se enmarcan dentro de una técnica nueva, ya que es un material diferente, con pegamento para PVC con el cual armo la estructura y la exigencia de otra técnica para el pintado, siempre investigando materiales diferentes, aunque nunca lo publicó ni lo comentó, salvo en esta ocasión.[13]

La ventaja del PVC es que se corta fácilmente y es muy dúctil. Es un trabajo de paciencia, cortar primero el tablero, luego las tiras que funcionan como bastidor, pegar, pulir y pintar.

A veces, también utilicé otro sistema; por ejemplo, luego de cortar la plancha que oficiaba de superficie, la pegaba sobre telgopor y lo protegía por detrás, pegándole otra plancha de PVC más fina, y lo completaba con una varilla alrededor para terminación, y todo eso era realmente un conjunto muy liviano.

PM: ¿Qué utiliza como capa pictórica en estas obras?

JM: Acrílico, pero te comento que la pintura acrílica no tiene muy buen agarre al PVC, hay que darle varias manos, y aun así, cuando uno lo mira no queda parejo, aparece como un manchado.

Éstas, por ejemplo, son del 92, están tal cual. Utilizo un adhesivo industrial para PVC, propio de las casas de construcción, marca Lösung.

---

13. Véase Siracusano, Gabriela, *Melé*, Ediciones Mundo Nuevo, Buenos Aires, 2005.

PM: ¿Qué exigencias tiene esta serie respecto de iluminación para exhibición?

JM: En realidad tengo un problema con las galerías, porque les interesa un tipo teatral de iluminación, es decir, oscurecen la sala y dirigen un foco al cuadro, y a mí me interesa un tipo de iluminación ambiental. Cuando hice la muestra en el Centro Cultural Borges, en el 99, proponían un tipo de iluminación especial, carísima, pero yo tampoco acepté. Lo que hice fue todo lo contrario a lo que querían hacer ellos. Pedí encender todas las luces altas, que tenían apagadas, y algunas luces dirigidas.

Especialmente en esta serie de "reflejos" se necesita una luz de tipo ambiental, porque de acuerdo a cómo lo coloco respecto de la luz o cómo se posicione el espectador, se puede lograr un efecto similar al del neón, ¿no?, así que es muy importante sacar provecho de la iluminación, sobre todo en esta serie, porque si le da la luz muy de frente, el efecto se rompe.

En cambio, una luz ambiental saca mejor partido del reflejo, y la luz es menos potente, aunque más suave.

Debemos aclarar que nunca es aconsejable una posición fundamentalista en cuanto a criterios de intervención en arte moderno y contemporáneo. Se deben considerar los presentados en este trabajo como las opciones consideradas como las más apropiadas desde la institución para cada caso en su singularidad.

Se plantea, en cada ocasión, un dilema ético-profesional para el conservador/restaurador en cuanto al marco de fundamentación en el que se realizan algunas intervenciones y reconstrucciones, las cuales se deben resolver siempre en forma interdisciplinaria. Como vimos, aspectos aparentemente sencillos, como cambios en la presentación de una pieza o iluminación inadecuada pueden incidir en la eficacia de los relatos, por lo que su consideración debe partir de las propuestas curatoriales.

De otros caminos de sensorialidad

El aporte de los materiales del entorno industrial[14] –eficientes y económicos– se fue acentuando desde el *atelier* concreto hasta la aparición, a mediados de los 50, del informalismo. Tomás Maldonado exaltaba la inigualable belleza del esmalte "al Duco",[15] Carmelo Arden Quin utilizaba un esmalte sintético de la marca francesa Ripolin, que, según el propio artista, fue utilizado como blanco para las esculturas Madí del año 50, y, en sus obras de los últimos años, la pintura de automóviles aplicada con atomizador.

Si bien el informalismo representa una reacción a la fría geometría concreta, el recurso de materiales industriales se acentúa desde mediados de los 50, ahora camuflados en mixturas con los tradicionales medios de arte, para armar una poética gestual de humor existencial, un barroco inestable en el que se debe asumir la problemática vinculada al comportamiento, estabilidad y modos de aplicación de aquéllos. El resultado es una topografía desigual mutante, rica en accidentes mórbidos y contrastes, con zonas de empastes que lindan con planos homogéneos o parte de un soporte a la vista; fragmentos de acabado brillante adyacentes a zonas mates, o pulverulentas por adiciones de cargas, y todo tipo de alteraciones tempranas. Todo ello constituye una propiedad inherente al período, a conservar en cualquier tipo de intervención, según mi criterio, llamando a reflexión en el momento del acabado final, tan automático en la restauración de pintura de caballete tradicional. Muchos artistas han considerado ese proceso de modificaciones físico-químicas de los materiales como parte de la propuesta plástica; tal el caso de Federico Peralta Ramos,

---

14. Véase Marte, Fernando; Monkes, Pino y Hopwood, Walter, "El uso de pintura en pasta en tres obras pictóricas de principios de la década del sesenta", *X Jornadas de Conservación Preventiva*, Museo Jesuítico Nacional de Jesús María, Córdoba, 2003.
15. Pintura cuyo principal componente es la nitrocelulosa (nitrato de celulosa).

quien presentó en la galería Vignes, en 1967,[16] una serie de obras de monumentales empastes. A diferencia del concretismo y el arte óptico, la producción de este período no desprende definiciones o especulaciones ulteriores a su propia manifestación material emocional.

Alejandro Puente y César Paternosto, luego de un primer período de afinidad con la materia del informalismo, a principios de los 60, desde el grupo Sí de La Plata, han evidenciado algunas especulaciones conceptuales e "ideológicas" en sus obras trabajos, dejando en claro ciertas manifestaciones de la materia pictórica, sus límites de acción y carácter –sobre todo en el período que ambos abrevan de culturas prehispánicas– en la opción por el acabado mate de las superficies, y cómo va ganando protagonismo discursivo el fondo, al que paulatinamente se va a privar de preparación para dejarlo dialogar. Será una constante en sus obras, aun en las que ensayan una salida espacial utilizando la arquitectura como soporte. Tales características extreman el cuidado, ya sea por manipulación o ante una posible intervención, de las cuales me deja testimonio Alejandro Puente:

AP: Así es, yo hice pinturas directamente sobre la tela sin preparar, pero si yo pongo un color, en un principio me rechaza la pintura, por lo que comencé a lavar la tela, la empapo bien para sacarle dobleces y el apresto. Y conceptualmente era interesante eso de embeber la tela, y volvía al tema de fundir la pintura en la base.

El efecto de rebote que tenía si no preparaba la tela me hacía todo muy lento y pesado. Entonces, una cosa que te puede interesar desde el punto de vista de la restauración,

16. "...hago una montaña de tiza. Y tiro aceite de castor y tachos de pintura, y hago una gigantesca masa, inmensa, de panadería. Cuando está bien amasada, salen unas boas de pintura que hacen plus, plus. Después las pego sobre la madera". Del autor en "El enemigo nº 1 de la copa Melba", *Primera Plana*, Buenos Aires, 31 de octubre de 1967.

es que hay muchas pinturas que termino por descartarlas, porque si yo insisto mucho con la materia, empieza a adquirir brillo, ya que es más gruesa la capa pictórica.

PM: El polímero toma cuerpo.

AP: Claro, toma cuerpo, le da brillo y, ¿qué sucede? Eso se detecta. Entonces trato de mantener esa superficie mate, lo cual fue una constante, y en el medio artístico, una tensión para los otros pintores, ya que era algo que a mí y a César [Paternosto] nos distinguía.

PM: Y se da a lo largo de toda tu carrera. Por lo menos todo lo que he visto tuyo.

AP: Sí, claro. Lo fundamental era ese vínculo estético para mí, de lo seco. Yo siempre tuve rechazo a los artificios. Hay un sentido ético en mis intereses; digamos, entre comillas, "lo verdadero", entonces, si hay artificios, deja de ser verdadero, ¿no?[17]

En la entrevista con César Paternosto volví a plantear esa cuestión:

CP: Luego, vienen esas estructuras que vos conociste en Rubbers, la novedad es que en esta serie comencé a mezclar el pigmento seco con el medio acrílico. Es decir, compraba la emulsión y mezclaba los pigmentos con ella.

PM: ¿Por qué esa decisión?

CP: Porque me permitía algo que a mí siempre me interesó, el terminado mate, y son muy escasas las obras mías que vas a ver con un acabado brillante, sobre todo en la época del óleo. Siempre me gustó el terminado mate, entonces con el pigmento puro yo podía graduar más todavía dicho acabado, e inclusive en algunas aplicaba el pigmento en forma más espontánea, tenía el frasco del pigmento, y metía el pincel con el medio mate y los mezclaba en un plato; de esta manera lograba un acabado más mate, quedaba como terciopelo.[18]

---

17. Extracto de una entrevista del autor con el artista, julio de 2001.
18. Extracto de una entrevista del autor con el artista, julio de 2001.

Atendiendo a las palabras de Paternosto, la categoría de "terciopelo" que da al acabado de una superficie habla de una topografía sensible a cualquier tratamiento sin riesgos de alterar el índice de refracción propio del plano de color y quebrar así la continuidad de lectura de éste. El "vínculo estético" del que habla Puente hace referencia también a las responsabilidades a las que el conservador está subordinado al tratar este tipo de piezas, ya que un simple fijado con una cola proteica puede originar las problemáticas antes mencionadas.

Ya en los 70, encontraremos a muchos artistas aprovechando ese acabado particular proveniente del diálogo estético de un soporte de tela sin preparación o mediante la adición de cargas inertes para restringir la concentración volumétrica de aglutinante para matear la superficie. Muchas de las problemáticas planteadas en este período encuentran en las prácticas de conservación y restauración de textiles saludables soluciones para el conservador de arte contemporáneo.

El Pop, en su afán de romper etiquetas de disciplinas para ligar arte y vida, recurso planteado desde el concretismo en el mismo sentido: "estetizar la vida", abrirá totalmente el abanico de recursos materiales y tecnológicos a disposición, actitud que caracterizará lo que hoy queremos significar cuando decimos "arte contemporáneo", y que demandará nuevos esfuerzos de interpretación para su abordaje.

En 2002 el MAMbA, con el propósito de alentar las manifestaciones de obras de carácter experimental, presenta una valiosa colección de arte contemporáneo: *Últimas tendencias en la colección del MAMbA*, obras donadas por artistas destacados de la década anterior, con tipologías diversas y múltiples apropiaciones de recursos, desde los tradicionales medios artísticos hasta hibridaciones de nuevas tecnologías; obras donde conviven materiales de disímiles características y grados de permanencia, con tiempos y mecanismos de deterioro que desconocemos o intuimos,[19] los cuales comprometen a esfuerzos en la documentación, caracterización e investigación para publicación y difusión de problemáticas y resultados.

Conclusión

El encuentro organizado por la Fundación TyPA, *Arte contemporáneo en (sala de) guardia,* sin duda constituyó el desembarco oficial de la temática sobre la preservación y recuperación de todo un colectivo de piezas que, desde comienzos del siglo XX, ha iniciado su camino de autonomía de recursos y manifestaciones, las cuales han llevado a importantes discusiones –puertas adentro– entre profesionales de la disciplina.

Luis Felipe Noé calificó de "*striptease*" al desarrollo del arte del siglo XX, en referencia a la esencialidad que de a poco iba a desembarazar a la obra de arte de la representación fenoménica. La arquitectura subyacente en las composiciones clásicas, sobre las cuales se apoyaba el discurso figurativo, es el argumento plástico al que el artista recurre, especialmente a partir de la lección de Cézanne, que el cubismo desarrolla y el concretismo cierra bajo el concepto de "objeto" para la pieza de arte, con el recurso del color ya no degradado para ficcionar la realidad y sus circunstancias, sino en la plenitud de sus cualidades específicas: tinte, valor y su natural disposición al plano.

De aquellos días a hoy, en general podemos decir que la obra, en cuanto *objeto,* tiene nuevas y específicas demandas de interpretación a la hora ser abordada, a las cuales se han sumado valores inmanentes que están más allá de la percepción y que el conceptualismo enfatizó, en algunos casos con prescindencia de un cuerpo para su manifestación

19. En algunos casos, los artistas donaron con sus obras elementos con valor de repuesto, por fragilidad inherente de manufacturas o discontinuidad de fabricación.

como obra. Ambos valores, *materialidad* y *metamaterialidad*, serán una constante en el arte contemporáneo y guía para el conservador de la especialidad. Conservador que opera sobre un segmento histórico más ancho que profundo, armado de superposiciones cronológicas de gran desarrollo en un reducido período, cuya consecuencia fue la simultaneidad de nuevas manifestaciones y artistas alternando en distintas propuestas.

Las discusiones entre conservadores y restauradores en diferentes jornadas y talleres de las últimas décadas se dieron en un marco teórico anterior, universalmente aceptado y adoptado, en el que historicidad, reversibilidad de tratamientos, diferenciación del trabajo del restaurador, concepto de original y estabilidad, eran las pautas que llevaban a estándares seguros de operatividad, pero que resultaron inaplicables a la hora de abordar las nuevas propuestas, como ha quedado en claro en la mayoría de los trabajos presentados en las jornadas de la Fundación TyPA.

Allí predominaron las prácticas sólidamente fundamentadas de refactura de capa pictórica, reconstrucción de partes, recambio de piezas con valor de reposición, o readaptación de sistemas y dispositivos para generación y distribución de energía, así como la preocupación por parte de las instituciones representadas por el acopio de elementos, mecanismos y dispositivos de producción serial, debido a la previsible obsolescencia o discontinuidad en la fabricación, y los distintos criterios de intervención en las permanentes migraciones para perpetuar contenidos a que obliga el videoarte, ya sea por inestabilidad inherente o cambio de formatos o sistemas operativos.

También quedó en claro, en muchas de las exposiciones, la insoslayable importancia de las reflexiones del artista sobre su trabajo, necesidad que, según mi criterio, se da a partir de los planteos de arte concreto, con el aditamento de un concepto que se sostiene en la materia.

La falta de un claro centro hegemónico generador de propuestas, la multiplicidad de voces emergentes, los puntos de vista desde los que se accede y consume el arte, la proliferación de eventos y ferias de arte contemporáneo, el turismo cultural y la cantidad de público como medida exclusiva de éxito constituyen un mosaico radiográfico para un diagnóstico situacional actual de *arte* y *museo,* que pone en duda el marco o la fundamentación con que se realizan muchas intervenciones y reconstrucciones de obras perdidas para sustentar esas políticas.

Aunque algunos de los trabajos del presente escrito llegan a instancias de reconstrucciones parciales, a mi juicio solo el carácter proyectual de una obra claramente explicitado por el artista es el argumento excluyente para la opción por una reconstrucción total. Podemos ver hoy, y no solamente en nuestro país, una gran proliferación de reconstrucciones cuya única referencia es una fotografía de catálogo.

Si bien tenemos en claro que la alternativa de reconstrucción o restitución de aspecto original no es considerada como legítima en restauración de obras tradicionales, aunque se cuente con una amplia y detallada documentación, las problemáticas que enfrenta el conservador en las prácticas contemporáneas, sus contenidos emergentes *–estética, objetividad, historicidad, eficiencia, funcionalidad* e *información–* siguen operando como referentes con los que dialogar para la toma de decisiones.

9

Una metodología para la conservación y restauración de arte contemporáneo

HUMBERTO FARIAS

Introducción

Son pocas las excepciones en las que curadores, historiadores y críticos de arte dominan el conocimiento de los procesos de envejecimiento de las obras de arte y las técnicas y métodos de restauración; de la misma manera, es común el desconocimiento de historia y crítica de arte por parte de los restauradores. A partir de esas constataciones iniciales, me propongo articular las teorías de la historia y de la crítica de arte con las de la conservación y restauración, para desarrollar una metodología de intervención que pueda atender a las especificidades de las obras y responder a las limitaciones de la metodología vigente.

Este enfoque postula que el conservador/restaurador necesita conocer, basándose en las teorías de la historia y de la crítica de arte, las intenciones de los artistas y los significados de las obras de arte contemporáneo, para realizar una intervención restauradora coherente y que respete la autenticidad de éstas. La metodología utilizada para estructurar esta investigación tuvo por fundamento la revisión crítica de las teorías de restauración, de manera que se pudiera examinar la validez de cada una en su aplicación a obras de arte contemporáneas. La articulación con teorías de la historia y de la crítica de arte contribuyó al establecimiento de nociones y definiciones fundamentales, respaldadas tanto por ejemplos concretos como hipotéticos.

A pesar de no pretender formalizar, en este trabajo, una definición de la obra de arte contemporáneo, se hace necesario tener en cuenta algunas cuestiones con el fin de aclarar el argumento que se presenta continuación. Uno de los principales aspectos comprendidos por el arte contemporáneo es su aproximación con la vida, con los elementos de la sociedad y con lo cotidiano. Hay un desplazamiento de una fruición genuinamente óptica hacia una intelectualizada; las obras de arte no son necesariamente objetos, el material que constituye una propuesta se vuelve el soporte para un concepto. De acuerdo con Catherine Millet, "el arte contemporáneo es como una soldadura, allá donde la modernidad señalaba una ruptura"[1]

En este sentido, el arte contemporáneo no desea suprimir otros movimientos y procesos artísticos sino unirlos. Danto complementa que "es parte de lo que se define como arte contemporáneo que el arte del pasado esté disponible para cualquier uso que los artistas quieran darle".[2]

El artista, en la contemporaneidad, ya no es entendido y visto como un ser excepcional con el cual el hombre común no podría compararse; es un hombre como los demás; las obras de arte –las propuestas artísticas– pueden ser pensadas para ser ejecutadas por cualquiera en cualquier momento; el artista puede ser el articulador –quien las propone– y no necesariamente el ejecutor.

El arte crea el simulacro de suspender, aunque solo por algunos instantes, la realidad cotidiana, llevando la experimentación al campo de lo simbólico, que a su vez parte de otra realidad, la de la ficción. Para hacer una analogía, es como si el usuario fuera a la vez espectador, actor y director

1. Millet, Catherine, *A arte contemporânea*, Lisboa, Instituto Piaget, 1997, p. 18.
2. Danto, Arthur C., *Após o fim da arte: a arte contemporânea e os limites da história*, São Paulo, Odysseus Editora, 2006, p. 7.

de la película propuesta y presentada por el artista. Para el arte contemporáneo resulta necesaria y relevante la negociación entre obra, artista y aquel a quien está destinada.

Obras autográficas y autorales

Para referirse a una metodología para la conservación/restauración de arte contemporáneo, es necesario realizar algunas distinciones y definiciones. Cada obra de arte es única y, sin embargo, existen elementos comunes a todas, como por ejemplo, la autoría.

En el arte contemporáneo hay obras ejecutadas por los propios artistas en las cuales se presenta una intención con el gesto, la *grafía.*, Por ejemplo, las de Daniel Senise (Fig. 1) y Afonso Tostes (Fig. 2), entre otros.

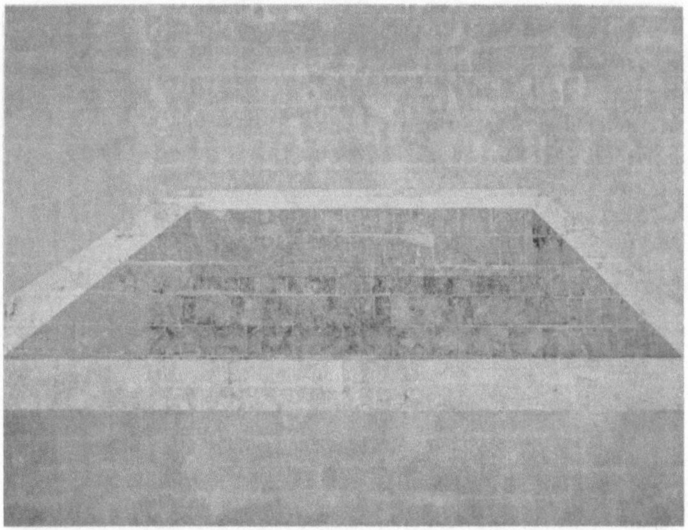

Figura 1. Daniel Senise. Queen Lapa III, 2003. Acrílico en collage sobre madera. Colección particular. Foto: Vicente de Mello.

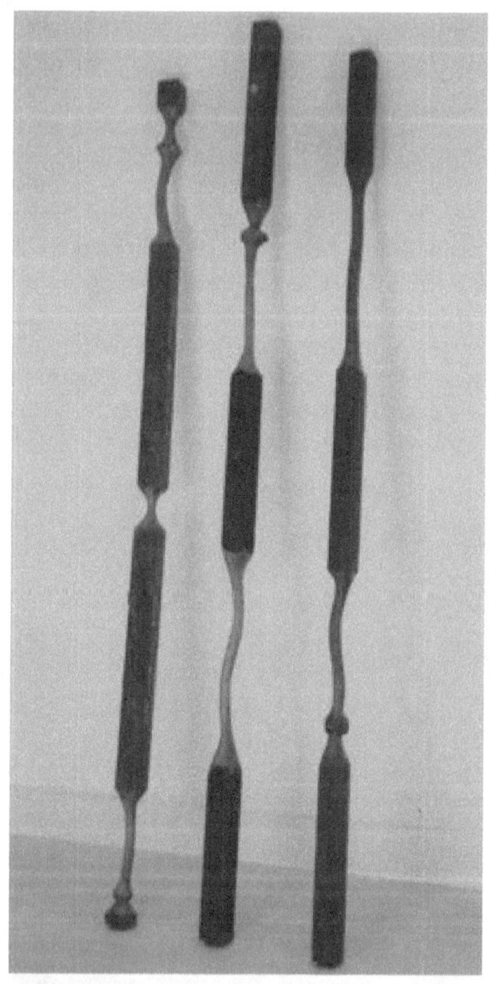

Figura 2. Afonso Tostes. Perna de três, 2003 / 2002-2004 / 2002-2004. Madera. Colección particular. Foto: Roberto Price.

A la vez, también hay artistas que actúan de manera diversa, utilizando objetos y materiales comunes de uso cotidiano, o sea, adoptando objetos y procedimientos que no fueron hechos por "la mano del artista" y que pueden ser realizados por cualquier persona; es el caso, por ejemplo, de Raúl Mourão (Fig . 3) y Artur Barrio (Fig. 4).

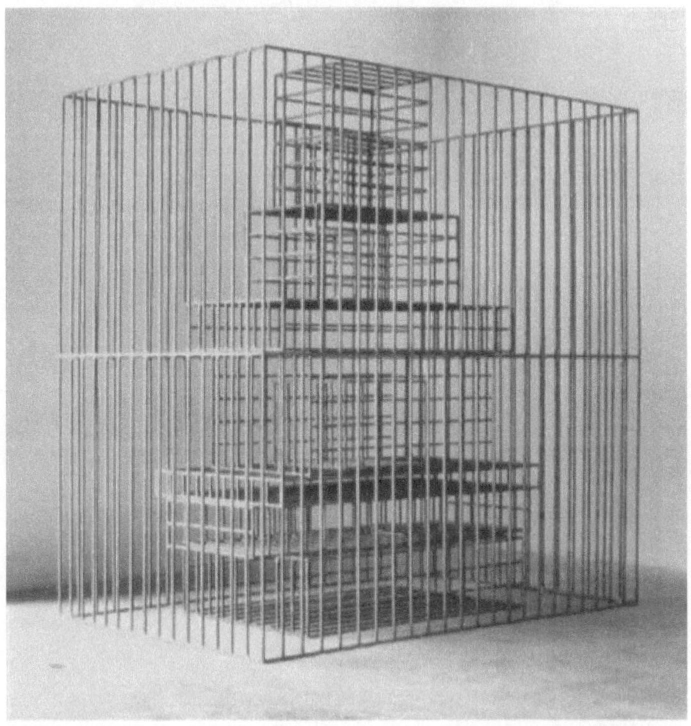

Figura 3. Raul Mourão. Trava, 2004. Hierro. Colección particular. Foto: Raul Mourão.

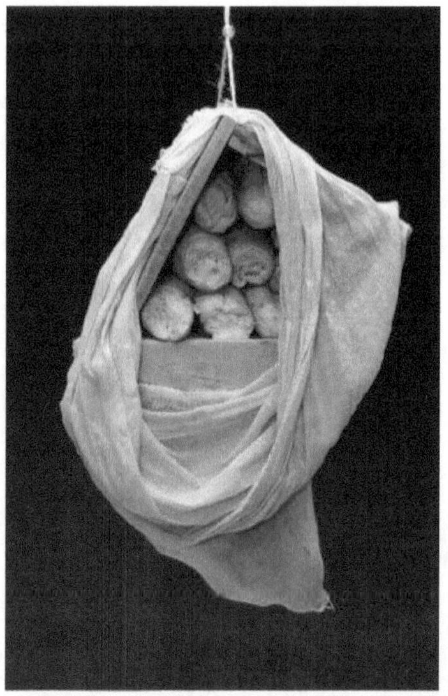

Figura 4. Artur Barrio. Nocturnos (Transportável) nº 4, 2001. Madera, tejido y panes. Colección João Sattamini, MAC/Niterói. Foto: Paulo Muniz.

Hecha esa distinción, es también posible proponer dos clasificaciones para las obras de arte contemporáneas: obras autográficas y obras autorales.[3] Mientras las autográficas coinciden con el objeto artesanalmente producido, las autorales provienen de un proyecto de apropiación de objetos cotidianos, y se configuran generalmente como un concepto en el cual la materialidad puede ser sustituida y no

3. Esas definiciones de "autográfico" y "autoral" fueron desarrolladas por el profesor Edson Motta, Jr., quien las presentó en charlas y conferencias, además de utilizarlas en sus clases de restauración de pintura en la Escola de Belas Artes de la Universidade Federal do Rio de Janeiro.

se genera por la *manualidad* del artista. Por consiguiente, toda las obras autográficas son necesariamente autorales, pero las obras autorales no son autográficas. Conviene aun recordar que todos los artistas citados pueden producir obras autográficas y/o autorales.

Giulio Argan, en su *Guía de la historia del arte,* escribe que la autenticidad de una obra de arte no se identifica con la autografía y, como ejemplo, menciona los frescos de Giotto; según Argan, muchas partes no son autógrafas, ya que en ellas se pueden distinguir las manos de diferentes discípulos y ayudantes, pero el trabajo, como un todo, se debe considerar como obra auténtica de Giotto.[4] De este modo, la autoría de esos frescos es de Giotto, pues él pensó la obra y orientó a sus asistentes; si colocó o no su gesto en ella es irrelevante, pues sigue siendo de su autoría.

Es importante observar que en textos de críticos y de artistas[5]

se encuentra la expresión "obra sin autoría" para señalar aquellas que rompen con la idea de algo que solo el artista puede producir, que no tienen firma, que pueden ser rehechas y que se emanciparan de su creador. Reynaldo Roels, en una entrevista concedida al autor, ejemplifica: "...Marcel Duchamp es el autor del *Urinario.* El autor del *Urinario* no es el diseñador que lo hizo. Si yo veo el diseño del objeto, no estoy viendo a Marcel Duchamp, estoy viendo al diseñador". En ese sentido, las obras sin autoría serán consideradas, en este trabajo, como autorales, dado que su planteo como concepto no significa ausencia de autoría.

---

4. Argan, Giulio Carlo y Fagiolo, Maurizio, *Guia da história da arte,* Lisboa, Editorial Estampa, 1992, p. 19.

5. Obrist, Hans Ulrich, *Arte agora!,* en cinco entrevistas: Matthew Barney, Maurizio Catellan, Olafur Eliason, Cildo Meireles, Rirkrit Tiravanija, São Paulo, Alameda, 2006, pp. 66-68.

La acción del tiempo en las obras de arte y la intención del artista

La conservación y la restauración solo existen porque los objetos de arte sufren un proceso de envejecimiento que, en la mayoría de los casos, los deteriora. Ese envejecimiento ocurre naturalmente por el transcurso del tiempo de existencia de una obra y puede ser considerado como el paso o la acción del tiempo sobre el objeto, lo cual promueve transformaciones en la materia que lo compone; estos cambios son generalmente provenientes de procesos naturales. Como ejemplos de esas modificaciones en una pintura, se pueden mencionar la reacción de la pintura al óleo con el oxígeno, que provoca el endurecimiento de la materia mediante el proceso de oxidación del óleo; las oscilaciones de la humedad relativa del aire, que causan el movimiento dimensional del soporte y, también, la rotura de la capa de pintura; la acción de la luz y muchos otros fenómenos.

Con la incorporación de materiales no convencionales en las obras de arte contemporáneo, el estudio del proceso de deterioro se convirtió en un problema, no debido a los objetos o materiales por sí mismos –pues la industria conoce bien los materiales que produce–, sino por las infinitas posibilidades de asociación entre ellos, algunos de los cuales son, a veces, incompatibles. Uno de los problemas relativos a la permanencia es el hecho de que la industria fabrica objetos y materiales para que duren durante determinado período, y ese tiempo útil, en general, no coincide con el de las obras creadas con ellos, a contar desde el momento en que pasan a formar parte de un universo artístico institucional.

La realidad es que el paso del tiempo es inevitable y, aunque los procesos de control ambiental contribuyen a disminuir y retardar los efectos del envejecimiento, en algún momento se hará necesaria la intervención de la restauración. Lo importante, en relación con la acción del tiempo sobre la obra de arte, es discernir los efectos positivos y negativos de esa intervención.

Si el paso del tiempo perjudicó la comprensión y la apreciación de la obra, alterando la intención del artista de manera significativa, ese "horrible tiempo" es considerado daño y necesita ser corregido; pero si añadió elementos positivos, ese "buen tiempo" se considera, por ejemplo, pátina, y debe permanecer en la obra. La pátina atribuye cualidades al objeto, tales como legitimar su autenticidad como objeto histórico.[6]

Si una pieza pertenece al período del Renacimiento, tiene necesariamente más de quinientos años de vida; si tiene solo doscientos años de existencia, no puede ser un objeto producido en el Renacimiento y, por consiguiente, no es una obra auténtica del período renacentista. Ese concepto de autenticidad es válido,[7] pero en esta investigación, cuyo foco es el arte contemporáneo, el mayor valor de autenticidad recae en el significado, en la *intención del artista.* En otras palabras, además de la preservación de la autenticidad conferida por el tiempo, es fundamental conservar el significado auténtico.[8] Siendo así, el punto neurálgico de este trabajo es el mantenimiento de esa *intención del artista,* comprendida como la propuesta de éste, su intención con los materiales empleados en la obra. Si una pintura se reali-

---

6. Esas definiciones de "buen tiempo" y "mal tiempo " fueron desarrolladas por el profesor Edson Motta, Jr., quien las presentó en charlas y conferencias, además de utilizarlas en sus clases de restauración de pinturas en la Escola de Belas Artes de la Universidade Federal do Rio de Janeiro.

7. Fidelis, Gaudêncio, *Dilemas da matéria: procedimentos, permanência e conservação de arte contemporânea,* Porto Alegre, Museu de Arte Contemporânea do Rio Grande do Sul, 2002, p. 31.

8. Fidelis escribe que la noción de autenticidad que le interesa discutir es la de tolerancia admitida por el objeto artístico, en lo que se refiere a supuestas modificaciones en su conformación material, dentro de un proceso de restauración, y no una cuestión de colocación de fecha histórica y firma (autoría). Para Fidelis, el mantenimiento de la autenticidad entra en un terreno complicado, con límites tenues y complejos que reflejan implicaciones de carácter ético. La autenticidad, para Fidélis, está directamente vinculada a la intención del artista.

zó con témpera, cualquiera que sea la razón, el material, después de una intervención o por el deterioro del tiempo, debe permanecer con las cualidades ópticas planeadas por el artista, para que el valor semántico, representado en aquella especificidad, corresponda a la *intención del autor*.

Esa comprensión es importante, pues, por ejemplo, si la obra *Você em graduação vertical*, de la serie *Homenaje al espectador*, de Ubi Bava (Fig. 5) –construida con espejos convexos sobre una superficie de acrílico– fuese llevada a restaurar[9] porque uno de los espejos se rompió o porque el material metálico que confiere el reflejo se oxidó, el restaurador, en el proceso de trabajo, deberá analizar, con la ayuda de los conocimientos críticos de la historia del arte: *a)* si será necesario restaurar el espejo, uniendo las partes, o *b)* si debe sustituirlo por otro nuevo. ¿Cuál de esas decisiones preservará mejor la *intención del artista*? Si la pieza fuere considerada autoral, el "buen tiempo" (la pátina)[10] puede no existir, pues la propuesta del artista al utilizar espejos para reflejar al espectador, haciéndole ese homenaje, fue perjudicada por la oxidación del material metálico o por un reflejo lleno de defectos provocado por la unión con cola del espejo roto. En ese caso, la alternativa preponderante es la presencia del "mal tiempo", es decir, presencia de daño, y la opción por la sustitución del espejo es la que mejor preservará la *intención del artista* en la obra, devolviendo sus cualidades ópticas. La

9. El autor restauró obras de la serie *Homenagem ao espectador* y pudo experimentar las dos condiciones expuestas (*a* y *b*).

10. Existe un límite aceptable de oxidación de un espejo, dentro del cual la reflexión no se ve comprometida, que puede ser considerado tiempo bueno (pátina). Generalmente, objetos con espejo, vidrio, acrílicos y cauchos, entre otros, no cargan la posibilidad de tiempo bueno, pero es necesaria cierta flexibilidad en el examen, pues observamos que aun esos objetos pueden, en algunos momentos, presentar cualidades de pátina; no obstante, esos casos son menos comunes. Siendo así, es necesario formular la pregunta: ¿hasta qué punto el tiempo (bueno o malo) afecta la intención del artista?

reconstrucción o reposición de parte de ella estaría restaurando el significado del objeto, pues, como resalta Jiménez, "el significado [...] también es materia de restauración".[11]

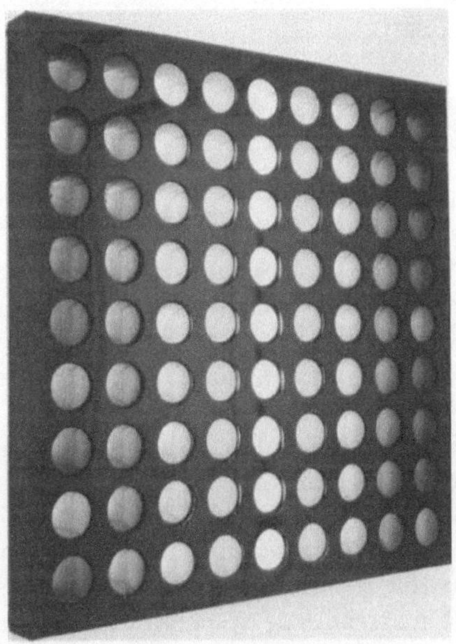

Figura 5. Ubi Bava. Você em graduação vertical. Madera, acrílico y espejo. Colección particular. Foto: Vicente de Mello.

La estructura de la metodología para la preservación y restauración de arte contemporáneo

Esa investigación solo fue posible gracias a las teorías y metodologías de conservación y restauración analizadas en la disertación de maestría de quien esto escribe, en el capítulo dedicado a la revisión crítica de la literatura. Los autores examinados en ella desarrollaron sus investigaciones de manera pionera e inauguraron un pensamiento crítico con

11. Muñoz Viñas, Salvador, *Teoría contemporánea de la restauración*, Madrid, Editorial Síntesis, 2004, p. 176.

respecto a la manera en que la conservación y la restauración deben actuar en el arte contemporáneo. Sus ponderaciones, analizadas críticamente, son el fundamento para el desarrollo de una metodología de trabajo. Dicha metodología, propuesta en esta investigación, tiene la siguiente estructura:

Primera etapa

A. *Conocimiento de la historia y de la crítica de arte para poder comprender:*

1. La obra que será restaurada, dentro del universo de la historia y de la crítica de arte. En ese momento, son útiles los textos de crítica de arte, sistemas y teorías de arte, bibliografía sobre el artista, escritos de éste, entrevistas con curadores y críticos de arte, etc.

2. Las intenciones del artista. Informaciones obtenidas mediante entrevistas con el artista, con sus contemporáneos, asistentes, etc.

3. El porqué de la selección de los materiales utilizados en la obra en cuestión. Diferenciación entre materiales tradicionales, materiales de tipo distinto, apropiaciones, etc.

4. Los procedimientos adoptados por el artista. Conocimiento sobre cómo la obra está hecha, la utilización de mano de obra cualificada, etc.

B. *Conocimiento de las teorías de conservación y restauración para poder:*

1. Verificar los límites de la conservación y de la restauración. Ponderar cómo un tratamiento de restauración puede preservar la obra sin modificar la intención del artista y evaluar si debe ser conservada, restaurada y/o reconstruida, y cuál de esas opciones preserva mejor la intención del artista.

2. Decidir qué materiales y técnicas de restauración pueden ser empleados en cada caso, a partir de la teoría de conservación y restauración más adecuada para el objeto en cuestión, y utilizarla respetando sus presupuestos éticos.

Segunda etapa

Para esta etapa de la metodología, es importante aclarar que la actuación sobre la materia que corresponde al objeto de arte exige la utilización de una estructura enfocada en el sistema de análisis formal atribuido a la restauración. Los aspectos teóricos, técnicos y filosóficos, evaluados en la primera etapa de la investigación, suministran elementos para interpretar el paso del tiempo (degradación y/o pátina) en el marco de dicho sistema.

El llamado abordaje de la "pura visualidad" es muy utilizado en los países anglosajones, que lo aplican de manera empírica y muchas veces metafórica (sin construir un sistema), del mismo modo en que fue originalmente ideado en el siglo XIX. Ese abordaje, que influyó profundamente a los investigadores en el campo de la conservación en el eje anglosajón, surgió en la escuela de Viena, tuvo como gran representante a Heinrich Wölfflin[12] –quien expuso ampliamente el esquema de comparaciones en los *Conceptos fundamentales de la historia del arte* (1915)–, y fue presentado por Argan y Fagiolo en la *Guía de la historia del arte.* Wölfflin desarrolló un esquema de comparaciones desde un sistema teórico en el cual percibe las épocas como conjuntos de productores de formas específicas, en los que la expresión más refinada de una cultura artística se presenta en cinco pares antitéticos: lineal y pictórico, composición plana y composición en profundidad, forma cerrada y forma abierta, multiplicidad y unidad, claridad absoluta y claridad relativa. Esos elementos constituyen instancias formales[13] que tienen vinculaciones intrínsecas con la materia pictórica.

Edson Motta, Jr. identificó la necesidad de trasponer los elementos (empíricos y metafóricos) constituyentes de la pura visualidad anglosajona dentro de una estructura sistémica, y propuso, en 1992, en sus clases para los diferentes

---

12. Argan, Giulio Carlo y Fagiolo, Maurizio, *op. cit.*, p. 92.
13. Bueno, Guilherme, *A teoria como projeto: Argan, Greenberg e Hitchcock*, Rio de Janeiro, Jorge Zahar, 2007, pp. 23-25.

niveles de enseñanza, un "análisis formal aplicado a la restauración". Como ejemplo, para aclarar ese análisis, se puede pensar en la obra del período barroco *David vencedor de Goliat*, de Caravaggio, perteneciente al acervo del Museo del Prado. Si ésta fuera analizada según el sistema de Wölfflin, se podría afirmar que tiene una profundidad atmosférica oscura y sombría, la cual representa la muerte, atmósfera formalmente reconocida mediante la profundidad.[14] Existe también un simbolismo que se revela en los tonos cálidos de la piel del joven, en la marca de la herida en la cabeza del opresor, en las cuerdas con las que David ata la cabeza del derrotado para ser presentada al pueblo de Israel –toda una narrativa coherente con los textos bíblicos que puede comprobarse en esa pintura–. En el momento de analizar los elementos estructurales conforme a la metodología (formal) de Wölfflin, juntamente con una lectura de la narrativa del cuadro, se hace necesario un estudio de la materia. Bajo la mirada del análisis formal aplicado a la restauración, en el acto de comprobar el paso del tiempo –positivo o negativo– en la obra, la materia pictórica tendrá que corresponder a los elementos descritos en las líneas anteriores. Solo será profundo el espacio de la composición si la materia muestra las características de espacialidad y lisura de la capa pictórica (en ese momento, la obra se presenta de manera ilusionista, dando al espectador la sensación de ser tridimensional); si el tiempo hubiese causado el surgimiento de *craquelados* generalizados en la capa pictórica, las características formales se habrían perdido, pues la espacialidad se habría vuelto superficial y no más profunda (en ese caso, la obra se presentaría en su forma real, dando la sensación de ser bidimensional), y se perdería también la sensación de atmósfera que la pintura inicialmente aportaba.

14. Ver Valdovinos, José Manuel Cruz, "Caravaggio, Michelangelo Merisi. David vencedor de Goliat. 1602", en *100 Obras maestras del Museo del Prado*, Madrid, Edición Museo Nacional del Prado, p. 98.

En ese caso, en la segunda etapa de trabajo, se requeriría, inevitablemente, una interpretación de la materia que constituye la obra de arte, según elementos de análisis formal aplicado a la restauración.[15] A la luz de esos presupuestos, resulta necesario verificar si se preserva la **intención del artista** en el objeto:

A. *Si el objeto es una obra **autográfica** y/o **autoral**.* El objeto puede ser exclusivamente autográfico o exclusivamente autoral, pero puede también tener partes autográficas y partes autorales.

B. *Cuál o cuáles son las posibilidades de acción del tiempo sobre el objeto: "**buen tiempo**" y/o "**mal tiempo**".* El objeto puede tener partes que posibilitan "buen tiempo" y partes que hacen posible el "mal tiempo", pero también partes que solo posibilitan "mal tiempo". O sea, generalmente obras que tienen partes autográficas tienen "buen tiempo" y "mal tiempo", y obras que tienen partes autorales solo posibilitan "mal tiempo".[16]

C. *Si el objeto en sí mismo debe ser **mantenido, restaurado** y/o **reconstituido**.* El objeto puede ser conservado y restaurado, pero puede tener partes que pueden ser conservadas y restauradas o también partes que deben ser reconstruidas.

---

15. El profesor Edson Motta, Jr. sistematizó, los elementos del análisis formal aplicado a la restauración: la gramática visual y el tiempo son los componentes del lenguaje visual que, cuando son articulados de una determinada forma, producen, mediante la visión, una sensación estética. Algunos componentes de la gramática visual son alterados por el transcurso del tiempo, otros no. Por ejemplo: la proporción entre los elementos de una composición raramente es afectada por los daños que ocurren con el tiempo; en cambio, los colores y el juego de claro y oscuro pueden serlo fácilmente (por barnices amarillentos, entre otros factores). Los elementos de la gramática visual modificados por el tiempo son: 1) espacio / volumen; 2) colores / valores tonales; 3) textura real / textura representada; 4) translucidez / opacidad; 5) superficialidad / profundidad; 6) brillo / aspecto difuso. Estos elementos son los correspondientes directos de una especificidad de la materia, objetivada por el artista en el acto de selección y por el procedimiento utilizado.

16. Existe la posibilidad de tiempo bueno en obras autorales; no obstante, con menor frecuencia, pues se constató que la gran mayoría de las obras autorales tiene objetos que pueden ser sustituidos.

Cuadro 1

Una metodología para la conservación y restauración del arte contemporáneo

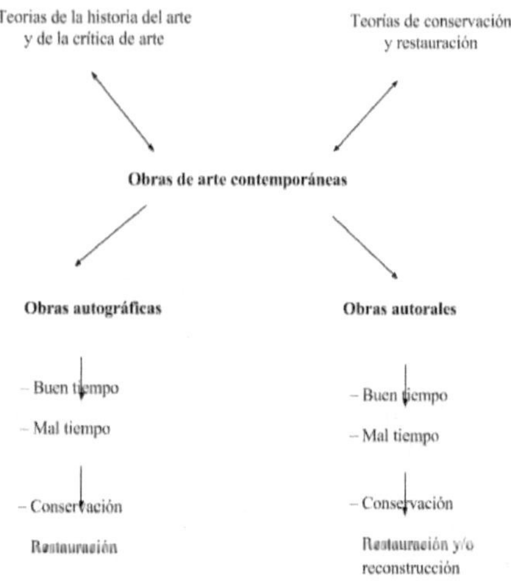

En el cuadro 1, las flechas con doble dirección señalan la metodología que se utilizó para desarrollar la investigación, representando la articulación de las **teorías de la historia y de la crítica del arte** con **las teorías de la conservación y restauración**. Del campo de los **objetos de arte contemporáneo**, las flechas apuntan hacia las dos posibilidades de obras, **autorales** y **autográficas**. A continuación, muestran las posibilidades de "**buen tiempo**" y "**mal tiempo**". Finalmente, indican las posibilidades de intervención: **conservación, restauración** y/o **reconstrucción**.

Es importante resaltar que la propuesta de desarrollo de una metodología para conservar y restaurar arte contemporáneo está abierta a otras nuevas posibilidades. Como el arte contemporáneo es algo que está aconteciendo continuamente, no se pretende, en esta investigación, agotar el asunto, que es complejo, amplio y con muchas variables.

PARTE IV
Cómo adaptarse a los cambios. El enfoque institucional

10

Estrategias para la conservación de instalaciones de arte y obras complejas

Arianne Vanrell Vellosillo

Desarrollo y aplicación de nuevos protocolos y redes de intercambio

A partir de los años 40, la coexistencia de diversas corrientes artísticas, la presencia de innovadoras y abordables herramientas tecnológicas y la repercusión de nuevos modelos sociales, culturales y políticos han influido y modificado significativamente la forma de trabajar de numerosos artistas, en sus propuestas y en nuestra percepción del arte.

A partir de entonces, el discurso de muchos de ellos se ha hecho cada vez más elaborado, y mostró una evolución en el uso de materiales y formas de comunicación –desde la apropiación de herramientas empleadas en publicidad y en los medios de comunicación impresos hasta el uso de Internet y de las redes sociales actuales–, que han servido para vehicular sus argumentos y enunciados, dando forma a sus ideas e ilustrando sus puntos de vista personales o colectivos, conceptuales, sensoriales o estéticos.

La presencia de estas obras en museos e instituciones museísticas en todo el mundo se ha incrementado notablemente en las últimas décadas y, con ello, se ha puesto de manifiesto la necesidad de adaptarnos a sus características y singularidades con el fin de optimizar su adecuada conservación y garantizar la transmisión de su mensaje, valorizándolas dentro de su contexto temporal y de su entorno de creación para el disfrute e interpretación de futuras generaciones.

El uso de sistemas de registro, documentación y gestión adaptados a obras de arte contemporáneo más tradicionales se ha visto sobrepasado por las particularidades específicas, la enorme diversidad de propuestas y las necesidades individuales de estas manifestaciones artísticas.

En muchos casos, la falta de herramientas y procedimientos adecuados para llevar a cabo su catalogación y su registro ha originado pérdidas de información que han repercutido desfavorablemente en la preservación integral de la obra y de su mensaje.

Las propuestas de conservación y los criterios de intervención actuales deben tomar en cuenta nuevas variables, como la documentación de los elementos materiales e inmateriales que forman parte de estas obras y que son responsables en diferente medida de la trasmisión del mensaje del artista, por lo que pueden ser evaluados y tratados según su jerarquía e importancia relativa en el proceso de toma de decisiones previo a la aplicación de un protocolo de conservación determinado.

La convocatoria a la participación directa del espectador en piezas interactivas propone nuevas formas de exposición, de percepción y de interacción por parte del público, de modo que el rol de éste, de la obra y de su lugar de exposición se ve modificado.

Las alternativas de conservación, restauración, sustitución, emulación, migración de soportes, actualización de sistemas electrónicos o reinterpretación integral de las obras en función de nuevos espacios o nuevas posibilidades técnicas y materiales deben argumentarse de forma concienzuda, estableciendo los parámetros y las posibilidades disponibles en cada momento de decisión.

Actualmente se trabaja en el desarrollo de una documentación de calidad basada en el análisis, comprensión y procesamiento de datos, que ha puesto de manifiesto la ineficacia de antiguas bases de datos apoyadas en la acumulación de información y, por lo tanto, muy laboriosas de consultar.

Las dificultades para la conservación de nuevos materiales, la obsolescencia e incompatibilidad entre elementos tecnológicos y la complejidad para documentar aspectos sensoriales cruciales para la comprensión de la obra y su correcta exposición a través del tiempo, independientemente del espacio de exposición y de la participación del artista como garantía de originalidad durante el montaje, han impulsado la creación de grupos de investigación para evaluar y solucionar estos problemas.

Primeras iniciativas para procesos de estudio y proyectos de investigación en la conservación de instalaciones de arte

En la última década, a través de proyectos internacionales como *Inside Installations* y *PRACTICs* en Europa y *DOCAM* en Canadá, se ha incentivado la colaboración internacional para intentar solucionar complejos aspectos desde diversos puntos de vista. Con distintos grados de experiencia y de niveles formativos, algunos equipos transdisciplinarios han desarrollado líneas teóricas y evaluado ejemplos reales que posibilitan establecer protocolos de estudio, comprensión y gestión de estas obras complejas.

Ante la enorme producción y diversidad de propuestas artísticas y la singularidad de sus necesidades para garantizar su correcto registro, documentación, montaje, mantenimiento, preservación, difusión y comprensión, se hace imprescindible profundizar en el conocimiento y desarrollo de herramientas que permitan mejorar nuestra capacidad de respuesta ante las necesidades de su conservación.

Estos protocolos tienen en consideración los requisitos y singularidades de las obras, dentro de objetivos y lineamientos generales que faciliten la creación de nuevas pautas de acción, definan códigos de buenas prácticas, procedimientos de toma de decisiones y sistemas de difusión e intercambio de información. Esto haría posible mejorar la percepción, gestión y exposición, a la vez que garantizará la conservación integral de estas propuestas artísticas.

La flexibilidad y capacidad de adaptación de los diferentes protocolos aplicados permiten optimizar recursos para la aprehensión de este tipo de colecciones y su uso e intercambio durante préstamos entre instituciones y en diversos contextos de exposición, sin sacrificar sus particularidades, respetando cada obra como un caso de estudio independiente.

A partir de 2002, el Departamento de Conservación y Restauración del Museo Nacional Centro de Arte Reina Sofía (MNCARS) formó parte del grupo de co-coordinadores del proyecto europeo *Inside Installations*, como responsable del Grupo Español y del desarrollo del tema de investigación: "Gestión del conocimiento e intercambio de la información". Este proyecto tuvo una duración de cinco años, en los que participaron más de veinticinco instituciones y museos internacionales y más de cincuenta profesionales. Se desarrollaron cinco temas de investigación y treinta y tres estudios de caso sobre instalaciones de arte.

El Grupo Español estuvo formado por el MNCARS y seis "socios participantes": el Museu d'Art Contemporani de Barcelona (MACBA), el Instituto Valenciano de Arte Moderno (IVAM) de Valencia, la Fundación La Caixa de Barcelona, el Centro Andaluz de Arte Contemporáneo (CAAC) de Sevilla, el Museo Artium y el Taller de Restauración de la Diputación Foral de Alava, de Vitoria, y el Museo Guggenheim de Bilbao. Cada uno de los participantes del Grupo Español realizó un estudio de caso sobre una instalación perteneciente a sus colecciones, elaborando y compartiendo los resultados obtenidos a partir de la aplicación de los protocolos y lineamientos que se fueron desarrollando en los temas de investigación.

Durante estos cinco años, se organizaron diversas actividades en el marco del proyecto, tanto en la evolución y evaluación de los temas de estudio como en la profundización de resultados que se difundieron a través de charlas en congresos y seminarios, en reuniones o mesas de trabajo y en clases magistrales en universidades o escuelas de conservación y restauración.

Los resúmenes y documentos producidos están disponibles en la página web del proyecto (www.inside-installations.org) y en un informe de resultados titulado *Booklet: Project Preservation and Presentation Installation Art,* que se editó en 2007, en el cual se resumieron las conclusiones generales del proyecto y los resultados obtenidos en los treinta y tres estudios de caso.

La participación de América Latina a través de la aplicación de nuevos protocolos en el estudio y la comprensión de casos prácticos

En 2008, respondiendo a una invitación del Museo de Arte Latinoamericano de Buenos Aires (Malba), se presentaron la página web y los resultados del proyecto en Buenos Aires, Argentina, y en Montevideo, Uruguay.

Como fruto de estos contactos se decidió facilitar la documentación existente y todo el apoyo técnico y práctico necesario para realizar dos estudios de caso, uno en el Museo Castagnino+macro de Rosario, Argentina, dirigido por la restauradora Gabriela Baldomá, responsable de la conservación del museo y directora del Instituto de Investigación, Conservación y Restauración de Arte Moderno y Contemporáneo de la Municipalidad de Rosario (IICRAMC), y otro en el Museo Nacional de Artes

Visuales (MNAV) y el Taller de Restauración del Gobierno de la Nación, dirigido por el restaurador Vladimir Muhvich, en Montevideo, Uruguay.

Desde su inicio, los objetivos del proyecto *Inside Installations LA* (*Latin America*) tuvieron en cuenta el análisis de las necesidades y posibles soluciones para la documentación, comprensión y conservación-restauración de instalaciones de arte o de obras complejas que pertenecieran a las colecciones de estos museos y que propusieran dificultades o problemas específicos que pudiésemos tratar a partir de protocolos desarrollados en *Inside Installations*, teniendo en cuenta las posibilidades técnicas de estos dos museos, las características de formación de los equipos profesionales y las disponibilidades económicas con las que se contaba para realizar estos estudios.

Durante un año y medio se llevaron a cabo cuatro reuniones presenciales de trabajo y numerosas consultas por Internet para establecer, de forma consensuada, la metodología de trabajo más viable y definir alternativas y aclarar dudas, modificando algunos aspectos del proyecto para su adaptación a las posibilidades reales de trabajo en Rosario y en Montevideo.

También se aprovecharon las visitas para realizar reuniones de trabajo sobre temas relacionados, así como charlas temáticas abiertas a profesionales y al público general que ayudaron a promover el proyecto y el interés de otros museos e instituciones, que a partir de entonces han colaborado activamente en la creación de eventos, encuentros de trabajo y publicaciones.

En el desarrollo de los casos de estudio, nos propusimos no solo emplear o poner en práctica lo expuesto o propuesto en *Inside Installations*, sino también servir de forma de evaluación sobre la factibilidad, flexibilidad y viabilidad de un proyecto que había sido creado originalmente para y dentro de un entorno, y con un presupuesto y una disponibilidad económica muy altos, por lo que queríamos testear su eficacia y la factibilidad de su aplicación en un entorno más modesto en tiempo y en recursos financieros.

Nuestra apuesta en la utilización de estos protocolos en piezas de arte latinoamericano nos permitió acceder a obras que proponen nuevos enfoques en el proceso de creación y difusión, aportan elementos diferentes y generan nuevas formas de relacionarnos con el artista.

Estudio de caso argentino / Museo Castagnino+macro de Rosario[1]

La obra seleccionada fue *Jaula con aves*, perteneciente a la serie *Excrementos*, del artista argentino León Ferrari. Ésta plantea que tres canarios, dentro de una jaula sin fondo, hicieran sus necesidades sobre reproducciones de obras famosas del Juicio Final de artistas reconocidos como Fra Angélico, el Bosco y Giotto, colocadas debajo de la jaula sobre una pequeña peana, como una forma de "expresar su opinión" según las palabras del artista en una entrevista realizada durante el estudio.

La exhibición de estas obras había tenido violentas consecuencias en exposiciones precedentes, en especial la realizada en el Centro Cultural Recoleta en Buenos Aires, en la cual un grupo de personas que se sintieron vulneradas e insultadas en sus creencias religiosas irrumpió y destruyó algunas piezas.

Gracias a la información obtenida y a la entrevista realizada, Ferrari pudo explicar concretamente su trabajo, relacionándolo con doctrinas religiosas que contrastaba con argumentos y textos de su autoría, que explicó que debían acompañar la exposición de la obra y cambiarse en función

1. Nota del editor: para más información sobre este caso de estudio y la implementación de los protocolos en otras obras del museo, ver el artículo "¿Qué se conserva en un museo de arte contemporáneo?", de Gabriela Baldomá, en este mismo volumen. (Nota del editor).

del autor de la reproducción utilizada, para hacer referencia al artista y a la imagen que se estaba "interviniendo" en cada momento.

Si bien ésta es una obra emblemática que sigue exaltando el ánimo de un sector de los visitantes, la explicación ayuda a demostrar y argumentar que es un punto de vista del autor y que su crítica es consecuencia de una reflexión personal.

La comprensión por parte del público no fue el único planteamiento desarrollado en este caso: el uso de animales vivos tuvo que adaptarse a la nueva legislación y a criterios éticos actuales. Se emplearon canarios porque éstos nacen y viven siempre en cautiverio, a diferencia de obras previas del autor, en las que habían usado palomas y que suscitaron reacciones contrarias de sociedades protectoras de animales, por tratarse de una especie que vive en espacios abiertos.

El cuidado o "conservación preventiva" aplicado a estos pájaros pasó por la necesidad de contratar un veterinario, agregar una protección para evitar las picaduras de hormigas a los canarios durante la noche, seleccionar que todos fueran del mismo sexo para reducir inconvenientes y exponerlos a la luz natural al menos una vez cada día, entre otras medidas.

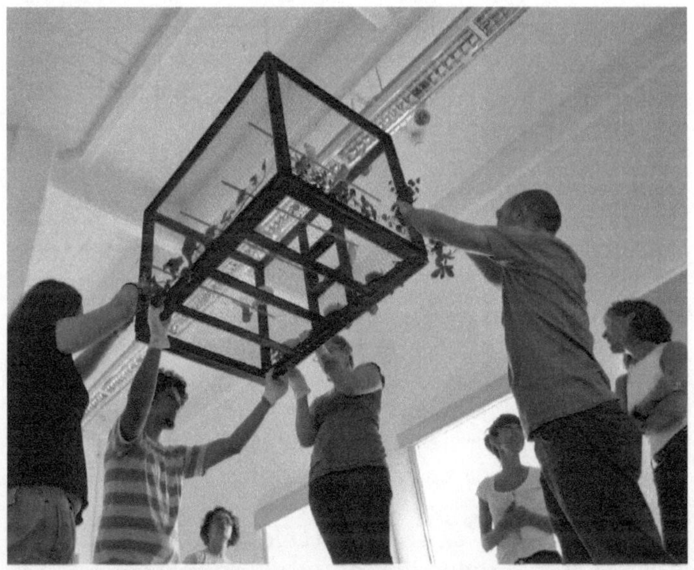

León Ferrari. Jaula de aves. Colección Museo Castagnino+macro, Rosario, Argentina. Foto: Arianne Vanrell Vellosillo.

Una simpática, novedosa e inteligente forma de lograr que el personal de vigilancia de las salas se involucrara en el cuidado de las aves fue la propuesta de que cada uno adoptara un canario, y que se lo pudiera llevar a su casa después de terminada la exposición. Esto, sin duda, creó vínculos personales con excelentes resultados, y se trató de un ejemplo más de cómo nuestra forma de ser y nuestra idiosincrasia pueden aportar ideas frescas y espontáneas.

También la excelente relación entre León Ferrari y el museo propició la propuesta del artista de dejar que fuera el curador de la exposición el responsable de decidir en qué momento una reproducción había sido suficientemente "intervenida" por los canarios, delegando así el poder del artista para determinar cuándo su obra está concluida.

A su vez, Ferrari decidió donar las piezas "producidas" durante la muestra al museo, para que éste pudiese venderlas y ayudarse financieramente. Por lo tanto, estas reproducciones intervenidas, tituladas *Juicios Finales*, tendrían que ser "estabilizadas" y consolidadas por el personal de conservación del IICRAMC, que, junto con el curador, es responsable de datarlas, numerarlas y autenticarlas

Este proceso constituye un claro ejemplo de cómo, a través del trabajo conjunto, el artista se mostró más sensible a cuestiones que tienen que ver directamente con la conservación de sus obras y que antes había pasado por alto.

Además, se planteó otro nuevo reto para el departamento legal del museo, que nunca se había enfrentado a una propuesta de este tipo ni había vendido una obra de su propiedad. Curiosamente, antes de empezar la exposición ya se oía hablar de coleccionistas interesados en adquirir estos trabajos.

Junto a estas cuestiones técnicas, la preparación, el montaje y la producción de resultados involucraron a todos los departamentos del museo, reforzando los vínculos internos de trabajo a través del mejoramiento del conocimiento de la participación de cada uno en beneficio de todos, de la obra y de la institución.

Los protocolos usados en este estudio de caso han sido útiles para comprender y argumentar intervenciones y decisiones de conservación en otras piezas de la colección y para proponer nuevos estudios en obras complejas.

El caso de estudio uruguayo / Museo Nacional de Artes Visuales (MNAV) y Taller de Restauración del Gobierno de la Nación, Montevideo, Uruguay

En Uruguay se decidió trabajar sobre una obra de la artista Águeda Dicancro titulada *Ataduras*, realizada en 1985, que constaba, según el registro del MNAV, de veintitrés piezas de vidrio modelado con calor y tratado al ácido, con dos perforaciones.

El estudio, que fue desarrollado en el Museo Nacional de Artes Visuales de Montevideo, planteaba muchas dificultades: *Ataduras* pertenecía a la producción de una artista uruguaya muy conocida pero con la que el museo no tenía una extensa relación, no se disponía de documentación sobre los elementos que formaban parte de la obra ni sobre su montaje, no había documentación sobre su significado, nadie del museo la había visto montada y no se sabía para qué servían los dos orificios que tenía cada pieza.

A partir de los primeros contactos con la artista determinamos que faltaban elementos estructurales importantes, como las tubos de hierro que daban forma a las "cuerdas" del tendedero y las "pinzas" de metal que las unían con las piezas de cristal, perdidas para el momento en que iniciamos el estudio del caso.

Las piezas fueron fabricadas de nuevo, conforme a los recuerdos de la autora y a una única fotografía de periódico en blanco y negro en la que no se observaban los detalles. Posteriormente se encontraron los originales en los almacenes del museo, bajo otro número de registro, y guardaban dimensiones y formas muy fieles a lo recordado por la artista.

El tratamiento de las piezas originales de vidrio, la elaboración de fichas para su catalogación y registro, las propuestas de limpieza y manipulación, el protocolo de montaje y desmontaje, la protección y el almacenaje fueron estudiados y planteados por los especialistas del Departamento de Restauración de la Comisión del Patrimonio Cultural de la Nación de Uruguay, dirigidos por el restaurador Vladimir Muhvivh.

Las piezas nuevas fueron realizadas por un herrero indicado por la artista, con el que se realizó también el anclaje de la obra al techo de la sala del museo y el cálculo de sujeciones necesarias para sostenerla, con la participación permanente de la autora.

El proceso de investigación reveló la importancia real de la instalación, expuesta por primera vez en el Pabellón de Uruguay de la Bienal de San Pablo de 1985, en respuesta a la invitación realizada por Brasil a Uruguay para celebrar el fin de la dictadura y el inicio de la democracia en ese país.

Águeda Dicancro explicó, quizás por primera vez en la historia del MNAV, el significado de su obra durante la entrevista realizada por Vladimir Muhvich. Según la artista, representa ropa limpia secándose al sol y al viento, como una alegoría de la nueva etapa que se abría en la vida de su país tras el derrocamiento de la dictadura. En sus propias palabras, "todos se habían unido por un interés y un bien común", aunque sin olvidar que la democracia no es solo libertad, representada por las pinzas que la unían a las barras de hierro que formaban el tendedero en *Ataduras*. Esto explica la confusión entre el nombre de *Tendedero*, que viene de la forma de la obra, y el de *Ataduras*, reconocido como el original durante la entrevista con la artista.

Durante el montaje, los mínimos detalles sobre el orden de colocación, distancia entre los elementos, acabado de la pintura de las partes metálicas, la altura y la iluminación de las piezas fueron rigurosamente pormenorizados y explicados para que pudieran adaptarse a nuevas salas de exposición sin perder la intensidad de la percepción que busca la artista. La luz se convirtió en un elemento imprescindible para la trasmisión del mensaje y de las sensaciones que debía evocar la obra, para ello y se realizó una nueva documentación que incluía detalles técnicos de alturas, tipos de focos y ángulos de incidencia de la luz.

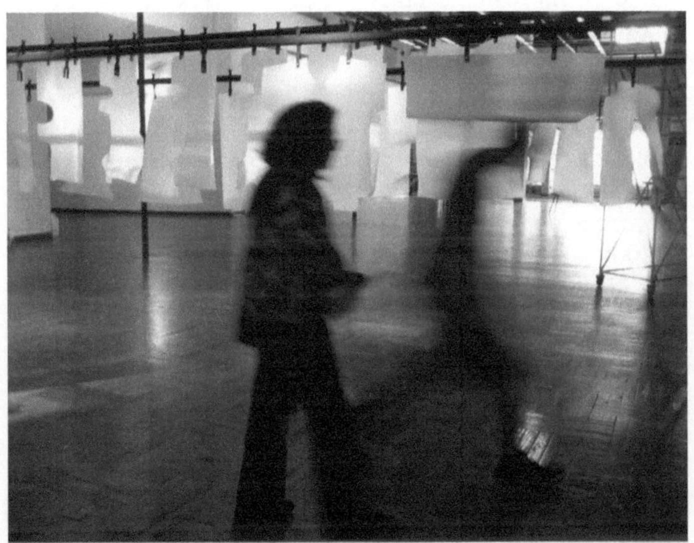

Águeda Dicancro. Ataduras, 1985. Colección MNAV, Montevideo, Uruguay. Foto: Arianne Vanrell Vellosillo.

Durante el estudio se crearon nuevas fichas de registro y se aplicaron protocolos de trabajo que han servido de guía para el análisis de otras piezas. Posteriormente se realizaron talleres y jornadas de encuentro sobre temas relacionados con la conservación y la comprensión de obras complejas en los que participaron cada vez más profesionales uruguayos e invitados de otros países del entorno con intereses y problemáticas similares.

Nuevos horizontes en el intercambio de conocimientos y de información actualizada

El proceso de trabajo, con la aplicación y adaptación de los protocolos propuestos en el proyecto *Inside Installations* al entorno y a las obras estudiadas, constituyó un laboratorio de ideas y de experiencias sumamente positivo, que mejoró la comunicación y el trabajo en equipo en cada país y promovió el intercambio entre los profesionales de la Argentina y el Uruguay. También motivó la evaluación crítica de experiencias, la creación de talleres, encuentros, congresos y grupos de trabajo.

Las conclusiones obtenidas han sido divulgadas y publicadas paralelamente al desarrollo de los estudios en las 10ª y 11ª Jornadas de Conservación de Arte Contemporáneo organizadas por el MNCARS y el GEIIC, en febrero de 2009 y 2010, respectivamente: *Proyecto Inside Installations para América Latina. 1ª fase, difusión, preparación y puesta en marcha*, y *Proyecto Inside Installations para América Latina. 2ª fase, aplicación, resultados y difusión*.

También fueron presentadas en las sesiones de los grupos de habla hispana del congreso internacional "Contemporary Art, Who Cares?", que tuvo lugar en Ámsterdam en junio de 2010.

A través de los últimos años, estas experiencias y sus excelentes resultados han dado pie a la obtención de ayudas financieras para nuevos proyectos en cada país, como el taller realizado en Montevideo en noviembre de 2010 sobre "Estrategias de preservación en arte contemporáneo" y la movilización de profesionales de otros países para la creación de una red iberoamericana para la conservación del arte contemporáneo, coordinada desde el Departamento de Conservación Restauración del MNCARS, la cual cuenta con la participación de Argentina, Brasil, México, Perú, Chile, Uruguay, España, Portugal y las universidades de Sevilla, en España, y Western Ontario, en Canadá.

En agosto de 2011 se consolidó la creación del grupo INCCA Iberoamérica, dentro de la red internacional INCCA (International Networking for the Conservation of Contemporary Art) con base en el Rijksdienst voor het Cultureel Erfgoed (Instituto de Patrimonio Holandés), en Ámsterdam. Este grupo tiene como objetivo incentivar y promover el intercambio de información y conocimientos en español y en portugués que faciliten el acceso a soluciones viables a mediano y largo plazo, a través de la participación de equipos de trabajo transdisciplinarios, destacando las necesidades de obras, artistas y colecciones iberoamericanas, y el estudio de propuestas para una posible aplicación de protocolos y procedimientos generales en museos e instituciones a futuro.

La comunicación entre todos los participantes de la red se está realizando gracias a una herramienta llamada Yutzu, desarrollada entre las universidades de Western Ontario, Canadá, y de Sevilla, España, para un proyecto de investigación sobre el barroco hispánico. Actualmente se están evaluando y ajustando detalles para facilitar el trabajo a distancia y a diferentes niveles de todos los participantes de la red y la creación de grupos de trabajo en educación, documentación, bases de datos con entrevistas a artistas iberoamericanos, estudios científicos y nuevos protocolos, entre otros.[2]

Bibliografía

Allen, Rebecca, "Arte y realidad en un mundo liminar", en *Máquinas & almas, arte digital y nuevos medios* (cat.), Madrid, Museo Nacional Centro de Arte Reina Sofía, 2008, pp. 41-43.

Alonso, Rodrigo, "Arte y tecnología en América Latina. Algunos conceptos y experiencias pioneras", en *Emergentes* (cat.), Gijón, LABoral Centro de Arte y Creación Industrial, 2008, pp. 41-50.

Altshuler, Bruce, "Collecting the New: A Historical Introduction", en Altshuler, Bruce (ed.), *Collecting the New*, Princeton and Oxford, Princeton University Press, 2005, pp. 1-13.

2. Los interesados pueden consultar las actividades de la red accediendo a www.yutzu.com search/rediberoamerica, a través de la página de INCCA www.incca.org en Red Iberoamerica, y en www.museoreinasofia.es/coleccion/restauracion/proyectos.html, o escribir a arianne.vanrell@museoreinasofia.es para obtener más información, solicitar el acceso como usuario, participar en grupos de trabajo, foros, etc.

Ascote, Roy, "El arte sincrético y la tecnología de la conciencia", en *Máquinas & almas, arte digital y nuevos medios*, Madrid, Museo Nacional Centro de Arte Reina Sofía, 2008, pp. 37-40.

Berger, Erich, "El arte de la implicación", en *Emergentes* (cat.), Gijón, LABoral Centro de Arte y Creación Industrial, 2008, pp. 16-17.

Bosco, Roberta y Caldana, Stefano, "Arte y museo frente al público 2.0", en *Máquinas & almas, arte digital y nuevos medios* (cat.), Madrid, Museo Nacional Centro de Arte Reina Sofía, 2008, pp. 50-52.

Brokerhof, Agnes W., *Inside Installations: Developing a methodology for risk assessment of Modern Art Installations*, Amsterdam, Instituut Collectie Nederland, 2006.

Dietz, Steve, "Collecting New-Media Art: Just Like Anything Else, Only Different", en Altshuler, Bruce (ed.), *Collecting the New*, Princeton and Oxford, Princeton University Press, 2005, pp. 85-101.

Fox, Howard N., "The Right to Be Wrong", en Altshuler, Bruce (ed.), *Collecting the New*, Princeton and Oxford, Princeton University Press, 2005, pp. 15-27.

Gómez-Baeza, Rosina, "El impacto de la tecnología digital en la producción artística de nuestro tiempo", en *Emergentes* (cat.), Gijón, LABoral Centro de Arte y Creación Industrial, 2008, pp. 12-13.

Paksa, Margarita, "Barajar y volver a dar", en *Arte y nuevas tecnologías* (cat.), 5ª edición Premio MAMbA, Buenos Aires, Fundación Telefónica, 2006, pp. 11-16.

Pérez-Barreiro, Gabriel, "The Accidental Tourist: American Collections of Latin American Art", en Altshuler, Bruce (ed.), *Collecting the New*, Princeton and Oxford, Princeton University Press, 2005, pp. 131-145.

Sichel, Berta, "Primera generación. Arte e imagen en movimiento, 1963-1986", en *Primera generación. Arte e imagen en movimiento, 1963-1986* (cat.), Madrid, Museo Nacional Centro de Arte Reina Sofía, 2006, pp. 15-40.

Storr, Robert, (2005): "To Have and to Hold", en Altshuler, Bruce (ed.), *Collecting the New*, Princeton and Oxford, Princeton University Press, 2005, pp. 29-40.

Szeemann, Harald, "El vídeo, los mitos y el museo", en *Primera generación. Arte e imagen en movimiento, 1963-1986* (cat.), Madrid, Museo Nacional Centro de Arte Reina Sofía, 2006, pp. 79-88.

Vanrell, Arianne; Baldomá, Gabriela y Muhvich, Vladimir, "Proyecto Inside Installations en América Latina. 2ª Fase: aplicación, resultados y difusión", *Actas 11as Jornadas de Conservación-Restauración del Grupo Español de Arte Contemporáneo del IIC*, Madrid, MNCARS, 2010.

Vanrell, Arianne, "La documentation des installations d'art. La conservation des œuvres à travers leur compréhension", en actas Journées d'études de l'ARAAFU (Association des Restaurateurs d'Art et d'Archéologie de Formation Universitaire), *Enjeux et pratiques documentaires en conservation-restauration. Perspectives pour la recherche*, Paris, ARAAFU, 2010 (ed. digital).

—, "L'étude d'installations d'art dans le projet INCCA 'Inside Installations' et leur évolution dans la mise en œuvre de protocoles d'étude des collections d'art électronique, d'installations vidéo et de net art au Département de conservation-restauration du MNCARS", actas coloquio de la SFIIC (Sección Francesa del IIC), Paris, SFIIC, 2009.

—, "El (nuevo) papel del conservador restaurador en la conservación y comprensión de obras de nuevas tecnologías", actas congreso GEIIC (Grupo Español del Instituto Internacional de Conservación), Cáceres, GEIIC, 2009.

—, "Procesos de documentación para la preservación de obras tecnológicas", actas seminario "Conservación de obras y documentos sobre soportes electrónicos", Ciudad de México, julio-agosto de 2009.

—,"Proyecto Inside Installations en América Latina. 1ª fase: difusión, preparación y puesta en marcha", *Actas 10as Jornadas de Conservación-Restauración del Grupo Español de Arte Contemporáneo del IIC*, Madrid, MNCARS, 2009.

—, "Prevención del riesgo de pérdida de información en el montaje de exposiciones y conservación de Instalaciones de Arte", actas del congreso GEIIC (Grupo Español del Instituto Internacional de Conservación), Oviedo, GEIIC, 2007.

Waller, R.R., "Conservation Risk Assessment: A Strategy for Managing Resources for Preventive Conservation", en Roy, A. y Smith, P. (eds.), *Preventive Conservation–Practice, Theory and Research*, Preprints of the Contributions Ottawa Congress, Canada, London, IIC, pp. 12-16.

Weiss, Jeffrey, "9 Minutes 45 Seconds", en Altshuler, Bruce (ed.), *Collecting the New*, Princeton and Oxford, Princeton University Press, 2005, pp. 41-54.

Wendland, Wend, "Patrimonio inmaterial y propiedad intelectual: retos y perspectivas", Conference on Intangible Cultural Heritage: Working Definitions, *Museum International*, nº 221-22, UNESCO, 2001, pp. 98-109.

Wharton, Glenn, "The Challenges of Conserving Contemporary Art", en Altshuler, Bruce (ed.), *Collecting the New*, Princeton and Oxford, Princeton University Press, 2005, pp. 163-178.

11

¿Qué se conserva en un museo de arte contemporáneo?

GABRIELA BALDOMÁ

Los conservadores-restauradores necesitan analizar las obras y comprenderlas antes de iniciar cualquier tratamiento. En este sentido, las de arte contemporáneo resultan un verdadero desafío, porque en ellas "obra" no siempre es sinónimo de "materialidad".

Si esto no se tiene en cuenta, es decir, si no se identifica cuáles son realmente el sentido y la singularidad de cada pieza, seguramente se estará conservando algo, pero no precisamente la obra.

En siglos pasados, los pintores realizaban sus cuadros sobre la base de pautas establecidas en tratados de pintura avalados por la escuela a la que pertenecían. Así, aunque el diseño variaba de una obra a otra y de un autor a otro, la técnica se repetía o era muy similar.

Cuando los artistas comenzaron a experimentar con nuevos materiales, técnicas y lenguajes plenos de libertad de expresión, surgieron nuevos desafíos tanto para los conservadores como para los museos. Las colecciones y exposiciones sumaron a las pinturas y esculturas tradicionales estas nuevas obras con tipologías y materialidades muy variadas, que incluyen objetos cotidianos, alimentos, seres vivos, materiales de desecho, basura, sonido, imágenes en movimiento y tecnologías de vanguardia.

Esta diversidad impone desafíos para el montaje, mantenimiento y guarda de las obras, muchas de las cuales contienen materiales incompatibles, o son intencionalmente creadas como efímeras o concebidas como autodegradables en el mediano plazo o en el transcurso mismo de la exhibición.

La diversidad del arte contemporáneo obliga a los trabajadores de los museos a reflexionar sobre los usos y tratamientos convenientes para cada pieza, sobre todo teniendo en consideración que quienes visitan un museo de arte generalmente esperan, todavía hoy, ver obras que respondan al concepto tradicional de "auténtico y original" cuando, por el contrario, el arte contemporáneo cuestiona estos conceptos y llega, por ejemplo, a generar obras que son generadoras de otras.

Ante este panorama, los conservadores nos preguntamos: ¿qué debemos conservar en una obra de arte contemporáneo?

A partir de la inauguración en 2004 de una nueva sede del museo Castagnino (hoy Museo Castagnino+macro) para albergar la colección de arte contemporáneo, hemos encontrado algunas respuestas y muchos nuevos interrogantes.

Una gran cantidad de obras nuevas llegaron al museo en un lapso muy corto, y por sus características, propias del arte contemporáneo, complicaron la tarea de los responsables del manejo de las piezas. Aun así, se sostuvo la propuesta de reflexionar e investigar cada caso antes de tomar cualquier tipo de decisión vinculada a las condiciones de exhibición, las prioridades de conservación-restauración y los protocolos de documentación y registro.

De este modo se fueron detectando las singularidades de cada obra, que resultaron determinantes para orientar su conservación, y se desarrollaron soluciones que, en muchos casos, contradecían las teorías, paradigmas y criterios aprendidos y empleados con anterioridad. Todo tuvo que redefinirse.

Se presentan y analizan aquí cuatro casos que ejemplifican este cambio de mirada.

Caso 1

Rosario, de Claudia Contreras

Ingreso al museo: en 2003, por donación de la artista.
Descripción: rosario de cuentas construidas con fotocopias de los listados de personas desaparecidas, cable y cruz de acero.

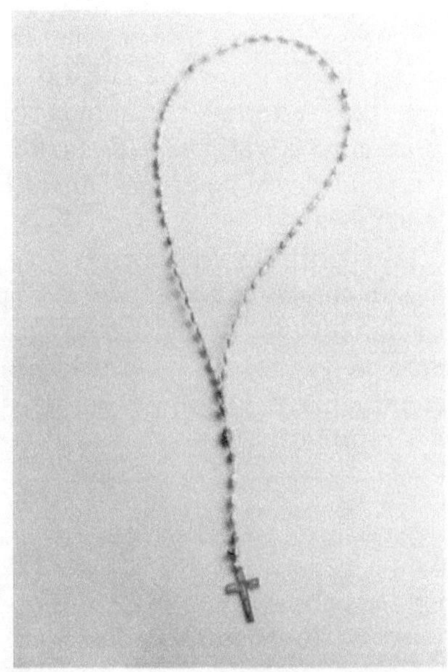

Claudia Contreras. Rosario, 1999. Foto: Museo Castagnino+macro.

Al respecto, la artista señala: "Soy de la generación de los desaparecidos; yo no rezo, pero encontré una forma de rezar a través de la confección de estas cuentas de papel fotocopiado de listados de personas desaparecidas, publicados por la CONADEP. Veo en la construcción de estas obras una forma de homenajear a las víctimas, y una manera de ironizar acerca de la complicidad de la Iglesia católica".[1]

Durante la exposición de esta pieza la cruz que se observa en la fotografía fue robada. El personal del museo reparó el daño colocando en su lugar una nueva.

Una primera reacción fue pensar que el procedimiento había sido incorrecto, porque la nueva cruz no era igual a la original, tal como se veía en el catálogo de registro de la obra. Aunque se asumió que la solución sería hacer una réplica de la cruz "original", se decidió consultar a la artista. Su respuesta resultó una inesperada sorpresa: *"Supe del robo de la cruz y me alegró porque demuestra que mi obra está viva, que causó algo en el espectador. Ahora la obra es así, con esta nueva cruz"*.[2]

Esta reacción confirma la necesidad de reflexionar sobre cuál es *la obra que hay que conservar*. Hoy, para ver esta pieza, ya no es suficiente ver su registro fotográfico, porque ésa es la obra que fue y quizás ya no es más. Entonces surge la pregunta: ¿cuánto influye la opinión del artista en la toma de este tipo de decisiones?

Caso 2

Te amo. Las estrellas eternas morirán antes que vos en mis brazos, de Manuel Amestoy

Ingreso al museo: en 2004, por donación del artista.
Descripción: archivos digitales con instrucciones para realizar 8 papeles calados de 200 x 480 cm cada uno.

---

1. Citado por Nancy Rojas en http://www.macromuseo.org.ar/coleccion/artista/c/contreras_claudia.html
2. Claudia Contreras, en comunicación telefónica con la autora.

Se trata de papeles de barrilete, de colores, plegados y calados, que se despliegan en el momento del montaje y se exhiben como inmensas cortinas, que el público puede atravesar.

El material es sumamente frágil y, con el –inevitable– roce del cuerpo del espectador, su vida útil se limita a aproximadamente un mes. Pasado este tiempo, hay que remplazar las cortinas y repetir el cambio tantas veces como meses se prolongue la exhibición.

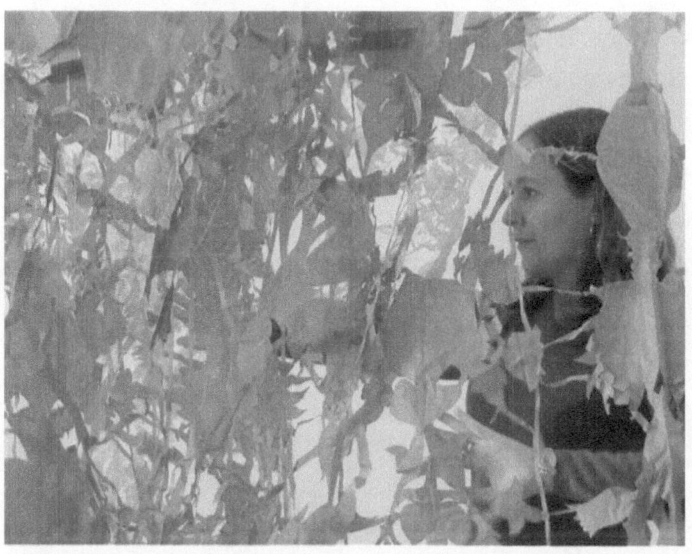

Manuel Amestoy. Te amo. Las estrellas eternas morirán antes que vos en mis brazos, 2004. Foto: Lucía Bartolini, Museo Castagnino+macro.

Entonces, ¿qué es lo que importa conservar en este caso?; ¿cuál es la obra?; ¿las cortinas de papel o las plantillas para poder rehacerlas?

Las preocupaciones del museo para el registro y la conservación de esta pieza se resolvieron tras largas conversaciones con el artista, al acordar el registro de su ingreso a la colección como "plantillas e instructivo y derechos para construir las cortinas necesarias en cada nueva exposición".

Vale destacar que el museo, al incorporar esta obra en su colección, adquirió también, sin saberlo, el compromiso de confeccionar las cortinas cada vez que decida exhibirlas.

Caso 3

Jaula con aves (de la serie *Excrementos*), de León Ferrari

Ingreso al museo: en 2008, por donación del autor.
Descripción: jaula de alambre, sin piso, para ocuparla con 3 o 4 pájaros vivos, cuyo excremento caerá directamente sobre una reproducción del Juicio Final. Durante cada exposición, las reproducciones se renovarán periódicamente, colocando otras limpias y de diferentes autores.

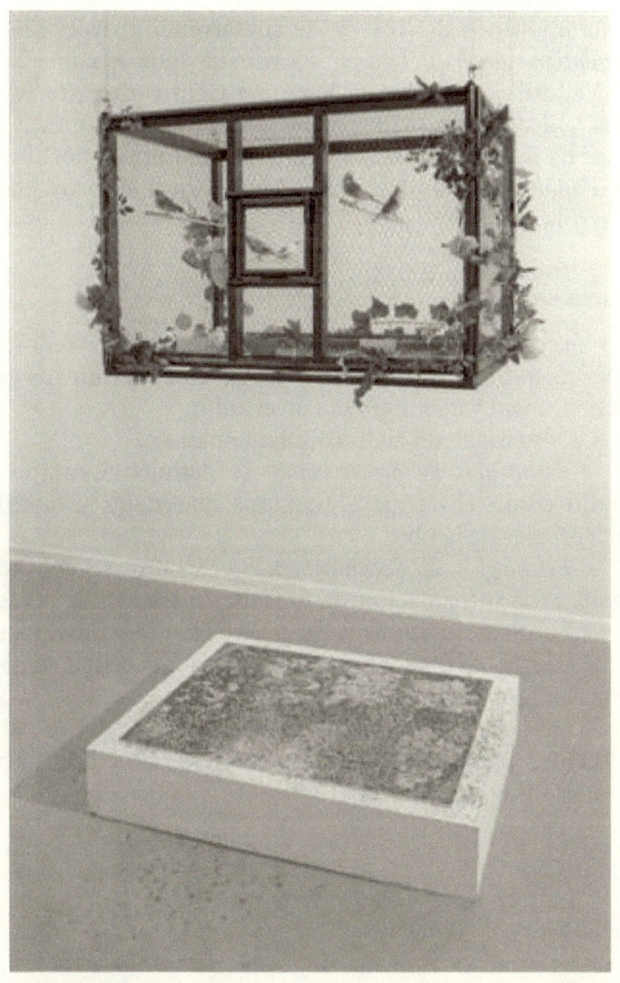

León Ferrari. Jaula con ave, de la serie Excrementos, 2004-2008. Foto: Lucía Bartolini, Museo Castagnino+macro.

En agosto de 2008, el IICRAMC[3] y el Museo de Arte Contemporáneo de Rosario se sumaron al proyecto *Inside Installations América Latina*, coordinado por Arianne Vanrell Vellosillo, del Museo Nacional Centro de Arte Reina Sofía.[4] El objetivo principal de esta unión fue aplicar los temas de investigación desarrollados en Europa por *Inside-Installations*, adaptándolos al escenario local. El proyecto se desarrolló en cuatro etapas:[5]

Primera etapa

Se realizó un taller, a cargo de Arianne Vanrell Vellosillo, para acordar el alcance de la investigación, definir los grupos de trabajo y elegir el caso de estudio.

La investigación abarcó cinco temas:

– *Estrategias de preservación*: se definió el campo de estudio como el de los contenidos materiales y también conceptuales de la obra.

– *Estrategias de documentación y registro*: se apuntó a organizar la información de todas las etapas de la investigación, utilizando técnicas de medición y documentación de los elementos presentes en las instalaciones (luz, sonido, piezas en movimiento, etc.).

– *Intervención con el artista*: se buscó obtener, a partir de fuentes primarias, información material y conceptual sobre la obra.

---

3. Instituto de Investigación, Conservación y Restauración de Arte Moderno y Contemporáneo.

4. Para más información sobre este proyecto, ver el artículo "Estrategias para la conservación de instalaciones de arte y obras complejas a través del desarrollo y aplicación de nuevos protocolos y redes de intercambio", de Arianne Vanrell Vellosillo, en este mismo volumen. (Nota del editor).

5. Las dos primeras fases del proyecto fueron financiadas por el Museo Nacional Centro de Arte Reina Sofía.

– *Teoría y semántica*: se tomó como campo de estudio el significado, alcances y uso de la obra, a partir del diálogo con el artista, los curadores, historiadores, conservadores, restauradores, etc.

– *Gestión del conocimiento e intercambio de la información*: se exploraron estrategias para el uso y la difusión de la información y el conocimiento generados.

Se seleccionó un caso de estudio para la aplicación de esta metodología: la instalación *Jaula con aves*, de León Ferrari. El ingreso de esta obra al museo había estado acompañado por escasa información y documentación, así que se consideró que su estudio permitiría futuras presentaciones más acertadas tanto para el público como para los investigadores. Se conformaron los grupos de estudio para cada tema, con personal de la sede Macro y del IICRAMC.

Segunda etapa

Consistió en el montaje de la instalación en una sala del museo, la realización de una entrevista al artista León Ferrari y la discusión de la información reunida para activar la comprensión de la pieza. A medida que se investigaba, se fueron creando los protocolos para seguridad, montaje, cuidado diario de las aves, documentación de la exposición y tratamiento y destino de las reproducciones intervenidas.

Tercera etapa

Se desmontó la instalación, se analizó el funcionamiento de la documentación creada durante la muestra y se redactó un documento final que incluía toda la información obtenida, los resultados y las conclusiones.

Cuarta etapa

Se analizaron el uso y la difusión que se les daría a la información y el conocimiento generados.

Conclusiones sobre el caso de estudio

La primera imprecisión detectada fue que al incorporar la obra a la colección Castagnino+macro, el museo registró el ingreso como "una jaula para aves, flores plásticas y estampas del Juicio Final de diversos artistas". No se mencionaban los pájaros vivos necesarios para la exhibición, ni se aclaraba que las estampas se deben ir cambiando durante el transcurso de la exposición junto con un texto de referencia, ni se explicaba qué hacer con las reproducciones que resultan intervenidas por las aves en cada muestra.

La entrevista fue el medio para obtener y registrar todos esos componentes tácitos y constituyentes de la obra. En síntesis, las precisiones identificadas fueron:

– La obra se debe exhibir siempre acompañada por un texto con el nombre del autor de la estampa, que sirve para orientar hacia el mensaje del artista.

– Ferrari considera que una reproducción está terminada –"intervenida"– cuando hay suficiente cantidad de excremento sobre ella.

– Una de las consecuencias "novedosas" o singulares de la entrevista fue que el artista otorgó al curador de la muestra el poder para decidir cuándo la obra está suficientemente cubierta de excremento. Así, es el curador quien indica el momento de retirarla de la sala.

Los restauradores tienen que "estabilizar" los excrementos en la superficie de la lámina intervenida y derivarla para que sea enmarcada –de acuerdo con las instrucciones del artista–. Luego el IICRAMC la autentifica y el museo puede ofrecerla en venta.

Es así como cada una de las reproducciones –intervenidas y validadas– se constituye en una obra autónoma, a la que se da el nombre de *Juicio Final*.

La posibilidad de comercializar estas obras en el museo fue una consecuencia directa de la entrevista realizada al artista, quien expresó su decisión de ceder a la institución los derechos, para que pueda beneficiarse con los ingresos que genere la venta de las reproducciones intervenidas en cada exposición.

Caso 4

Seguridad, Horacio Abram Luján

Ingreso al museo: en 2003, por donación del artista.
Descripción: 22 cheques en blanco de curso legal y a nombre del museo, firmados por Abram Luján.

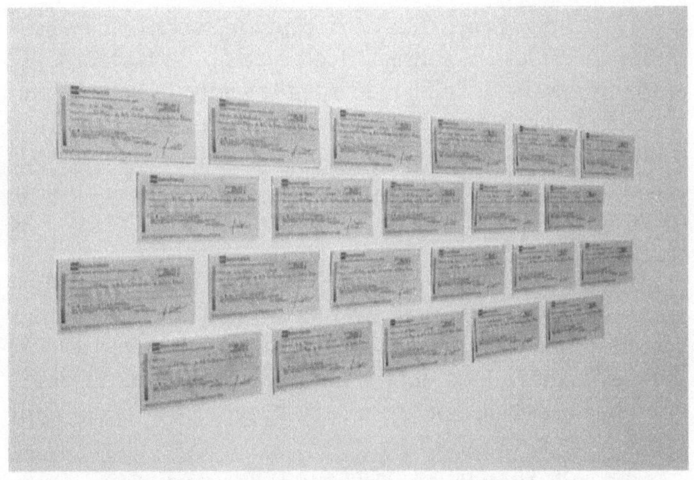

Horacio Abram Luján. Seguridad, 2001. Foto: Museo Castagnino+macro.

Gracias al procedimiento de investigación llevado a cabo sobre la obra de Ferrari, el IICRAMC pudo replicar la experiencia con otro proyecto de entrevistas, para el que había sido seleccionado un grupo de artistas cuyas obras forman parte de la colección Castagnino+macro.

Este nuevo proyecto, denominado *Registrar la palabra del artista para conservar su obra,*[6] tiene como objetivo obtener información de fuentes primarias para conformar una base de datos sobre las piezas que será de utilidad tanto para los conservadores-restauradores como para los investigadores.

Así, se llevaron a cabo 15 registros, mediante entrevistas filmadas. Se destaca entre ellos el caso de Abram Luján, cuya obra ingresó a la colección Castagnino+macro registrada como "22 cheques en blanco de curso legal, a nombre del museo y firmados Horacio Abram Luján, que se exhiben en hileras, montados con alfileres sobre una pared blanda".[7]

La propuesta artística de Abram Luján consiste en estimular la discusión sobre la legitimación de las obras. El autor, quien ha manifestado su intención de reforzar las consideraciones acerca del arte como un problema ético, político y económico, menciona en la entrevista que se le realizó: "Cuando los cheques pierden su vida útil, mi obra es como un árbol que se va secando... y yo quiero que mi obra esté viva".

Cuando el museo incorporó este trabajo, no reparó en sus singularidades, aunque éstas ocasionan diversas complicaciones, que fueron identificadas durante la investigación del caso. Antes de la entrevista, la obra se había exhibido en varias ocasiones, pero sin la comprensión necesaria por parte de los curadores:

– Cada vez que se monta la obra hay que abrir una cuenta bancaria.

---

6. Proyecto premiado por la Fundación TyPA en el marco del I Taller de Análisis de Proyectos y Concurso de Subsidios para la Preservación del Patrimonio Cultural Argentino.

7. Descripción proporcionada por Horacio Abram Luján durante la entrevista realizada por la autora.

– Los cheques tienen un tiempo de validez acotado, pero aun así plantean una situación de real riesgo económico y legal, porque en cierto modo queda abierta la posibilidad de apropiación de ese valor monetario por parte de algún espectador.

En consecuencia, ni el museo tuvo conciencia del riesgo que corría, ni el espectador tuvo acceso al real mensaje del artista.[8]

Conclusiones

Cuando una obra de arte tradicional se deteriora, probablemente requiera algún tratamiento por parte del restaurador-conservador. Esto no siempre es así con las producciones contemporáneas, cuyos valores pueden no estar contenidos en sus circunstanciales características materiales.

Cuando un museo incorpora una obra, debe tener en cuenta que incorpora con ella una serie de requerimientos muy específicos para poder exhibirla y conservarla, y estos requerimientos deberán quedar detalladamente registrados en la documentación que la acompañe.

Las entrevistas con los artistas son una herramienta de documentación vital para definir las estrategias de preservación de las piezas. La comunicación con el autor posibilita al museo identificar las singularidades de su obra, comprender su sentido y respetarlo al conservarla, restaurarla, documentarla, registrarla y poder dar –al espectador y al investigador– acceso al verdadero mensaje del artista.

8. Los resultados obtenidos en esta investigación y en las otras catorce entrevistas efectuadas para el proyecto se encuentran en proceso de edición para su próxima publicación.

La experiencia de participar en *Inside Installations América Latina* enriqueció positivamente el proyecto *Registrar la palabra del artista para conservar su obra* y, a la vez, permitió revisar el tratamiento de otras obras de la colección Castagnino+macro.

12

La perdurabilidad de las obras al acecho. Los artistas tienen la palabra

Luis Felipe Noé, Leandro Katz, Mónica Girón y Eduardo Stupía, con moderación de Viviana Usubiaga

Este texto es una síntesis glosada de un encuentro que ofreció una oportunidad para debatir acerca de la práctica de conservación desde la perspectiva de los artistas –quienes, en su mayoría, proyectaron imágenes a modo de casos específicos a partir de los cuales reflexionaron–. El interés por la perdurabilidad, así como la toma de decisiones en relación con la conservación, exhibición y guarda de las obras, fueron los ejes que abordaron.

Como apertura, Viviana Usubiaga destacó el particular salto epistemológico que supone la práctica de la conservación en el espectro del arte contemporáneo, ya que si, por un lado, hasta hace relativamente poco tiempo esa práctica estuvo orientada al arte antiguo, la conservación y restauración del arte moderno prescindía de la opinión de los artistas –en todo caso, era tarea de los historiadores reconstruir las condiciones o el contexto de ejecución de las obras–. Ahora, señaló, se volvió imprescindible incluir el punto de vista de los artistas sobre los efectos materiales y simbólicos que el transcurso del tiempo opera en sus obras. Usubiaga también destacó el valor de la pluralidad de medios con los cuales trabajan los panelistas y lo profuso de sus trayectorias a la hora de dar cuenta de los ejes centrales de debate.

Luis Felipe Noé: Lo insólito de la materia. Entre la búsqueda y la conservación

La intervención de Luis Felipe Noé estuvo centrada en la tensión entre la experimentación y la conservación. Reflexionó acerca de su pasado y presente como artista y la difícil relación que logró tejer entre la búsqueda y la conservación. Alternando comentarios y anécdotas con la proyección de imágenes de sus obras, hizo un recorrido por los principales momentos de su carrera y explicó sus intentos por conservar esa obra hoy día.

Comentó que, en los años 60 y 70, su espíritu de búsqueda, como artista, se orientaba a la materia. "La materia era lo insólito: ¿qué pasa si mezclás esto con esto?", se preguntaba. Desde esmaltes hasta aceite Factor, incluyendo la pintura de alquitrán, el empleo de piezas y recortes, la propuesta era usar "todo lo relacionado con la acción vitalista, de la materia y del gesto, para rescatar la imagen".

Con el tiempo, a esas ansias de búsqueda se les sumaría un espíritu de conservación. Este cambio de enfoque aparece porque con los años, mucha de su producción se perdió de manera irrecuperable, tanto por decisión del propio artista –quien deliberadamente destruyó varias piezas– como por razones circunstanciales, como las pérdidas o daños que sufrieron sus obras en alguna de sus varias mudanzas.

Su mirada acerca de la competencia del rol de la conservación se modificó: si durante un primer período, Noé se encargaba personalmente de la restauración de su obra y rechazaba aceptar el trabajo de otro restaurador –"Yo me hago responsable de esa unidad porque, en definitiva, la obra de uno es la obra de uno siempre"–, luego revió esta postura y, en la actualidad trabaja en colaboración con Alejandra Vela, a cargo de la restauración y conservación. De la etapa en que se ocupaba por sí mismo, recalca el aprendizaje de técnicas de restauración; también el inesperado resultado de llegar a piezas que, hoy, conforman un *híbrido*: conservan un porcentaje de lo original y otro tanto de sustitución. Muchas se vieron cortadas, sus partes separadas y ubicadas en distintos marcos o en nuevos trabajos. "La yuxtaposición de distintas partes que conviven, finalmente genera algo que ha dejado de ser original pero que tampoco es totalmente nuevo", reflexionó.

Leandro Katz: La ficción de lo original

Para abordar la problemática de la conservación, Leandro Katz se refirió al contexto actual y a la conservación a nivel nacional. Aludió a la situación coyuntural del país, y criticó el estado de situación del Museo de Arte Moderno, por entonces y desde tres años atrás cerrado por refacciones. "Estamos en una sociedad y en un país en donde las condiciones son casi trágicas, particularmente porque nuestro país no entiende cuál es el principio de la cultura dentro del mundo capitalista. Es decir, no se comprende que la cultura es un sistema que puede generar beneficios".

Coincidió con Noé en que, a la hora de restaurar, la intervención del artista es fundamental. Comentó que en una muestra reciente en Redcat, Los Ángeles, expuso y proyectó algunas de sus películas, filmadas en 16 mm, que había logrado restaurar. "Yo vengo de una generación que cree en apoderarse de los medios de producción. Cuando vivía en Nueva York, tenía todo: las cámaras, todos los equipos necesarios para hacer la edición de audio, de cine, y todo lo que podía usar dentro del panorama de la preproducción y de la producción". Entre esas películas, refirió que realizó una sobre un el cuento *Emma Zunz*, de Borges,[1] filmada en Nueva York y que quiso proyectar en la muestra.

1. Se refiere a *La escisión*, 25 min, 16 mm, color, sonido (1978). (Nota de editor).

“Me veía nuevamente ante una copia que debía transferir a un medio digital y tenía que tomar decisiones sobre cómo reconstruir ese trabajo”.

Katz enfatizó que las decisiones de restauración son de tipo ético-estético y, por eso, una modificación o mejora –para cuidar el material o devolverle el brillo de la calidad inicial– implica *contaminar* el carácter original de la obra. Cuando proyectó su película, un especialista en la preservación de cine de vanguardia, Mark Toscano, notó que había remplazado un fragmento en fílmico, que estaba dañada, por una corrección en material digital.

Katz defiende este tipo de decisión como parte del *already made*: “Yo soy el autor y decidí tomar una actitud generada por Duchamp, que no es el *ready made,* sino el *already made,* es decir tomar una obra mía y, con todo derecho, presentar una versión nueva en la que luego de la restauración apareciera la toma como yo la había imaginado, preservando la pureza estética de la imagen”.

Por último, Katz habló del abismo tecnológico que esta época inaugura, y advirtió acerca de que se empieza a erigir “una verdadera torre de Babel tecnológica, por la cual nos vemos obligados a cambiar de tecnología cada dos o cuatro años”. Sin embargo, más allá de las incertidumbres o paradojas estético-tecnológicas, enfatizó que no lo considera una situación apocalíptica, ya que la conservación siempre implica cierta ficción. Una ficción en la que se defiende una pretendida fidelidad histórica que nunca es tal, pero que, sin embargo, es imprescindible en nuestra interpretación del pasado.

Mónica Girón: La voz del artista

Volcándose al enfoque más práctico de la conservación, Mónica Girón presentó tres casos concretos de sus obras para ilustrar distintas formas de restauración. En primer lugar, habló de los problemas que conlleva tener una producción diseminada en manos de distintos propietarios particulares. En un caso –con su trabajo *Pulóver para carpintero chico patagónico*[2]–, refirió que cuando fue a pedirle la pieza prestada al dueño para sacarle una foto, vio que el pulóver estaba comido por polillas y se estaba destejiendo.

En otros casos, explicó, el problema puede aparecer cuando los propietarios insisten en cambiar algo de la obra para poder conservarla mejor. Sin embargo, insistió en que las obras deben obedecer únicamente los deseos del artista. "Yo no me quiero hacer esa pregunta ahora, se la dejo a los restauradores del futuro", expresó.

Por otro lado, se refirió a casos en los cuales se hacen modificaciones de obras que han sufrido daño sin consultar al autor. Fue el caso de *Ampárame y guíame,*[3] ciervo de cera, parafina y retama, cuya cornamenta colapsó. Cuando su propietario la mandó a restaurar, le colocaron un perno de metal. Girón no había sido consultada, pero finalmente intervino. "Yo no tenía experiencia en este tipo de material y rehíce el pegado de la cornamenta, que quedó bien y la pieza quedó limpia. Después de eso, se devolvió al coleccionista y volvió al sótano donde éste la guardaba; pero él descuidó tanto la vitrina como la pieza misma, que quedó debajo de un papel roto en la baulera". La obra se tuvo que restaurar varias veces, conforme se iba presentando en nuevas muestras, por las precarias condiciones en las que se almacenó. "Al año siguiente, fue de nuevo a otra exposición. La restauré otra vez y quedó muy dorada. Esa pieza fue mejorando en cada restauración, los lustrados le hicieron bien a la cera". Finalmente, habló de una obra interactiva, con música, que había realizado recientemente, y sobre las dificultades que podría traerle su conservación.

---

2. Pieza que integra la instalación *Ajuar para un conquistador* (1993).
3. Ciervo de cera, parafina y resina de retama instalado junto con cinco acuarelas enmarcadas sobre papel expuestas en una vitrina de madera laqueada y acrílico cristal (1998). (Nota del editor).

Expresó que, como artista, desea preservar la pieza de la forma más fiel al original posible y no traicionar el espíritu con el que fue creada, y por eso admite que es necesario distinguir lo esencial de lo contingente. "A mí me gustaría que en el futuro quede el sonido de esos cantantes. Ahora, si no es Panasonic y si la luz cambia, eso sería irrelevante para esta obra. Entonces, yo me voy a ocupar de hacer una ficha para que, si esa pieza interesa alguna vez y yo no estoy, igual pueda servir".

Eduardo Stupía: Más conciencia, más libertad

En su charla, Eduardo Stupía retomó el eje planteado por Noé acerca del conflicto entre la búsqueda y la conservación. "A medida que uno se va haciendo más profesional y más consciente de las cualidades y de las condiciones del oficio, empieza a ser más reflexivo sobre las cuestiones de la conservación, preservación y calidad de los materiales", subrayó. "Y, al mismo tiempo, a medida que uno se hace cada vez más consciente de las condiciones del oficio, se siente más libre". Para Stupía, el desarrollo como artista implica necesariamente un conflicto de intereses. Por un lado, se puede buscar trabajar, por ejemplo, con papel libre de ácido y, al mismo tiempo, tener deseos de hacerlo con cualquier papel, si ese papel adquiere una especie de cercanía con los materiales que usa.

Existen, señaló, artistas que aún hoy desconocen los materiales de su propia obra, cuando, en su visión, el autor debe ser consciente de los materiales, de su composición química e incluso de su dimensión técnico-industrial, ya que "el estado de la industria afecta las condiciones de producción; si una industria decae o desaparece, uno está obligado a trabajar con materiales estrictamente importados, lo cual trae otra serie de efectos o consecuencias imprevistas para su preservación".

Esta nueva conciencia de la preservación de la obra y de la calidad de los materiales hace posible entablar una responsabilidad compartida, no solo con el restaurador sino también con el coleccionista –quien recibirá la obra eventualmente–, el director de museo e incluso el marquero. En relación con éste, Stupía destacó un cambio de rol. "Me parece que se adquirió una conciencia muy fuerte entre los marqueros, en los últimos treinta años. Seguramente a partir de la irrupción de materiales de mucha calidad y porque ahora la cuestión del montaje de la obra de papel es considerada capital en términos de su preservación y conservación".

Por otro lado, Stupía señaló que un gran problema para la preservación es trabajar con materiales muy heterogéneos en la misma pieza. Muchas veces se trata de hacer convivir la volatilidad y la solidez, no solo en términos de lenguaje, sino también de preservación. Ilustró su opinión con una obra que había sido realizada con esmalte sintético, acrílico y acuarela. "Los maestros de bellas artes no recomendarían, precisamente, esa convivencia forzada. Aunque, a veces, aun cuando se puede poner en riesgo la preservación, uno necesita mezclar aquello que no se mezcla. En términos de libertad creativa, no puede evitarlo".

Para concluir, reconoció que se trata de un problema sin solución. Puso como ejemplo su experiencia con el *collage*. "Yo no voy a dejar de usar papeles viejos. Justamente, la riqueza del *collage* corresponde a que intervenga la carga anímica, emocional, cultural, iconográfica particular de un papel viejo. Los diferentes orígenes gráficos, de diferentes modos de impresión, de diferentes revistas, intervienen en el lenguaje del *collage*. Justamente, si tiene algún valor semántico, ese valor depende de algo completamente desaconsejado en términos de restauración: utilizar papeles que ya están deteriorados, sucios, impresos quién sabe cómo, con orígenes ignotos y con cualidades materiales diversas. Pero me parece que precisamente es ésa la cuestión: seguir adelante asumiendo que es un conflicto. Más allá de la necesaria conciencia de la preservación, hay que reconocer que nadie tiene el control absoluto".

Las nuevas generaciones

Finalmente, las exposiciones individuales dieron lugar a una puesta en común, a partir de la pregunta de Viviana Usubiaga sobre si generar conciencia acerca de la futura conservación está dentro de la agenda de discusiones con sus alumnos. Eduardo Stupía dijo que, en principio, no conviene. "Cualquier noción inhibitoria inicial –porque esto lo sería, en un punto– es perjudicial para estimular la libertad que uno trata de inculcar en el estudiante. La construcción de esta conciencia va pareja a la de otras conciencias relativas a los usos del lenguaje y de los materiales. No debe aparecer una idea de preservación antes de que surja un conflicto del lenguaje".

Por su lado, Mónica Girón señaló que, si bien es una preocupación, no es esencial al procedimiento de seguir creando. Compartió su experiencia con un alumno que había decidido usar como materiales distintos alimentos, como galletitas dulces o puré instantáneo en caja. La cuestión de la preservación es una pregunta estructural, pero no por ello debe impedir que se siga creando, por ejemplo, con puré Chef. Para el artista, no es un dilema, aunque sí es una preocupación por ver cómo el material responde. Para Girón, es importante preservar ese espíritu de exploración. "Me parece bien que haya una flexibilidad de todas las partes para poder adaptarse, y por eso aliento mucho estas reuniones. Lo converso con los estudiantes en caso de necesidad, pero no para imponer reglas".

Por último, Leandro Katz expresó que, en el caso de los estudiantes de hoy, se trata de jóvenes que ya han pasado por dos o tres cambios de tecnología. "Es decir, ya están al tanto, ya están conscientes de las migraciones que deben hacer y de los cambios a los cuales deben responder. Yo pienso que ésa es la naturaleza de la tecnología; no me parece que haya posibilidad de encontrar un lenguaje unificado. Estamos todavía luchando entre los centímetros y las pulgadas, así que no creo que se pongan de acuerdo en absoluto acerca de los formatos. Es una industria basada en la competencia". Para Katz, la meta es llegar a cultivar una actitud frente al arte, desde la creación hasta la preservación.

13

La toma de decisiones en la conservación de obras de arte efímeras con alimentos

Julie Gilman

Un enfoque interdisciplinario

Introducción

Estudios recientes en el ámbito de la conservación han originado nuevas estrategias para la conservación del arte moderno y contemporáneo. El foco se ha desplazado de los aspectos materiales a los denominados inmateriales o intangibles. A la vez, los modelos y procedimientos científicos actuales se basan en teorías antropológicas, por lo que han ingresado también nuevos conceptos y enunciados de valor en este ámbito. En este trabajo se describen una serie de estrategias de conservación del arte efímero con alimentos, dentro de un enfoque interdisciplinario y mediante la presentación de estudios de caso que analizan y cuestionan la importancia de los materiales en esas obras de arte.

Los aspectos tales como la autenticidad, la originalidad y la integridad no solo se relacionan con la materialidad del objeto, sino que deben ubicarse en un contexto cultural más amplio para evaluar lo que es significativo y lo que es necesario conservar. La pregunta: "¿De qué manera el producto alimentario, como material de base, contribuye al significado sustantivo de la obra de arte?" es fundamental en el proceso de toma de decisiones con respecto a la conservación de las obras de arte efímero. El significado de éstas se sitúa mayormente entre la autenticidad material y la conceptual; eso incide en la aplicación de determinada tecnología de conservación.

El objetivo de este ensayo no es construir una teoría, sino elaborar un método para hacer frente a los problemas de conservación relacionados con estos casos y recopilar sus problemas específicos.

Al aplicar el conocimiento sobre las técnicas de conservación de alimentos empleadas en la industria alimentaria como enunciados de valor en la toma de decisiones, este trabajo nos permitirá ampliar nuestra visión y llegar a conclusiones más generales en cuanto a la conservación de obras de arte efímero con alimentos.

Desde hace algunos años, el arte efímero plantea dilemas y problemas específicos a las instituciones y museos de arte. En la actualidad, los museos exponen, ordenan, coleccionan y procuran conservar este tipo de piezas de arte contemporáneo, que desafían los códigos y la ética de conservación conocidos y cuestionan la definición misma de obra de arte, así como su autenticidad, en mucha mayor medida. En este documento se señalarán los problemas específicos de la toma de decisiones con respecto a la conservación y presentación de obras de arte que contienen alimentos y, a su vez, se tratarán los aspectos deontológicos que puedan surgir.

El paradigma de la conservación de los objetos físicos, basado principalmente en la investigación tecnológica y científica, no se aplica a diversos objetos actuales, especialmente los orgánicos. Los artistas que utilizan alimentos en sus trabajos saben que esos materiales se degradan y, en muchos casos, la degradación misma es parte del concepto de la obra, aunque no es posible hacer una generalización al respecto. Es imposible ofrecer soluciones generales para la conservación del arte efímero, dado que, en la historia del arte moderno, los artistas han empleado los alimentos de maneras creativas y variadas y, por lo tanto, les han dado significados diversos. A diferencia de los objetos históricos, el carácter inaprensible de las obras de arte contemporáneo hechas con materiales orgánicos hace que la definición de lo que se supone que es un objeto de museo sea más difícil de precisar.

Materiales, métodos y antecedentes

La investigación sobre la conservación y presentación del arte efímero con alimentos es interdisciplinaria, cualitativa y se basa en casos; desde ese punto de vista, el contexto se vuelve central tanto con relación al artista como con la obra de arte. El enfoque cualitativo supone que el contexto específico de cada caso contribuirá a su comprensión de modo significativo. Por consiguiente, los métodos de investigación cualitativa son adecuados para registrar e interpretar el contexto.[1]

No existe una metodología aceptada por unanimidad para la conservación del arte contemporáneo. Como los materiales, las tecnologías y las teorías son prácticamente infinitos, es muy importante analizar las decisiones que adoptan los profesionales de los museos para conservar y presentar esas obras de arte efímero. Dado que este trabajo trata sobre las piezas de arte híbridas, se centrará la atención en investigar la importancia de las técnicas y los alimentos utilizados, la diversidad de métodos de producción y la complejidad de su contexto.

La meta principal es analizar sistemáticamente las preguntas que genera la conservación de las obras de arte que contienen alimentos, sobre una base multidisciplinaria

---

1. Cada vez resulta más habitual aplicar métodos cualitativos y razonamientos basados en casos en la conservación del arte contemporáneo. Véanse también Hummelen, Y., "Conservation Strategies for Modern and Contemporary Art", en *Cr, Tijdschrift over Conservering en restauratie*, 3, ICN, Amsterdam, 2005, pp. 22-26; y Hummelen, Y.; Van Saaze, V. y Versteegh, M., "Towards a Symmetrical Approach in Conservation?", en *COM-CC 15th Triennial Conference Preprints*, New Delhi, Allied Publishers Ltd., vol. II, 2008, pp. 1041-1047.

científica y académica, teniendo en cuenta, por un lado, su carácter efímero y temporario y, por el otro, su conservación material, y explorar si es posible presentarlas y conservarlas para generaciones futuras y de qué manera.

Para preservar los alimentos en el arte contemporáneo se puede, en algunos casos, recurrir a soluciones ideadas por la industria alimentaria, donde el embalaje y el almacenamiento de los alimentos están estrechamente vinculados a su conservación.[2] Sin embargo, no todos los métodos utilizados en esa industria pueden extrapolarse fácilmente a las obras de arte. En la industria alimentaria, el almacenamiento de alimentos tiene una duración limitada, en contraposición con la conservación en el mundo del arte, donde existen otras limitaciones temporales y los factores organolépticos suelen desempeñar un papel clave. Además, en el arte, los alimentos se combinan generalmente con otros materiales (por ejemplo, pintura, metal, madera), lo que da lugar a una interacción entre los distintos componentes, cuyas diferencias en las propiedades químicas y físicas pueden causar problemas. En 2001 se llevó a cabo una investigación sobre el embalaje y almacenamiento de obras de arte contemporáneo que contienen alimentos en colaboración con la Universiteit Gent, el Hogeschool Gent (Colegio Universitario de Gante) y el Stedelijke Museum voor Actuele Kunst (S.M.A.K.) de la misma ciudad, que tenía por objeto explorar cuál de las estrategias utilizadas en la industria alimentaria podría ofrecer soluciones para ciertos problemas de conservación de las obras de arte efímero. Se examinó el embalaje con atmósfera modificada –técnica muy aplicada en la industria alimentaria– en tres estudios de caso (Beuys, Zoe Leonard y Peter de Cupere). Esta técnica consiste en modificar la composición de los gases que están en contacto con el alimento mediante la sustitución del aire por un gas o una mezcla de gases. Ese proceso luego se combina con el almacenamiento a bajas temperaturas. El objetivo de esa técnica de embalaje consiste en eliminar o reducir en gran

2. Devlieghere, F.; Vermeiren, L. y Debevere, J., "New Preservation Technologies: Possibilities and limitations", en *International Dairy Journal*, vol. 14, nº 4, 2004, pp. 273-285.

medida los niveles de oxígeno para mantener la humedad de los alimentos e inhibir el crecimiento microbiano aeróbico. En la investigación se llegó a la conclusión de que esa técnica puede prolongar la vida útil de las obras de arte que contienen alimentos, pero no se puede aplicar en forma generalizada. Para cada obra es necesario emplear un enfoque particular, ya que rigen otras normas y valores, tanto en el ámbito de la conservación del arte contemporáneo como en el de las ciencias naturales.[3]

La presentación y la conservación del arte orgánico plantean problemas sorprendentemente similares a los del mantenimiento de los nuevos medios, donde los componentes frágiles e inestables que tienden a la obsolescencia evocan el tema de la emulación, la migración o, incluso, el remplazo. Por lo tanto, debería crearse un marco para la conservación y exhibición del arte efímero. Al analizar los problemas de las obras de arte que contienen alimentos, surge este tipo de preguntas subyacentes: ¿De qué manera el cambio de un componente físico, como un alimento, altera el significado de una obra de arte? ¿Está contenido el significado real de una obra de arte en la idea misma del objeto o, más bien, son el objeto material y su comportamiento los que le dan sentido? Esos interrogantes han suscitado numerosas iniciativas en el ámbito de la conservación de arte contemporáneo en los últimos años y, más específicamente, en el de los medios variables. El proyecto *The Variable Media Network* del Guggenheim Museum puede servir de modelo para abordar la cuestión de la conservación de obras de arte en medios no tradicionales.[4] La Fundación Daniel Langlois para el Arte, la Ciencia y la Tecnología agregó un componente a este proyecto: un caso real de una prueba de emulación para preservar una obra digital.[5] El proyecto *Inside Installations* fue una iniciativa internacional (2004-2007) coordinada por el Rijksdienst voor het Cultureel Erfgoed (Instituto de Patrimonio Cultural, ICN, Países Bajos), en

---

3. Gilman, J., *Onderzoek naar de verpakking en stockage van levensmiddelen gebruikt in de actuele kunst*, disertación de maestría, Universiteit Gent, 2001, pp. 15-16.
4. Ver el artículo "Cambio de percepciones en la conservación", de Carol Strignari, en este mismo volumen. (Nota del editor).
5. Gagnon, J., "Préface", en *L'approche des médias variables: La permanence par le changement*, 2003, pp. 5-6, http://www.variablemedia.net/ (fecha de consulta: 7/7/2010).

colaboración con Tate (Londres), Restaurierungszentrum (Düsseldorf), el Museo Nacional Centro de Arte Reina Sofía (Madrid),[6] el S.M.A.K. (Gante) y la Stichting Behoud Moderne Kunst (Fundación para la Conservación del Arte Moderno, SBMK, Países Bajos) y el apoyo del programa *Cultura 2000* de la Unión Europea, donde se registraron y documentaron varias instalaciones.[7] El objetivo principal de esos proyectos/asociaciones consiste en fundar una red con el fin de desarrollar diferentes herramientas, metodologías y normas necesarias para aplicar esas estrategias.

Metodología de trabajo para los museos

Este artículo incluye un estudio empírico sobre las prácticas contemporáneas de los museos relativas a las obras de arte efímero. Para analizar dichas prácticas, es pertinente plantear la siguiente distinción:

– Gestión de la conservación a corto plazo: obras de arte que se exhiben en una exposición temporaria y que el museo no compra ni colecciona.

– Gestión de la conservación a largo plazo: obras de arte que los museos coleccionan y exhiben.

Los aspectos tales como la autenticidad, la originalidad y la integridad no solo se relacionan con la materialidad del objeto, sino que han de ubicarse dentro de un marco cultural más amplio para evaluar lo que es significativo y lo que es necesario conservar. Algunos alimentos deben remplazarse en cada exposición (o incluso durante la exposición), y ese remplazo constituye una parte intrínseca de la obra. Otras veces, los alimentos deben consumirse. Algunos son inherentes a la obra de arte y, por lo tanto, no pueden sustituirse periódicamente. En estos casos, la degradación y la varia-

6. Ver el artículo "Estrategias para la conservación de instalaciones de arte y obras complejas a través del desarrollo y aplicación de nuevos protocolos y redes de intercambio", de Arianne Vanrell Vellosillo, en este mismo volumen. (Nota del editor).
7. http://www.inside-installations.org/home/index.php

bilidad del alimento forman parte del concepto. En otros, el artista intenta preservarlo con aditivos, aplicando un tratamiento a la superficie o almacenándolo en un refrigerador.[8]

Los museos tienen que resolver las cuestiones relativas a la desaparición, transformación, variabilidad y posibilidad de volver a exhibir la obra de arte o partes de ella. Una pregunta importante en este tipo de investigación es cuál es el impacto de este deterioro/ transformación/ nueva presentación, etc., en los planos de lo visual, evocativo y semántico.

Para responder a esa pregunta, me propongo analizar distintos estudios de casos, centrados tanto en algunos que se presentaron en los últimos años durante exposiciones temporarias como en otros que integran la colección de un museo.

Conservación temporaria: obras de arte instaladas en una exposición temporaria

Algunos artistas conciben sus piezas para muestras temporarias y, por ende, por un tiempo limitado. Algunas de las obras que contienen alimentos ni siquiera duran hasta el final de la exhibición. Como ejemplo de ello podemos citar el caso de *Over the Edges*, en Gante (2000), donde el artista belga Jan Fabre cubrió las columnas de un edificio de la Universiteit Gent con fetas de jamón. Esta instalación orgánica tuvo que ser desmontada a los dos meses, porque las fetas se estaban pudriendo bajo la capa de plástico que las sostenía. La exposición tuvo una duración de tres meses, y la idea no era desmantelar la obra tan rápido, porque estaba previsto que el proceso de putrefacción y el olor hicieran que la descomposición se volviese perceptible durante su transcurso.[9]

---

8. Gilman, J., "The Variability of Ephemeral Artworks with Foodstuffs", Documentation et conservation du patrimoine des arts médiatiques (DOCAM), 5e Sommet DOCAM, Fondation Daniel Langlois pour l'art, la science et la technologie, Université du Québec, Montréal (4-6/3/2010), podcast, http://www.docam.ca/fr/sommets-annuels/sommet-2010/ 431-art-and-food-unlimited.html (fecha de consulta: 7/7/2010).

9. Dietmar Kampar en diálogo con Jan Fabre, en Hoet, J. y Di Pietrantonio, G. (eds.), *Over The Edges* (cat. exp.), Ghent, 2000; y Gilman, J., "Introduction into the Conservation of Food Art", en Van Damme, C.; Van Rossem, P. y De Dijcker, C. (eds.), *Art & Food, Food for Thought, Hedendaagse Kunst op het menu*, Gent Academia Press, Leerstoel Karel Geirlandt, 2006, pp. 163-170.

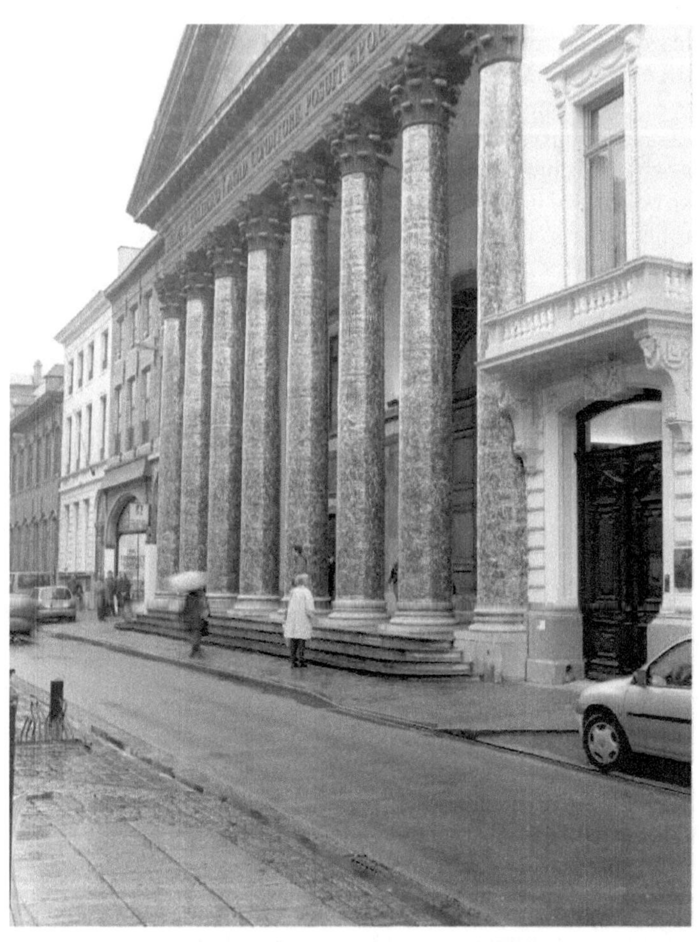

Jan Fabre. Instalación, Gante, 2000. Foto: Julie Gilman.

En la instalación *Autoportrait,* del artista Wim Delvoye (para la exposición temporaria *Mé-TISSAGES,* en el Museum voor Industriele Archeologie en Textiel de Gante, en 2005), el curador decidió emplear la técnica de embalaje con atmósfera modificada para preservar la obra durante la exposición. El artista guardó unas fetas de jamón bordado en el congelador durante unos diez años.

Wim Delvoye no se toma en serio esas obras de arte. En esa época, creó muchas, pero después se olvidó de ellas. Por lo tanto, tenemos gran cantidad en el congelador. Esas fetas de jamón son más bien un logo, una marca de Delvoye, una especie de distracción. Una vez alguien vino especialmente de Italia para llevarse algunas de esas fetas. Las presentaron sin ningún método de conservación y, unos días más tarde, empezaron a pudrirse.[10]

Como las fetas de jamón ya habían empezado a descomponerse al sacarlas del congelador, le recomendé al curador que las presentara en una atmósfera modificada para evitar que el olor molestase a los visitantes. La obra se presentó en un exhibidor de plexiglás relleno de nitrógeno. Después de la exposición, las fetas se desecharon.

---

10. Entrevista al asistente del artista, Gianni Degryse, en Gilman, J., "Eat Art: de houdbaarheidsdata verstrijken?", en *Kunsttijdschrift Vlaanderen*, vol. 55, nº 309, Tielt, 2006, pp. 13-18.

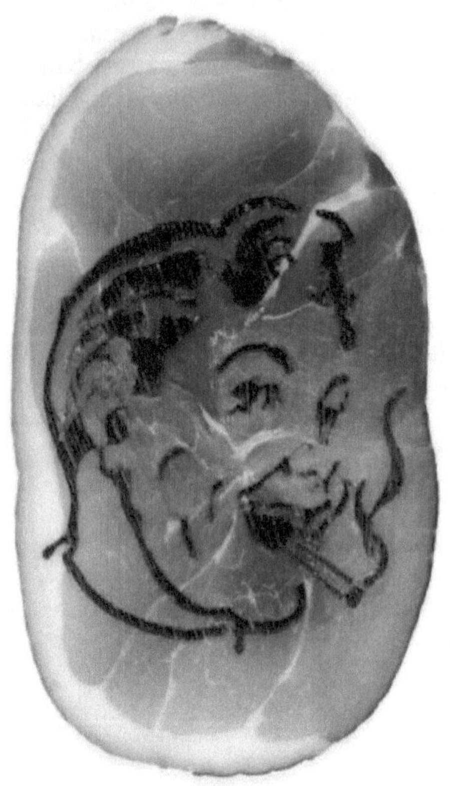

Wim Delvoye. Serie Fetas de jamón. Foto: Julie Gilman.

En ambos casos mencionados, la desmaterialización es evidente y, al final del proceso, la obra de arte física deja de existir cuando termina la exposición. Estas obras solo existen en forma documental (fotografías, textos), debido, fundamentalmente, a que no forman parte de una colección.

Conservación a largo plazo: obras de arte que integran la colección de un museo

Resultan interesantes las siguientes preguntas y reflexiones sobre la conservación que surgieron después de que S.M.A.K. (Gante) adquiriera la instalación efímera *Interminável,* de Artur Barrio, en 2005, y el Philadelphia Museum of Art, en 1998, *Strange Fruit (for David),* de Zoe Leonard.[11]

En *Interminável,* el artista Artur Barrio exhibe una gran cantidad de café en el suelo, aplastado contra las paredes, disperso en una superficie casi oscura, iluminada por luces muy tenues que cuelgan desde el techo. Las paredes están cubiertas de palabras y dibujos, tienen huecos hechos con un hacha que sigue incrustada en la pared y la escena da la sensación de que la obra se creó durante una efusión de emociones muy intensas. Los gestos espontáneos e instintivos del artista le confieren una dimensión escénica. Barrio emplea materiales perecederos, como pan, café, una mezcla de café y agua y una langosta cocida.[12] Su interés por la experiencia fugaz de la obra, sin considerar su permanencia, es una de las cosas que le dieron la libertad de utilizar en ella sustancias de este tipo. Esto se suma al hecho de que muchos de los materiales que emplea en sus trabajos son perecederos y se descomponen, por lo que existen pocas obras de Barrio en colecciones permanentes.[13] Esta instalación, creada especialmente para la exposición conjunta de Barrio y Beuys que tuvo lugar en el S.M.A.K. en 2005, realmente transmite la sensación de lo incompleto y de que se trata de meros gestos. Más tarde, el S.M.A.K. adquirió la obra; el artista y los conservadores del museo la reinstalaron en 2006 para la muestra *We Humans Are Free: From the Collection of S.M.A.K, Museum of Contemporary Art, Ghent* (que tuvo lugar en el Museo del Siglo 21 en Kanazawa, Japón.[14]

---

11. Philadelphia Museum of Art, "Museum Acquires 'Strange Fruit' and a Group of Photographs by Zoe Leonard, http://www.philamuseum.org/press/releases/1998/228.html (fecha de consulta: 7/7/2009).

12. Huys, F., *Conservation Report: Artur Barrio - Interminavel,* Gent, S.M.A.K., 2007; y Scholte, T. y 't Hoen, P. (eds.), *Inside Installations. Preservation and Presentation of Installation Art,* Amsterdam, ICN/SBMK, 2007, p. 7.

13. http://en.wikipedia.org/wiki/Artur_Barrio

14. Yoshioka, E. y Washida, M, (eds.), *We Humans Are Free: From the Collection of S.M.A.K., Museum of Contemporary Art, Ghent* (cat. exp.), Japón, 2006, p. 14.

¿Cuál es la mejor forma de respetar la integridad material y conceptual de la instalación en el caso de realizarse una nueva exposición? A la luz de ese tipo de preguntas, el S.M.A.K. documentó la instalación de la obra en 2005 (se filmó una película, se tomaron fotos y se realizaron dibujos, se hicieron vaciados de los huecos de la pared, se almacenó información relativa al concepto de las obras de Barrio [*CadernoLivro*], se conservaron textos e imágenes).

Barrio no tiene ningún interés en preservar sus trabajos. Para él, los artefactos empleados para crear esas experiencias no son arte, sino que la experiencia de crear la obra y la experiencia de interactuar con su creación son la obra misma. Sus instalaciones son un acto poético, impulsivo, en el que el artista parece luchar contra la materialidad del objeto. Para él, los curadores están limitados a la función de coordinadores de logística y, así, la institución se torna un mero canal (temporario) para su obra.[15]

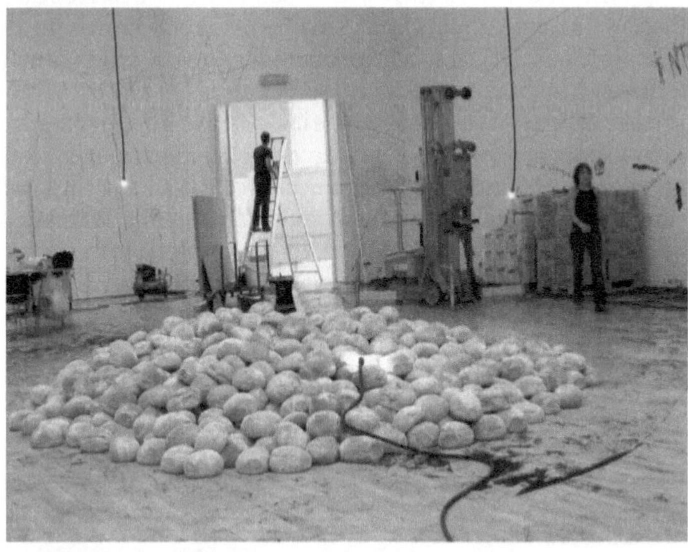

Artur Barrio. Instalación el S.M.A.K., Gante. Foto: Julie Gilman.

15. Scholte, T. y 't Hoen P., *op. cit.*, p. 7.

Sin embargo, gracias a la producción de Artur Barrio y muchos artistas como él, el arte conceptual y el uso de medios no tradicionales se han vuelto aceptables.[16] Esto también revela los límites metodológicos de la conservación: además de la materialidad, se trata de la preservación y la transmisión de una idea, un concepto. El mero hecho de que las instalaciones efímeras se inmortalicen en museos demuestra que los conservadores necesitan introducirse en la propia obra de arte, tratar con los artistas, sus colegas y otros actores (además de los especialistas y los profesionales de los museos) y transformarse en intérpretes o incluso coproductores de la obra.[17]

Así, en este contexto, se reconoce a la conservación como una actividad productiva. Entonces: ¿debería una reinstalación considerarse del mismo modo que la reinterpretación de una obra de teatro, música o danza?[18] En un caso como el de Barrio, ¿cuál es la mejor manera de respetar la integridad material y conceptual de la instalación? ¿Cuáles son las distintas alternativas para hacer una reinstalación en el futuro? El propio artista puede reinstalar la obra de arte, lo que constituye una alternativa temporaria y limitada. Otra posibilidad es mostrar la obra de Barrio de forma documental, exhibiendo fotografías y videos de la instalación de 2005. Una tercera alternativa es la reinterpretación, sobre la base de un esquema conceptual o mediante distintos escenarios. En ese contexto, también cabría mencionar la posibilidad de la *reinstauración*.[19] Sin embargo, esa

---

16. http://en.wikipedia.org/wiki/Artur_Barrio
17. Gilman, J., "La conservation et la présentation des installations éphémères: approche déontologique", en Bawin, Julie y Foulon, Pierre-Jean (eds.), *Histoire, art et archéologie. Art actuel et installations*, Presses Universitaires de Namur (en imprenta).
18. Van Saaze, V., *Doing Artworks. A Study into the Presentation and Conservation of Installation Artworks*, tesis de doctorado, Universiteit Maastricht, 2009, pp. 168-169.
19. Reinstauración basada en el protocolo de nueva exposición elaborado con el artista; se encarga a un especialista en restauración la tarea de transmitir el concepto de la obra de arte sin ninguna intervención creativa de su parte.

potencial nueva capacidad del especialista en conservación todavía es un tema muy delicado, aunque tal vez sea la única forma de preservar la obra para el futuro.

Los problemas que se plantean para la conservación de las instalaciones exceden las meras limitaciones físicas. Las dificultades conceptuales inherentes al formato específico también deben ser tenidas en cuenta. Al omitir el objeto artístico independiente en búsqueda de una colección de significados relacionales e internos, inherente al arte de instalaciones, se está desafiando el concepto de la verdadera naturaleza del objeto artístico tradicional sobre el que se han basado en gran medida las prácticas de conservación.[20] Cuando la obra de arte no puede tener una apariencia fija a causa de los materiales efímeros, es importante definir la identidad de la obra para poder afrontar futuros problemas de conservación.

Durante el lapso que transcurrió entre la creación de *Strange Fruit (for David)* (1992-1997), de Zoe Leonard, su adquisición, en 1998, por el Museo de Arte de Filadelfia, y su intento de preservarla, el significado del objeto artístico inicial cambió. *Strange Fruit (for David)* está compuesta de cáscaras de fruta cosidas con cierres, alambres, hilo y botones, lo cual planteó varios problemas para su conservación. Cuando la curadora Ann Temkin expresó su interés por adquirir la pieza para el Museo de Arte de Filadelfia, Zoe Leonard evaluó la posibilidad de emplear métodos de conservación para ella. Después de muchas pruebas, Ch. Scheidemann, conservador de arte contemporáneo especializado en este tipo de desafíos, encontró una solución que consistió en congelar las piezas mediante un sistema

---

Para más información sobre ese enfoque, véase también Defeyt, C., "Restauration et non-restauration en art contemporain", en *CeROArt*, nº 3, 2009, p. 3, http://ceroart.revues.org/index1160.html (fecha de consulta: 5/9/2009).

20. Frasco, L., *The Contingency of Conservation: Changing Methodology and Theoretical Issues in Conserving Ephemeral Contemporary Artworks with Special Reference to Installation Art*, tesis de Estudios Visuales, University of Pennsylvania, 2009, pp. 73.

de enfriado rápido y luego remojarlas al vacío en el aglutinante Paraloid B72. Finalmente, la artista se negó a emplear esa estrategia de conservación por considerar que el proceso continuo de degradación formaba parte de la obra. El museo adquirió la instalación y la exhibe en forma discontinua para que se pueda apreciar la evolución del proceso de descomposición.[21] Se conservan 25 piezas, pero que no constituyen la obra en sí, sino una representación de ella (como fotografías).[22] El proceso de deterioro de las piezas que no se conservaron también está documentado mediante fotografías, que conforman un proyecto continuo, similar a un diario.[23]

Leonard relató una historia sobre la creación de la pieza y describió su evolución como un proceso de duelo por la muerte de un amigo. Afirma que ni siquiera se dio cuenta de que estaba haciendo una obra de arte cuando empezó a coser la fruta. A la larga, la obra empezó a parecerle arte y siguió trabajando en ella más tarde, durante dos años, en un lugar remoto de Alaska, donde dependía de la fruta que le enviaban por correo. Decidió exhibir la fruta por primera vez en 1995, en su departamento. Más tarde, la pieza se expuso en el Museum of Contemporary Art de Miami, en la primavera boreal de 1997, y en la Kunsthalle de Basilea, en el verano de ese año. Sin embargo, Leonard se echó atrás ante la solución que tanto trabajo le había costado hallar a Scheidemann. Se dio cuenta de que para ella no bastaba con la apariencia de descomposición; la metáfora de la desaparición era insuficiente. Adujo un criterio de honestidad y rechazó las piezas preservadas. El museo aceptó colaborar con ella para determinar, con el paso del tiempo, si la pieza se podía seguir presentando y qué se debía hacer con ella en

21. Temkin, A., "Strange Fruit", en *Mortality Immortality? The Legacy of 20th-Century Art*, Los Angeles, The Getty Conservation Institute, 1999, pp. 45-50.
22. Buskirk, M., *The Contingent Object of Contemporary art*, Cambridge, Mass., MIT Press, 2003, p. 145.
23. http://www.philamuseum.org/press/releases/1998/228.html (fecha de consulta: 7/7/2009).

ese momento. La aceptación de esa comunicación continua con el artista forma parte, hoy en día, de las convenciones relativas a los trabajos concretos de conservación de todo museo de arte contemporáneo.[24] No obstante, en cuanto al almacenamiento, Leonard aceptó que se aplicasen las condiciones óptimas para reducir el impacto de esos períodos de inactividad en la vida útil de la obra.[25] Durante los períodos de almacenamiento, las técnicas de conservación preventiva, como la de embalaje con atmósfera modificada, pueden ser eficaces. En pruebas realizadas en muestras (una banana con cierre y una cáscara de mandarina cosida) se comprobó que un ambiente carente de oxígeno (50% de N2 y 50% de CO2) podría servir para prolongar la vida útil de esta pieza.[26] Al igual que con todas las obras de arte, la conservación preventiva contribuye a proteger trabajos que se ocupan conceptualmente del envejecimiento y la naturaleza efímera de los materiales utilizados en su creación.

Las obras de arte como *Interminável*, de Artur Barrio, y *Strange Fruit*, de Zoe Leonard, están muy relacionadas con nuestro tiempo, y plantean interrogantes tanto sociales como acerca del arte. La apariencia de estas obras se verá alterada por y en el museo. Como afirma el director del S.M.A.K., Philippe Van Cauteren, "la práctica y el acto de coleccionar y exhibir son las herramientas fundamentales para preservar la independencia y la duda de artistas y espectadores. Los museos de arte contemporáneo confrontan constantemente el presente con el pasado; su tarea consiste, entre otras, en generar un contexto de presenta-

---

24. Temkin, A., "Strange Fruit", en *The Conservation of 20th-Century Art: Two Case Studies, GCI Newsletter*, 13.2, 1998, http://getty.edu/conservation/publications/newsletters/13_2/news1_1.html (fecha de consulta: 9/8/2010).
25. Buskirk, M., "Planning for Impermanence. What Does the Future Hold for Today's Art Works that Employ Ephemeral Materials or Rapidly Obsolescent Components?", en *Art in America*, vol. 88, nº 4, 2000, pp. 112-119.
26. Gilman, J., *Onderzoek naar de verpakking...*, *op. cit.*, p. 98.

ción y percepción reflexivas, en el que el modo de la duda y la frágil incertidumbre generan preguntas y respuestas palpitantes al arte, la humanidad y la sociedad".[27]

Conclusión

A la luz de la presente investigación, resulta evidente que no existe una panacea para el problema de la conservación del arte orgánico. Al investigar la conservación de los productos alimentarios empleados en el arte contemporáneo es necesario estudiar, en primer lugar, la importancia del almacenamiento de esos productos. Además de su materialidad, ciertas producciones contemporáneas recurren a una cantidad de parámetros inmateriales a los que el especialista en conservación tiene que adaptarse y aplicar nuevos sistemas de valores. Al hacerlo, debe encontrar un equilibrio entre la autenticidad material y la conceptual, que respete totalmente la obra de arte.

En el arte contemporáneo, las prácticas de los museos (coleccionar, conservar y presentar obras de arte) influyen (y tienen un papel activo) en la realización/ejecución de las piezas y el modo en que se presentan ante el público.

Esas obras tienen un carácter dinámico y, por lo tanto, necesitan una metodología de conservación que sea igualmente enérgica y susceptible a los cambios. De hecho, las transacciones con ese tipo de trabajos son mucho más que una simple transferencia del artista al museo. El hecho de transferir una obra de arte a otro contexto temporal (período) y espacial implica toda una red de actores. Estas piezas no son objetos estáticos: están inevitablemente ligadas al momento de creación y a su creador, aunque es esencial que el conservador comprenda todo el contexto en el que se construye y reconstruye la obra. Por lo tanto, ese contexto

---

27. Van Cauteren, Ph., "Statement", en Yoshioka E. y Washida M. (eds.), *We Humans Are Free: From the Collection of S.M.A.K., Museum of Contemporary Art, Ghent* (cat. exp.), Japón, 2006, p. 11.

(distintos interesados, diferentes valores y normas, diversas épocas/culturas/lugares) influye en la estrategia o enfoque de conservación, que puede cambiar conforme a él.

Dada su naturaleza transitoria, estos materiales exigen una metodología más específica que las técnicas clásicas de conservación. El uso de materiales efímeros ha iniciado un cambio en el proceso de toma de decisiones respecto de la conservación y el papel que desempeña el artista en ese proceso. Mediante el análisis de estos casos, llego a la conclusión de que la búsqueda de la estrategia de conservación más viable y eficaz puede guiarnos en distintas direcciones, según los valores que los conservadores y curadores consideren más importantes durante su labor. Así, no se puede generalizar la aplicación de una técnica de conservación de alimentos; cada caso precisa un enfoque individual, ya que rigen otras normas y valores. Después de todo, la obra de arte estará definida por las decisiones que tomen el museo y el conservador en determinados momentos, especialmente si se trata de una obra conceptual.

14

Refectum#1. 6 Dé-Coll/age de Wolf Vostell. Un caso de estudio

Lino García Morales

6 TV Dé-Coll/age es una videoinstalación del artista fluxus Wolf Vostell, que pertenece a los fondos del Museo Nacional Centro de Arte Reina Sofía (MNCARS). La figura 1 muestra las dos versiones de la obra.

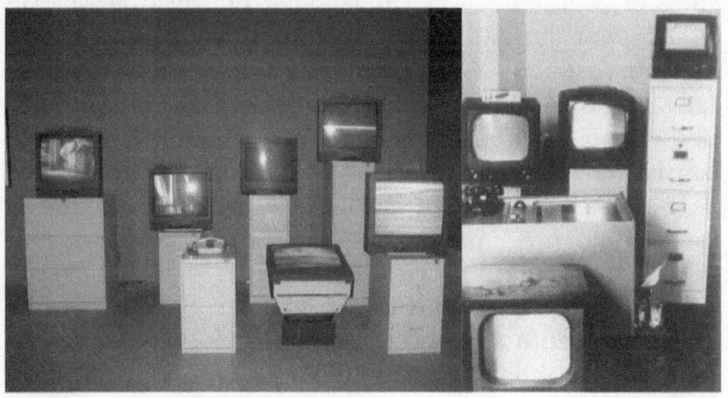

Figura 1. 6 TV Dé-Coll/age, 1963/1995.

La primera versión del *environment* fue realizada por Wolf Vostell para una exposición en la Smolin Gallery de Nueva York en 1963. El ambiente estaba compuesto por seis televisores colocados encima de archivadores de oficina y completado por un teléfono y unos semilleros con brotes de berros que crecían y morían por el efecto nocivo de la televisión. En aquella instalación, Vostell alteró las imágenes de la televisión manipulando las funciones de los televisores para conseguir imágenes distorsionadas y borrosas con sonidos de ruido y siseos. La pieza se desmontó al finalizar la muestra, pero fue reconstruida por deseo del artista en 1995, para la III Bienal de Lyon. En esta segunda versión, adquirida por el MNCARS, los televisores emiten las mismas imágenes distorsionadas de la primera muestra, pero a través de una grabación en video que el artista efectuó en "aquel momento". Esta obra es clave dentro de la historia del medio, pues constituye uno de los primeros ejemplos de manipulación de la señal de televisión.

Caso de estudio

La restauración de una obra de arte digital debe ser tratada como única.[1] *Refectum#1* es un proyecto de colaboración entre el MNCARS y la Universidad Europea de Madrid (UEM) para abordar la conservación de la videoinstalación de Wolf Vostell *6 TV Dé-Coll/age*. La obra se encuentra operativa, pero corre un grave riesgo de pérdida ante la imposibilidad de sustituir los televisores originales. El proyecto consiste en el estudio del caso y, posteriormente, el empleo de la estrategia de *conservación evolutiva recreación,* basada en la metodología A3[2] para su documentación y conservación.

Desde el punto de vista de la conservación, *6 TV Dé-Coll/age* ofrece una oportunidad singular, porque permite un acercamiento a la obsolescente tecnología de la televisión y el video analógico, aún "funciona" y, aunque su autor,

---

1. Obsérvese que *6 TV Dé-Coll/age* es una obra "analógica" que, por el proceso de transcodificación al dominio digital necesario para su restauración, pasará a ser un obra de arte digital. Lev Manovich considera que se puede crear un objeto de *nuevo medio* mediante una conversión de su fuente analógica (*viejo medio*). Véase Manovich, Lev, *El lenguaje de los nuevos medios de comunicación. La imagen en la era digital*, Barcelona, Ediciones Paidós Ibérica, 2005.
2. García, Lino, "Metodología para el diseño y desarrollo de proyectos transdisciplinares", septiembre de 2008, Madrid, UEM.

Wolf Vostell, murió poco después de reconstruirla para la III Bienal de Lyon, existe suficiente información acerca de su obra y vida. A continuación se presenta la información de partida más relevante, tal cual está archivada:

Wolf Vostell

Leverkusen, Alemania, 1932 – Berlín, 1998.
Videoinstalación: 6 canales de video en formato VHS y DVD.
6 monitores de TV, 6 muebles de oficina, teléfono, antena, brotes de berros.

Medidas variables

Según Céline Brouwez: Vostell es considerado descubridor de la técnica del *dé-coll/age*, padre del *happening* en Europa e iniciador del movimiento Fluxus y del videoarte. Artista que "mantuvo siempre en toda su producción artística una actitud marcada, una originalidad radical y una gran versatilidad en la utilización de los lenguajes artísticos. Su obra pretende situar al individuo frente a las contradicciones que invaden su existencia, con la gran empresa humana de abrir el pensamiento y buscar el acercamiento entre arte y vida. Emplea todos los elementos visuales y de expresión a su alcance, ya sean materiales, de comportamiento, o de acción".[3]

Vostell acuñó el término *dé-coll/age* (a raíz de un titular de prensa sobre un accidente aéreo) para denominar sus obras realizadas con carteles y fotografías desgarradas y objetos fragmentados. Desde entonces denominó sus *happenings acción-dé-coll/age*. Durante su estancia en París, estudió dos años en la Escuela Nacional Superior de Bellas Artes de París (1955-1956) y, posteriormente, se relacionó con el grupo Nuevos Realistas: Dufrêne, Villaglé, Hins y Rotella.

---

3. Agúndez García, José Antonio, "6-TV-Dé-Coll/age. El ojo del elefante", en *Primera generación. Arte e imagen en movimiento [1963-1986]*, Madrid, MNCARS, 2006, p. 340.

Con Georges Maciunas organizó en 1962 el primer Festival de Fluxus en el Museo de Wiesbaden. Un año más tarde, en Nueva York, participa en el Yam-Fluxus-Festival, donde conoce a Cage, Kaprow, Brecha, Watts, La Monte Young, Warhol. Desde este momento su presencia a nivel internacional es constante realizando numerosos *happenings* y exposiciones tanto en Europa como en América del Norte y del Sur. Entre ellas: Museo de Arte Moderno de la Ciudad de París, en 1974; en la Nationalgalerie de Berlín, en 1975, y en la Documenta 6 de Kassel, en 1977. En 1980 realiza la mayor versión de su ambiente "Depresión endógena" (30 televisores con hormigón y siete pavos vivos) para el Instituto de Arte Contemporáneo de Los Ángeles, su obra se muestra en la Bienal de San Pablo en 1983.

La obra de Vostell es una de las aportaciones más importantes en el contexto de la videocreación y del Fluxus

La documentación de la obra especifica en el título dos fechas: *6 TV De-Coll/age*, 1963/1995, que corresponden a las versiones de las instalaciones de la figura 1. La pieza se desmontó al finalizar la muestra en la Smolin Gallery de Nueva York en 1963, para la que Vostell realizó la primera versión de la obra, y no fue "reconstruida" hasta 1995, para la III Bienal de Lyon. La segunda versión es una *reinterpretación* de la primera, donde Vostell mantiene el mismo concepto pero utiliza tecnologías diferentes en su implementación. De hecho, no recrea el proceso de alteración de las imágenes de la televisión, que en 1963 consiguió manipulando las funciones de los televisores para conseguir imágenes distorsionadas y borrosas con sonidos de ruido y siseos, sino que emite las mismas imágenes distorsionadas de la primera muestra, pero a través de una grabación en video que "el artista realizó en aquel momento". Vostell conserva la idea en cuanto a la instalación y todos sus elementos, pero sustituye el proceso de distorsión de las imágenes por una versión de la representación perceptual que tuvo en su día. Se desconoce por qué, pero esta decisión derivó en la conservación de una representación más o menos fidedigna (teniendo en cuenta la pérdida de calidad de la imagen del formato VHS) de aquellas imágenes de 1963.

No se dispone de una interpretación de la obra por su creador. Solo que es un ambiente compuesto por seis televisores colocados encima de archivadores de oficina, con un teléfono, una antena y unos semilleros con brotes de berros que crecen y mueren por el efecto nocivo de la televisión. Los seis monitores son de la marca comercial alemana: RFT Stassfurt, modelo Siesta 70 – 143c IRS 520, de dimensiones 57,1 x 63,4 x 49 cm, con pantalla de 27" (68 cm).

La expresión *medidas variables*, incluida en la documentación, y la actitud del autor ante el versionado de la obra sugiere que el modelo del monitor, los muebles, su colocación absoluta o relativa, incluso el material de video en formato VHS (teniendo en cuenta que en 1963 éste no existía, por lo que tuvo que grabar las distorsiones de las televisiones en otro formato, probablemente en cine; tampoco se conocen las dimensiones originales de los televisores de la primera versión), no son importantes. Todo ello lleva a pensar que probablemente a Vostell no le importaría recrear su obra con la tecnología "disponible" en el momento de sus futuras *recreaciones*. Sin embargo, el MNCARS, según las leyes de Patrimonio, adquiere la responsabilidad de conservar la pieza en las condiciones señaladas. No se cuenta con la aprobación (el deseo expreso) del artista, y esto es, probablemente, lo que condiciona a *6 TV Dé-Coll/age*, 1995, como objeto de restauración. Tampoco hay ninguna referencia a las condiciones de presentación de la obra (iluminación, espacio, sonido, etc.) –la diferencia de las imágenes de las dos instalaciones lo demuestra–, ni a la sincronización de las imágenes, que, a juzgar por los dispositivos de visualización adquiridos, no parece de interés.

Planteamiento de restauración

El planteamiento de Refectum#1 es la *recreación* de *6 TV Dé-coll/age*, 1995, mediante la aplicación de la metodología de *conservación evolutiva* A3. Esta estrategia respeta la *imagen* perceptual del bien a la vez que lo dota de un corpus metodológico y tecnológico perdurable. El objetivo de la *recreación* es justamente reproducir, rehacer una obra perceptualmente "idéntica" con una tecnología adaptable al desarrollo tecnológico y, por lo tanto, resistente a su obsolescencia.

El video depende de los desarrollos técnicos audiovisuales como ningún otro *medio* artístico; por lo tanto, cualquier estrategia de conservación debe debilitar la ligazón tecnología-percepción. El videoarte, como "objeto" patrimonial, tiene una peculiaridad: solo el *soporte* es materia. La *estructura* está compuesta únicamente por *datos* (ordenados según determinado *formato*) y *procesos*, imbuidos en la máquina de visualización, y un *soporte* que actúa como contenedor o *medio* (componente físico) de los datos; la *imagen* es inmaterial. No así la *videoinstalación*, que, pese a compartir el mismo medio, tiene el añadido estructural escultórico. La *máquina* forma parte de la *imagen* y está compuesta por un conjunto de televisores, monitores o proyectores, dispositivos de grabación y reproducción, de captura de imágenes (webcams, cámaras de videovigilancia, etc.), de difusión, edición, posproducción, etc. (todos ellos altamente sensibles a la obsolescencia tecnológica). La *imagen*, desde el punto de vista conceptual, no es solo visual y representa igualmente al sonido. La *imagen* se puede definir como el vehículo de conexión sensorial de la obra con el espectador.

Videotecnología

La fuerte dependencia del video, como medio, con la tecnología, se debe a dos factores fundamentalmente. El primero es el *formato* de la información (datos). Las señales de video normalmente se "almacenan" en un medio después de pasar algún proceso de *codificación* (imprescindible para adecuar la señal al soporte de grabación). Lo segundo es la *máquina* diseñada para *decodificar* ese formato. Ambos, *formato* y *máquina*, son inestables y caprichosos (debido fundamentalmente a una fuerte competencia comercial; de hecho, VHS se impuso como formato de distribución de video frente a Betamax a pesar de su inferior calidad). Los formatos suelen incluir un proceso más al de codificación de la señal de video: la *compresión*, que reduce la dinámica de la señal (normalmente con pérdidas, siguiendo un modelo perceptual) para abaratar costes de producción y facilitar la distribución del material audiovisual. Por ejemplo, el video analógico monocanal se graba en una cinta magnética mediante un videograbador para ser reproducido en un reproductor y visualizado en un televisor que responda a la misma tecnología, como puede ser VHS/PAL.

El video se compone de una secuencia de tramas que registran un campo magnético proporcional a las variaciones de la intensidad de la luz (el color es un caso particular en el cual se descompone la intensidad de la luz según sus colores primarios, rojo, verde y azul, y se graban independientemente). Es necesario conocer dónde empieza cada trama, cuántas líneas horizontales tiene, dónde acaba, etc., lo que debe corresponder con determinado sistema de televisión: NTSC, PAL, SECAM, etc. Además, la compresión perceptual, por las limitaciones del medio, degrada la imagen, y esto puede influir en una pérdida generacional de calidad (según el versionado).

VHS

Las cintas VHS tienen un ancho de banda en video de aproximadamente 3 MHz, lo que consigue relativamente una velocidad de larga duración por el uso de grabación de exploración helicoidal de una señal de frecuencia modulada de luminancia (blanca o negra), con una baja conversión de señales de colores grabadas directamente en la banda. VHS es un sistema analógico; las cintas VHS reproducen el video mediante señales similares a las de TV. La forma de ondas de estas señales por líneas de escaneo puede llegar a 160 como máximo, y contiene 525 líneas en pantalla en formato NTSC. En modo PAL tiene 625 líneas (576 visibles). En la terminología digital actual, el VHS equivale aproximadamente a 320 x 480 píxeles con un ratio de señal de reducción de la imagen de 43 dB. Es un formato diseñado para uso *doméstico*.

Desde el punto de vista del *formato*, la *migración* es la estrategia "ideal" de conservación: el video o película se almacena en un formato "universal" que posibilita la exportación al formato "requerido" (según la disponibilidad). Tal universalidad se justifica por un proceso de codificación-decodificación óptimo para la *migración* y la ausencia de cualquier tipo de compresión-descompresión con pérdidas. Pero, en el dominio analógico, cualquier copia implica intrínsecamente una pérdida de información y, por lo tanto, de calidad de la *imagen*.

El "problema" de las *máquinas* es mucho más difícil de resolver, porque no es posible conservar equipamiento óptimo suficiente para el momento en que se requiera. La solución más popular consiste en migrar periódicamente al formato tecnológico "en curso". Esto presupone que la calidad del formato *destino* debe ser siempre mayor que la del formato *fuente* y que no habrá pérdida perceptual en la calidad de la imagen. Solo desde un formato fuente sin codificación con pérdidas es posible preservar la calidad perceptual de la imagen.

La figura 2 representa las particularidades del modelo conceptual del videoarte y la videoinstalación como "objeto" de restauración. El *soporte* se relaciona comúnmente con el *medio* y con el equipamiento de la *máquina* de visualización; es *materia* y, por lo tanto, objeto de conservación tradicional. El bloque procesual, intangible, compresión/descompresión – codificación/decodificación es funcionalmente estático y fuertemente dependiente de la máquina de visualización. El proceso X es opcional y sirve para "ecualizar" los desajustes del sistema: corrección de la imagen, compensación de la calibración, etc.

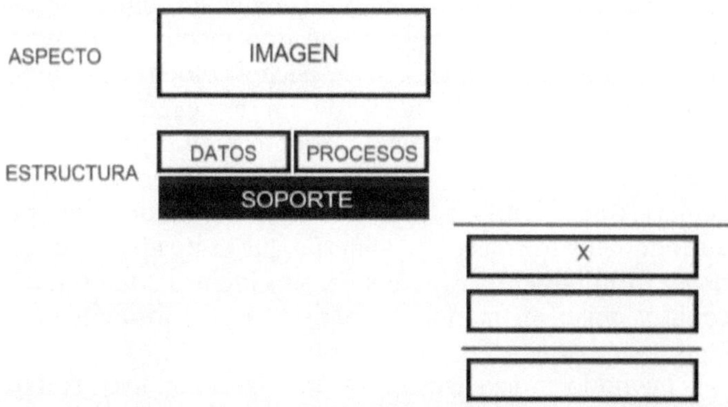

Figura 2. "Objeto" de restauración para videoarte y videoinstalación. Solo el soporte, que constituye el medio (máquina, formato), y el conjunto escultórico de la imagen (en la videoinstalación) son materia. La conversión del video en datos y viceversa se realiza por procesos estáticos, sobre los que, generalmente, se tiene poco control, como son la compresión y la codificación. El proceso dinámico X es independiente del medio.

De lo analógico a lo digital

El mundo analógico desaparece con fecha de caducidad muy próxima (desde el 1º de enero de 2010 no existe en España, por ejemplo, televisión analógica; la extinción programada de las tecnologías de adquisición, edición y posproducción de video analógico es un hecho), y con ello se acelera la obsolescencia, se extinguen obras, incluso de las colecciones más emblemáticas.

"En ausencia de una intención constatada del artista, impera errar hacia la permanencia" escribe Coddington.[4] Afortunadamente, durante la tercera revolución industrial se desarrolló el corpus teórico y tecnológico que hace posible representar la información analógica en digital (transcodificación) con una pérdida de información controlada en términos perceptuales. Este hecho colocó a la *migración* como la estrategia "ideal" de conservación: el paso de obras y colecciones al nuevo dominio digital preservando la esencia aspectual, la percepción de la *imagen*. La Tate Gallery, por ejemplo, realiza una *copia* digital de cada obra que adquiere su colección, material que es posible *replicar* o *clonar* infinitamente. Algunos museos incluso compran una copia y dejan en manos del artista la responsabilidad de conservar el *original* o copia *maestra*.

La importancia trasciende la conservación y restauración de las obras de videoarte y videoinstalaciones a su exposición, documentación y modo de producción. Ambas manifestaciones, *videoarte* y *videoinstalación*, que en el mundo analógico nacieron y se desarrollaron en el ámbito del *arte electrónico*, son ahora parte del *patrimonio digital*.[5]

Para el *videoarte* solo es importante la *imagen* que funciona como *aspecto* (elemento estético); el *soporte*, que funciona como *estructura* (elemento funcional), ajeno al medio, es accesorio. Parece irrelevante la *máquina*: el monitor, proyector o sistema de reproducción a utilizar. Para la *videoinstalación*, sin embargo, el objeto escultórico es parte de la *imagen*. Para ambos, existe una serie de factores externos relacionados entre sí que influyen en la imagen de la obra y deben ser tenidos en cuenta como parte del mecanismo de documentación y conservación: el *equipamiento*, el *entorno*, la *percepción* de la imagen y el sonido.

---

4. Coddington, James, "The Case against Amnesia", en *Mortality Immortality?*, *citado* en Corzo, Miguel (ed.), *The Legacy of 20th-Century Art*, Los Angeles, Getty Conservation Institute, 1999, pp. 19-26.
5. Ver nota 1.

Cada pieza presenta un problema diferente para el "conservador". Como obra exige una suerte de investigación forense. Solo la evaluación objetiva, medible, cuantificable de todos los factores (siempre que sea posible) evitará ambigüedades e interpretaciones subjetivas.

Medio

La conservación del medio requiere la *migración* al dominio digital y es ya una práctica habitual y consensuada en la red de museos. El soporte digital como *medio* tiende a ser cada vez "más" inmaterial. Es mucho más barato y seguro guardar datos (como la información codificada de un video) y procesos en servidores de datos distribuidos por el mundo (al menos en una red de museos global) que en costosos y enormes almacenes con todas las variables que afectan la obsolescencia controlada: temperatura, humedad, etc.

Los datos se deben "conservar" juntamente con su *formato* (en forma de metadatos) y sin ningún tipo de transformación. La digitalización es un protocolo bien documentado y sistematizado. Los *procesos* se deben conservar desde el nivel más alto de abstracción (para facilitar su actualización a otra tecnologías) hasta el más básico (el que funciona con la tecnología "actual").

Equipamiento

Aun cuando la imagen esté contenida en el formato "ideal" (en términos de compresión-codificación), solo una correcta calibración de la *máquina* de visualización puede *certificar* el aspecto que desea el artista. En más de una ocasión éste, al ver su obra expuesta, no la *reconoce*. La disconformidad se debe al cambio de apreciación. En Villaescuerna[6] se plantea

6. Villaescuerna, Pureza, "Videoarte: La evolución tecnológica. Nuevos retos para la conservación. Registro de Videoarte: Aprendiendo lo intangible", *8ª Jornada de Conservación de Arte Contemporáneo*. Madrid, MNCARS, febrero de 2007, pp. 118-122.

la necesidad de documentar "los requerimientos de la obra para su montaje o exhibición: dimensiones, descripción y calidad del espacio, tamaño de la pantalla, distancia de proyección, resolución, compresión [...] de la imagen, tipo de sonido, etc.". Sin embargo, este procedimiento solo es útil si la obra ha sido creada en un entorno correctamente calibrado, lo cual es responsabilidad del artista. En cualquier caso, es posible incluir en la máquina de visualización un proceso X (de la figura 2) que corrija tal desajuste, pero es un trabajo que debe ser *certificado* por el autor. Sin embargo, si se dispone de una imagen de referencia con la conformidad del artista (como es el caso de *6 TV Dé-Coll/age*), la transformación de corrección de la calibración (proceso X) se puede hacer de manera adaptativa; en caso contrario, se deberá seguir un proceso de prueba y error guiado por la aceptación perceptual del artista. El proceso inmaterial que resulta es, entonces, parte del objeto de conservación.

El equipamiento es el elemento más sensible a la obsolescencia y, salvo en aquellos casos en que funcione como elemento escultural, cuando no forme parte de la imagen que funciona como aspecto o creación audiovisual o no tenga un peso estético expresamente indicado por el artista, no deberá ser objeto de conservación. Es la *idea*, en la mayoría de las ocasiones, lo único que se debe preservar.

A3

El planteamiento de Refectum#1 es la *recreación* de *6 TV Dé-Coll/age*, 1995, en una versión tecnológica digital. Esta estrategia de conservación es la única (versus la *sustitución*, que consiste en almacenar los elementos o partes que hagan posible restaurar una obra; la *emulación*, que permite la imitación del medio original en un medio completamente diferente; la *migración*, que reimplementa procesos y datos en un soporte nuevo, y la *reinterpretación*, que permite redefinir una obra en un medio contemporáneo con el valor metafórico de un medio obsoleto) que respeta la imagen perceptual de la obra, a la vez que la dota de un corpus metodológico y tecnológico perdurable y resistente a la obsolescencia tecnológica.

El objetivo de la *recreación* es reproducir, rehacer, una obra perceptualmente "idéntica" con una metodología y tecnología[7] adecuada para una labor de *conservación evolutiva* que permita contemplarla como si, supuestamente, hubiese sido concebida originalmente, sin necesidad de inducir a error al espectador. La *recreación* es una estrategia eminentemente conservativa ante el riesgo de pérdida. La restauración puede llegar demasiado tarde (cuando no sea posible aplicar estrategias de *sustitución, emulación* o *migración*): téngase en cuenta que la pérdida de la capacidad de representación simbólica no suele ser progresiva, sino más bien intempestiva (ocurre en el momento menos oportuno).

6 TV Dé-Coll/age, 1995, ofrece una oportunidad única de conservación:

- Se dispone de las cintas con las secuencias de imágenes "aprobadas" por Vostell.
- Se dispone de la obra en estado operativo, imprescindible para la localización de los seis televisores con las mismas características que los conservados en el Museo. Solo que, para el proyecto, no se requieren en funcionamiento. Solamente es necesario disponer de equipos perceptualmente idénticos, independientemente de su estado electrónico o del tubo de pantalla; equipos susceptibles de manipular y "romper".

A3, la herramienta en la que se basa la *recreación,* se divide en tres fases consecutivas: *modelo, diseño* e *implementación*. Parte de una *documentación* inicial (muy

7. Ver nota 3.

recomendable para la toma de decisiones durante la aplicación de la metodología) y de la propia obra. A3, a su vez, aporta datos sobre la obra, en términos de su información y procesos, que complementa la documentación general. El proceso de *documentación* absorbe toda la información que genera cada etapa.

La primera etapa de A3 *modelo*, define "el *qué*" de la obra (qué hace, qué es) vista como un *objeto-sistema* que consume, procesa y produce información. El límite del "sistema" queda establecido por las *fuentes* y *sumideros* de la información. El primer paso de esta metodología, por lo tanto, consiste en crear un modelo lógico-funcional del *objeto-sistema*. Para ello es necesario definir las entidades que representen adecuadamente el "todo" a partir de información normalmente incompleta. En la segunda fase, *diseño*, se define "el *cómo*"; se puede entender como la implementación *distribuida* del sistema modelado. Es aquí realmente donde una "obra de arte", el objeto de restauración, se convierte en un "sistema de ingeniería", un *objeto-sistema*, y se define su implementación sobre la base de determinadas entidades *a3.cubes, a3.nexus*. Una entidad *a3.cube,* desde el punto de vista funcional, ofrece determinados *servicios,* mientras que la tecnología *a3.nexus* permite a un *a3.cube* la publicación de tales servicios y su uso por otros *a3.cubes*. El uso combinado de ambas tecnologías posibilita la producción modular, escalable y sistemática de obras audiovisuales interactivas. En la tercera y última fase, *implementación,* se planifica el desarrollo de cada entidad y se ejecuta. Es aquí donde se migrarán todos los canales de video analógico (VHS) a un formato digital sin compresión y se "prepararán"[8] los televisores, y donde se requiere la presencia de seis televisores con las mismas características que los conservados en el Museo.

Documentación

Antes de aplicar la primera fase de A3 es conveniente organizar la información en alguna estructura de metadatos que facilite la integración en cualquier base de datos o sistema de gestión de información. Las etiquetas o *tags* que muestra el listado 1 son provisionales y configurables y perfectamente *generales* y útiles para cualquier institución. Sin embargo, esta estructura admite la incorporación de etiquetas *específicas* e incluso *exclusivas*, lo que puede prolongar su vida indefinidamente.[9]

```
<?xml version="1.0"?>
<artwork>
<name>6 TV Dé-Coll/age</name>
<date>1995</date>
<author>
```

---

8. Una TV "preparada" es un televisor analógico convencional *preparado*, manipulado (en una clara alusión y homenaje a John Cage) para comportarse idénticamente de manera perceptual. La imagen no cambia, solo el soporte material, pero invisible, que subyace en la estructura. Tecnologías como ésta permitirían exponer indefinidamente muchas videoinstalaciones. Incluso determinadas manipulaciones hechas a la imagen por procedimientos manuales sobre tubos de rayos catódicos podrían ser reemplazadas por procesos Xs sobre los datos de video, antes de convertirse en imagen. Ejemplos de obras susceptibles de estos tratamientos son *Untitled-Display System for Laser Burned Vidicon Tubes*, de Mary Lucier, o *TV Weave*, de Eugènia Balcells, e incluso, si así hubiera sido la intención de Vostell, *6 TV Dé-Coll/age*. Parte del proceso X podría generar las distorsiones, que en su día, Vostell obtuvo manipulando las funciones de los televisores.

9. El término *exclusivo* proviene del estándar MIDI (Musical Instrument Digital Interface). El mensaje exclusivo es un tipo de mensaje específico que permite agregar nuevas aplicaciones. Una adaptación, en este contexto, podría tener la sintaxis: **<exclusive>** **<institution** id="MNCARS">cualquier información </ **exclusive** >. Obsérvese que esta información solo es útil a quien sepa decodificarla; es decir, a quien pertenezca el *id*.

<**name**>Wolf Vostell</**name**>
<!— Información opcional —>
<**since**>
<**place**>Alemania</**place**>
<**city**>Leverkusen</**city**>
<**year**>1932</**year**>
</**since**>
<**to**>
<**place**>Alemania</**place**>
<**city**>Berlín</**city**>
<**yea**r>1998</**year**>
</**to**>
</**author**>
<**genre**>Videoinstalación</**genre**>
<**description**>Ambiente compuesto por seis televisores colocados encima de archivadores de oficina y completado por un teléfono y unos semilleros con brotes de berros que crecen y mueren por el efecto nocivo de la televisión</**description**>
<**versions** id="v01">
<**date**>1963</**date**>
<**description**>6 monitores de TV manipulados, 6 muebles de oficina, teléfono, antena, brotes de berros</**decription**>
<**size**>variable</**size**>
<**exhibitions** id="exh1">
<**place**>Smolin Gallery, New York</**place**>
<**date**>22 May 1963</**date**>
</**exhibitions**>
</**versions**>
<**versions** id="v02">
<**date**>1995</**date**>
<**description**>6 canales de video en formato VHS y DVD, 6 monitores de TV, 6 muebles de oficina, teléfono, antena, brotes de berros</**description**>
<**size**>variable</**size**>
<**exhibitions** id="exh1">
<**name**>3ª Biennale de Lyon</**name**>

```xml
<place>France</place>
<date>
<since>20 Dec 1995</since>
<to>18 Feb 1996</to>
</date>
</exhibitions>
</versions>
</artwork>
```

Listado 1. Metadatos para la documentación de la obra.

Una documentación exhaustiva y adecuada de la obra debe tener una descripción objetiva y formal que incluya información acerca del estado de conservación, intervenciones anteriores, versionado, proyecto de montaje, informes de restauración, incluso datos administrativos acerca de almacenaje, etc.; información de contexto: estudios históricos, condiciones ambientales de exposición, etc.; estudios estéticos-expresivos, y análisis gráfico: actual-antiguo, dibujos, videos, etc. El metalenguaje de etiquetas XML, utilizado en el listado 1, tiene grandes ventajas, como la importación/exportación directa a bases de datos, páginas web, legibilidad, una buena cantidad de herramientas de codificación/decodificación, etc. Los protocolos o interfaces de restauración son susceptibles de organizar en secciones: *generales* (conjunto de acciones y procesos previsibles aprobados por la comunidad), *específicas* (conjunto de acciones y procesos específicos a nivel de institución) y *exclusivas* (conjunto de acciones y procesos no previstos; futuras ampliaciones).

Modelo

El diagrama de contexto o de nivel cero del diagrama de flujo de datos (DFD) muestra la obra como un sistema y su interrelación con el "mundo real". *6 TV Dé-Coll/age* no recibe información de entrada y solo produce información audiovisual a partir de contenidos en almacenes. Obsérvese que los televisores no pertenecen al sistema; son unidades externas.

El diagrama de nivel 1 de la figura 4 es una descomposición del diagrama de contexto de la figura 3. En realidad, todos estos procesos corresponden a los procesos de la figura 2. El proceso *decodificar* extrae los videos de su soporte y produce videos comprimidos, *vComp*. El proceso *descomprimir* es innecesario (en caso de que el video esté almacenado sin compresión, lo cual es el formato ideal para la máxima conservación de la calidad). Si, por ejemplo, el video estuviese comprimido en MPEG2, es necesario un proceso de descompresión que genere un flujo de video crudo o completo: *vFull*.

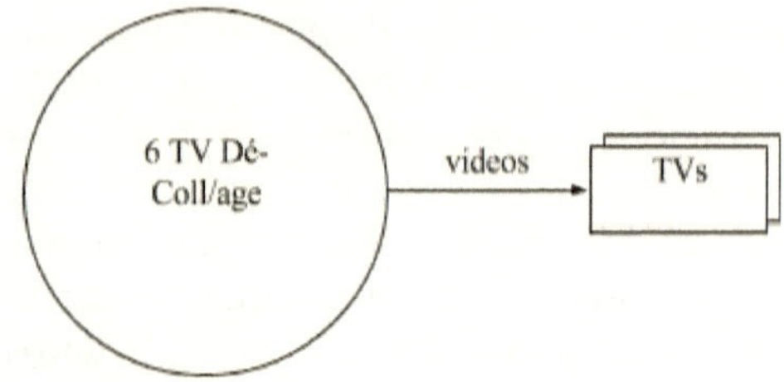

Figura 3. Diagrama de contexto.

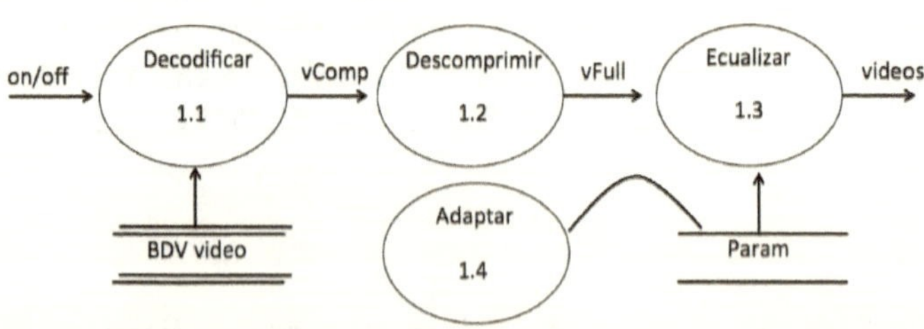

Figura 4. Diagrama de nivel 1.

El proceso *ecualizar* corresponde al proceso X de la figura 2. Es el encargado de conseguir la "identidad" perceptual de la imagen a partir de los parámetros de adaptación: *param*. El proceso *adaptar* se considera *offline*. Se representa en la figura 4 para reflejar el proceso que genera los parámetros adaptativos, pero realmente no pertenece al *objeto-sistema*. Este proceso es una de las grandes apuestas del proyecto en términos de objetivar una calidad subjetiva, perceptual. Los almacenes *BDVideo* y *Param* contienen los videos a mostrar en cada TV y los parámetros de adaptación, respectivamente. Todos los flujos de información *vComp*, *vFull* y *videos* son múltiples y representan los seis canales de la obra. Por último, la figura 5 muestra el diagrama de estados o de transiciones de la obra.

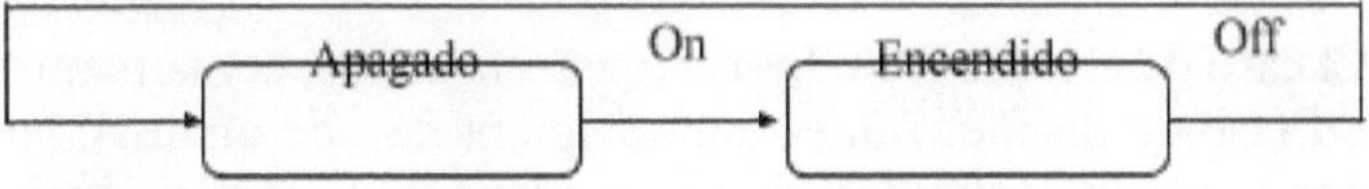

Figura 5. Diagrama de estados.

Observe que estos esquemas (figuras 3-5) solo contienen flujos de información: *datos*, *procesos* que se aplican a ellos y almacenes que contienen estos datos y son independientes de cualquier implementación. Todos los flujos representan datos digitales (los analógicos terminan en doble flecha). Esto significa que la unidad externa *TVs* de la figura 3 es digital; está "obligada a serlo". Lo "curioso" de este modelo es que el sistema de representación no queda incluido en la obra en sí, sino que constituye su terminal o unidad externa múltiple. Esto es importante porque parte del trabajo queda "fuera" de la obra. En realidad, esas TVs son equivalentes tanto para *6 TV Dé-coll/age* como para cualquier *videoinstalación*, por lo que parece oportuno desarrollar el tratamiento de la *TV* como unidad externa en un anexo "ajeno" a la obra.

Diseño

En esta fase se define la implementación del sistema sobre la base de sus partes o entidades *a3.cubes, a3.nexus*. Una entidad *a3.cube,* desde el punto de vista funcional, ofrece determinados *servicios,* mientras que la tecnología *a3.nexus* permite a un *a3.cube* la publicación de tales servicios y su uso por otros *a3.cubes*. El uso combinado de ambas tecnologías permite la producción modular, escalable y sistemática de obras audiovisuales interactivas. Las TVs, teniendo en cuenta los comentarios anteriores, son *a3.cubes* que se comunican con el sistema mediante sus correspondientes *a3.nexus*. Cada componente es un sistema HW/SW que activa determinados procesos según la información que intercambia a través de sus interfaces.

Conclusiones

El caso de estudio *6 TV Dé-Coll/age* está activo, actualmente en fase de diseño. A3, en una primera fase de análisis, ha permitido la documentación de la pieza en un modelo lógico funcional y, en una segunda fase de síntesis, el diseño de la *recreación* de la obra sobre una infraestructura tecnológica resistente a la obsolescencia que se implementará, finalmente, en una tercera fase, aplicando un modelo de ecualización adaptativa bidimensional perceptual.

Los autores

Gabriela Baldomá (Argentina)

Especialista en Conservación de Arte Moderno y Contemporáneo. Se licenció en Bellas Artes (UNR) y está desarrollando su tesis para la Maestría en Conservación y Restauración del Patrimonio Artístico y Bibliográfico Nacional (UNSAM). Es Directora del Instituto de Investigación, Conservación y Restauración de Arte Moderno y Contemporáneo de la Municipalidad de Rosario (iicramc) y coordina el grupo argentino en la Red Internacional para la Conservación de Arte Contemporáneo (INCCA) Iberoamérica. También es restauradora y asesora de coleccionistas y, desde 2009, es la está a cargo de la conservación de la obra del artista León Ferrari.

Fernando Boro (Argentina)

Licenciado en Historia (UBA). Especializado en tecnologías de digitalización en instituciones culturales. Desarrolló y estuvo a cargo del primer centro de archivos históricos digitalizados en Argentina (*Proyecto Patrimonio Histórico,* Instituto Ravignani, UBA). Ha actuado como consultor para proyectos de digitalización bajo estándares en instituciones de primer orden, tales como la Biblioteca Nacional y el Archivo General de la Nación. Ha dictado cursos de la especialidad en diversas universidades argentinas y en otras instituciones, tales como la Comisión Nacional de Energía Atómica, el Instituto Nacional de Tecnología Agropecuaria y el Instituto Nacional de la Administración Pública.

Américo Castilla (Argentina)

Consultor en museos y especialista en gestión cultural. Desde 2004 preside la Fundación TyPA/ Teoría y Práctica de las Artes. Fue director del Museo Nacional de Bellas Artes (2005-2007) y Director Nacional de Patrimonio y Museos de la Secretaría de Cultura Argentina (2003-2007). Durante doce años (1992-2003) dirigió el Área Cultural de la Fundación Antorchas, desde donde diseñó e implementó vastas estrategias de incentivo a la innovación en cine, teatro, literatura, artes visuales, música y danza. Como artista visual representó a la Argentina en bienales tales como San Pablo y París, y recibió, entre otros, el Primer Premio Nacional y Municipal de Arte.

Humberto Farias (Brasil)

Conservador y restaurador. Maestro en Historia y Crítica del Arte por el PPGAV-EBA/UFRJ. Profesor de la Pontificia Universidad Católica de São Paulo, miembro del Consejo Cultural del IBEU (Instituto Brasil Estados Unidos) e investigador en el campo de la conservación de Arte Contemporáneo.

Lino García Morales (España)

Doctor por la Universidad Politécnica de Madrid, Doctor por la Universidad Europea de Madrid (Conservación y Restauración de Arte Digital), Máster en Sistemas y Redes de Comunicaciones, Ingeniero en Control Automático. Ha sido profesor en el Instituto Superior de Arte de la Habana (ISA), la Universidad Pontificia "Comillas", la Universidad Meléndez Pelayo, profesor titular de la Facultad de Arte y Comunicación y de la Escuela Superior Politécnica de la Universidad Europea de Madrid (UEM), Coordinador del Grado en Arte Electrónico y Digital y Director del Máster Oficial Universitario en Acústica Arquitectónica y Ambiental de la UEM. Actualmente es profesor de la Universidad Politécnica de Madrid (UPM).

Julie Gilman (Bélgica)

Obtuvo un Máster en Arqueología en la Universidad de Ghent, en Bélgica, en 1999 y luego un posgrado en Conservación de Arte Contemporáneo en 2001. Se desempeña como asistente de investigación en la Universidad de Ghent. Su investigación de doctorado se orienta al diseño de marcos teóricos que contribuyan a las buenas prácticas en torno a la conservación de arte efímero con alimentos. También participa en un programa de postgrado sobre conservación y exhibición de Arte contemporáneo dictado por la Universidad de Ghent y el Museo de Arte Contemporáneo de Ghent (SMAK).

Tom Learner (Estados Unidos)

Es el actual director del departamento de Investigación de Arte Moderno y Contemporáneo del Getty Conservation Institute, en Los Angeles, Estados Unidos. Doctor en química y diplomado en Conservación de pintura. Antes de formar parte del Instituto Getty, se desempeñó como conservador científico en la Tate Gallery de Londres. Coordina el grupo Materiales Modernos y Arte Contemporáneo del ICOM-CC y forma parte del comité asesor del INCCA (Red internacional para la conservación del arte contemporáneo).

Pino Monkes (Argentina)

Nació en Buenos Aires donde obtuvo el título de Licenciado en Artes Visuales, del Instituto Universitario Nacional de Arte. De 1985 a 1994 estuvo a cargo del Laboratorio de Conservación y Restauración del "*Museo Eduardo Sívori*" de la misma ciudad. Desde 1993 se encargó del Laboratorio de Conservación y Restauración del "*MAMbA*" (Museo de Arte Moderno de Buenos Aires). Es docente de Conservación y Restauración en Distintas Universidades del país (*IUNA, UNTREF* y *UMSA*). Entre 1997 y 2000 recibió distintas becas de la *Fundación Antorchas* (Argentina), y *Vitae* (Brasil) en Arte Moderno y Contemporáneo. Ha abordado distintos trabajos de investigación sobre materiales, técnicas e interpretación, basados en el contacto con el artista.

Carol Strignari (Estados Unidos)

Es Conservadora en Jefe del Museo Guggenheim de Nueva York. Ha tenido un rol fundamental en la formulación e implementación del proyecto *Variable Media* en esa institución: una metodología innovadora para la documentación de obras conceptuales y efímeras. Fue la curadora de importantes exposiciones vinculadas a estas problemáticas. *Seeing Double. Emulation in Theory and Practice* (2004), donde confrontó obras de Nam June Paik y Robert Morris, entre otras, con sus réplicas actuales se volvió un referente en el tema. Es Historiadora del Arte por la Universidad de Pennsylvania y tiene un Máster en Conservación de Arte de la Universidad de Delaware.

Alberto Tagle (Holanda)

Licenciado y Máster en química por la Bergakademie y Doctor en espectroscopía atómica por la Universidad Técnica de Merseburg, ambas de Alemania. Fundó y dirigió el Departamento de Análisis Instrumental Inorgánico de Cuba y fue subdirector de Química del Centro Nacional de Investigaciones Científicas de ese país (1972-1982). Jefe de investigaciones del Centro Nacional de Conservación, Restauración y Museología en La Habana (1982-1990). Jefe de los laboratorios de investigaciones del consorcio Museos y Jardines de Winterthur en Delaware, USA (1991-1995). Director de Investigaciones del Instituto Getty de Conservación, Los Angeles, USA (1995-2002). Director de investigaciones del ICN – Instituto de los Países Bajos para el Patrimonio Cultural Amsterdam, Holanda (2002-2009). Científico en Jefe de la Agencia de los Países Bajos para el Patrimonio Cultural - RCE (2009-2013). Actúa como consultor en conservación, investigación y conservación del patrimonio en Amsterdam. Además realizó una extensa actividad docente en prestigiosos programas de formación y dictó conferencias sobre el tema en todo el mundo.

Arianne Vanrell Vellosillo (España)

Conservadora-Restauradora del MNCARS (Museo Nacional Centro de Arte Reina Sofía, España). Especialista en Instalaciones de Arte y New Media.

Es titular del DEA de Conservación–Restauración de Patrimonio en la universidad Complutense de Madrid, donde trabajó su tesis doctoral, y del Máster Profesional en Conservación y Restauración de Bienes Culturales en la Universidad de París I, Pantheon- Sorbonne.

Es la coordinadora general de la Red Iberoamericana para la Conservación del Arte Contemporáneo y del Grupo INCCA Iberoamérica. También coordinó el Grupo Español en los proyectos: *PRACTIC's* (2009-11), *Inside Installations LA* (2008-2010) e *Inside Installations* (2002-2007).

Glenn Wharton (Estados Unidos)

Es profesor en cursos de posgrado sobre conservación de arte contemporáneo –especialmente instalaciones y arte de los medios– en el programa de Estudios de Museos en la Universidad de Nueva York. Anteriormente fue conservador de obras basadas en el tiempo del Museo de Arte Moderno de Nueva York (MoMA), a cargo de las colecciones de video, performance y artes electrónicas. Fue el Director-fundador de la Red Internacional para la Conservación del Arte Contemporáneo de Norteamérica y ahora forma parte del Comité de Dirección. Es Doctor en Conservación por el Instituto de Arqueología de la Universidad de Londres.

Esta tirada de 50 ejemplares se terminó de imprimir en julio de 2015 en Imprenta Dorrego, Dorrego 1102, CABA

www.ingramcontent.com/pod-product-compliance
Lightning Source LLC
Chambersburg PA
CBHW020631220526
45464CB00001B/109